Romanistische Arbeitshefte 44

Herausgegeben von
Volker Noll und Georgia Veldre-Gerner

Nikolaus Schpak-Dolt

Einführung
in die Morphologie
des Spanischen

2., überarbeitete Auflage

De Gruyter

ISBN   978-3-11-028379-2
e-ISBN 978-3-11-028380-8
ISSN   0344-676X

Library of Congress Cataloging-in-Publication Data
A CIP catalogue record for this book is available from the Library of Congress.

Bibliografische Information der Deutschen Nationalbibliothek
Die Deutsche Nationalbibliothek verzeichnet diese Publikation in der Deutschen Nationalbibliografie; detaillierte
bibliografische Daten sind im Internet über http://dnb.d-nb.de abrufbar.

© 2012 Walter de Gruyter GmbH & Co. KG, Berlin/Boston

Gesamtherstellung: Hubert & Co. GmbH & Co. KG, Göttingen
∞ Gedruckt auf säurefreiem Papier

Printed in Germany

www.degruyter.com

Vorbemerkung zur ersten Auflage

Dieses Arbeitsheft beruht auf verschiedenen Lehrveranstaltungen zur Morphologie des Spanischen, die ich in den letzten Jahren abgehalten habe. Es richtet sich in erster Linie an Studierende der Romanistik/Hispanistik, aber auch dem Lehrenden hoffe ich, Anregungen zu einer möglichen Auswahl und Anordnung des Stoffs zu vermitteln.

Bei der Ausarbeitung des Manuskripts standen zwei Dinge im Mittelpunkt: Zum einen wurde versucht, möglichst wenig vorauszusetzen und eine gewisse Sorgfalt bei der Definition der Grundbegriffe aufzuwenden, zum anderen sollten die Tatsachen der spanischen Formen- und Wortbildung in einem vertretbaren Umfang dargelegt werden. Das Ziel war eine synchronische Gesamtdarstellung nach einheitlichen Prinzipien.

Da ein solches Arbeitsheft nicht die ganze Breite des Gebiets abhandeln kann, sind Einschränkungen erforderlich: Betrachtet wird nur die kastilische Norm; Regionalismen bleiben ebenso ausgespart wie stark umgangssprachlich gefärbte Ausdrücke. Daß dies vor allem bei der Wortbildung eine starke Begrenzung ist, muß nicht betont werden.

Für eine Einführung in ein Sachgebiet gibt es grundsätzlich zwei Wege. Man kann einerseits verschiedene methodische Ansätze vorstellen, sie auf einen begrenzten Problemkreis anwenden und ihre Stärken und Schwächen gegeneinander abwägen. Man kann andererseits von vornherein einen bestimmten Ansatz auswählen und auf seiner Grundlage versuchen, einen gewissen Überblick über das Gesamtgebiet zu vermitteln. Der zweite Weg scheint mir für den Studenten gewinnbringender, deshalb wurde er hier eingeschlagen.

Nachdem entschieden ist: *ein* Ansatz, bleibt die Frage: welcher Ansatz? Methodisch orientiert sich diese Einführung (wie Schpak-Dolt 1992) weitgehend an der strukturalistischen Morphologie Bloomfield'scher Tradition, deren Begriffe und Prinzipien besonders klar und umfassend von E. Nida (1949) ausgearbeitet worden sind. Diese Ausrichtung auf den taxonomischen Strukturalismus ist in der terminologischen Kohärenz, der relativen begrifflichen Einfachheit und der großen Beobachtungsnähe der strukturellen Methode begründet, denn all dies kommt dem Anfänger entgegen.

Hinzu kommt, daß in einer Reihe von Publikationen der 60er Jahre, insbesondere zur spanischen Flexion, die hier beschriebene strukturelle Terminologie und Methode zugrundegelegt worden ist, z. B. bei Anderson (1961), Saporta (1962), Di Pietro (1963), Stockwell/Bowen/Martin (1965), deren Resultate vielfach Eingang gefunden haben in die Arbeiten von Alcina Franch/Blecua (1975), Marcos Marín (1980),

Cartagena/Gauger (1989) u. a. Auch das Kapitel 2.1. *Generalidades* zur Morphologie im *Esbozo* (RAE 1973: 163ff.) zeigt deutlich den Einfluß der Bloomfield'schen Tradition. Aber nicht nur in der Praxis der Sprachbeschreibung, sondern auch in der morphologischen Theoriebildung wird immer wieder an strukturelle Begriffe und Betrachtungsweisen angeknüpft; vgl. hierzu die Einführungen von Jensen (1990) und Spencer (1991).

Trotz der synchronisch-strukturellen Ausrichtung dieses Heftes sind vereinzelte Bemerkungen zur Diachronie eingefügt. Vor allem im Bereich der Wortbildung bin ich zu der Überzeugung gelangt, daß ein tieferes Verständnis synchronischer Zusammenhänge, z. B. bei der Stammalternation, einen Rückgriff auf die Diachronie erfordert. Deshalb wurde auch auf die eher historisch orientierte Unterscheidung zwischen volkstümlicher und gelehrter Bildung nicht verzichtet.

Den folgenden Personen möchte ich meinen herzlichen Dank aussprechen: Herrn Prof. H. D. Bork, Köln, für die gründliche Durchsicht einer weit fortgeschrittenen Fassung des Manuskripts, Herrn Prof. K. Hunnius, Berlin, für die kritische Lektüre großer Teile einer früheren Fassung, Herrn Prof. G. Ineichen, Göttingen, für eine Reihe nützlicher Anregungen, die er mir als Herausgeber gegeben hat, und Herrn Prof. Ch. Schwarze, Konstanz, für mehrere ausführliche Diskussionen. Die Hinweise der Genannten haben mich vor mancher Torheit bewahrt. Dafür aber, daß ich an mancher Position festgehalten und eine Reihe von Anregungen nicht aufgenommen habe, sowie für die sicherlich verbliebenen Fehler bin ich natürlich selbst verantwortlich.

Vorbemerkung zur zweiten Auflage

Die vorliegende zweite Auflage enthält gegenüber der ersten eine Reihe von Änderungen und Korrekturen. Neu hinzugekommen sind ein Sachregister und Lösungshinweise zu den Aufgaben, die man auf der Homepage des Verlags findet. An mehreren Stellen wurden Ergänzungen eingefügt; deutlich erweitert wurde das Kap. 4 in Teil III. Darüber hinaus wurde der gesamte Text in zahlreichen Details überarbeitet.

Meinen ganz herzlichen Dank möchte ich den folgenden Personen aussprechen: Ch. Schwarze, Konstanz, G. Kaiser, Konstanz, und M. Hinzelin, Hamburg, für die gründliche Diskussion von Einzelproblemen, B. Krisl-Kaiser, Konstanz, für das Korrekturlesen einer weit fortgeschrittenen Fassung dieser Arbeit, U. Krauß vom De Gruyter Verlag für die die verlegerische Betreuung des Hefts, N. Alvermann von der Herstellungsabteilung des Verlags für die Hilfestellung bei technischen Problemen und V. Noll, Münster, für die Gesamtbetreuung als Herausgeber.

Inhalt

Abkürzungen und Symbole

A	Adjektiv
Adv	Adverb
ASt	Adjektivstamm
DAf	Derivationsaffix
dt.	deutsch
engl.	englisch
FAf	Flexionsaffix
FE	Flexionsendung
frz.	französisch
Gen	Genusaffix
griech.	griechisch
Inf	Infinitivaffix
ital.	italienisch
Klass	Klassifikator
klat.	klassisch-lateinisch
lat.	lateinisch
N	Substantiv
NSt	Substantivstamm
Num	Numerusaffix (bei Substantiven und Adjektiven)
PN	Person-Numerus-Affix (bei Verben)
Präf	Präfix
Präp	Präposition
Suf	Suffix
span.	spanisch
SE	Stammerweiterung (Themavokal)
TM	Tempus-Modus-Affix
ÜV	Übergangsvokal (Fugenvokal)
V	Verb
vlat.	vulgärlateinisch
VSt	nichterweiterter Verbstamm (Radikal)
VTh	erweiterter Verbstamm (Verbalthema)
[ ]	Phonetische Transkription, z. B. [se'βiʎa]
/ /	Phonologische Transkription, z. B. /se'biʎa/
{ }	Morphem, z. B. {camión}
-Ø	Nullmorph

x → y   (synchronische) Derivationsbeziehung, z. B. *ceniza* → *cenicero*

x > y   *x* ist zu *y* geworden (für diachronische Prozesse), z. B. *audĭbas* > *oías*

x < y   *x* ist entstanden aus *y* (für diachronische Prozesse), z. B. *oías* < *audĭbas*

*   nicht existente bzw. nicht belegte Form, z. B. span. *bellitud*

Alle übrigen Abkürzungen, wie z. B. "1. P. Pl." für "erste Person Plural", erklären sich von selbst.

Einleitung

1. Gegenstandsbereich der Morphologie

Es gilt als selbstverständlich, dass Sätze aus Wörtern bestehen. Dass Wörter ihrerseits aus kleineren Bestandteilen aufgebaut sein können, ist vielleicht nicht ganz so selbstverständlich, aber durch Beobachtung leicht festzustellen. Während Wörter wie *árbol* oder *león* keine innere Struktur zeigen, kann *gloriosa* in *glori-os-a* zerlegt werden, denn jeder Baustein begegnet uns in anderen Wörtern: *glori-* in *gloria*, *glorificar*, *gloriarse*, *glorieta*; *-os-* in *amoroso*, *boscoso*, *orgulloso*, *ruidoso*; *-a* in Femininformen wie *alta*, *baja*, *larga*, *roja*, *verdadera*.

Einleuchtend ist auch, dass die Elemente von *glori-os-a* nicht einfach aneinandergereiht sind, sondern einen stufenweise gegliederten Aufbau bilden: Die unmittelbaren Bestandteile des Worts *gloriosa* sind der Stamm *glorios-* und die Endung *-a*; der Stamm ist dann noch einmal in sich strukturiert: Er enthält eine Wurzel *glori-* und ein Ableitungselement *-os-*.

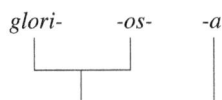

Damit ist der Gegenstandsbereich der Morphologie bereits grob umrissen. Die **Morphologie** ist diejenige Teildisziplin der Sprachwissenschaft, die sich mit der Struktur (dem "inneren Aufbau") der Wörter befasst. Die klassische Formulierung Nidas lautet: "Morphology is the study of morphemes and their arrangements in forming words" (1949: 1). Daran knüpfen die moderneren Autoren an, z. B. Bauer, der die Morphologie als "the study of words and their structure" vorstellt (1988: 3), oder Jensen, der schreibt: "Morphology ist the study of the internal structure of *words*" (1990: 1; Hervorhebung dort).

Innerhalb der Morphologie unterscheidet man zwischen Formenlehre und Wortbildungslehre. Statt "Formenlehre" sagt man oft "Flexionslehre". Gegenstand der **Formenlehre** ist die Bildung unterschiedlicher Formen desselben Worts, z. B. verschiedener Adjektivformen wie *alto*, *alta*, *altos*, *altas*. Ein anderes Beispiel ist die Bildung von Verbformen wie *amo*, *amas*, *amabas*. Die **Wortbildungslehre** handelt davon, wie man von gegebenen Wörtern zu neuen Wörtern kommt. So ist vom Substantiv *centro* das Adjektiv *central* abgeleitet, und davon das Verbum *centralizar*. Von *centralizar* aus bekommt man einerseits *centralización*, andererseits *descentralizar*, und von *descentralizar* schließlich *descentralización*.

In strukturalistisch ausgerichteten Arbeiten ist es üblich, Formen- und Wortbildungslehre als die beiden grundlegenden Teildisziplinen der Morphologie anzusehen. In der vorstrukturalistischen Tradition wird unterschiedlich verfahren. Häufig wird die Morphologie mit der Flexionslehre gleichgesetzt, wobei dann ein Oberbegriff für Flexion und Wortbildung fehlt. Aber das ist durchaus nicht immer so; als ehrwürdige Zeugen seien Meyer-Lübke (1894) und Menéndez Pidal (1941) angeführt. Meyer-Lübke unterscheidet innerhalb seiner Formenlehre zwei Teile: die Wortbiegung und die Wortbildung. Das Gleiche gilt für Menéndez Pidal (1941): Sowohl aus seinen allgemeinen Ausführungen (1941: 204) als auch aus der Gliederung der Kapitel V (*El nombre*) und VII (*El verbo*) geht hervor, dass bei ihm die Wortbildung zusammen mit der Flexion zur Morphologie zählt. Außerhalb der Romanistik kann man diese Auffassung ebenfalls finden, z. B. bei Leumann (1977): In seiner Formenlehre wird das Kapitel "Nomina" in die Abschnitte I. *Vorbemerkungen*, II. *Stammbildung*, III. *Nominalkomposition*, IV. *Nominalflexion* unterteilt; Ähnliches gilt für das Kapitel über das Verbum.

2. Diachronie und Synchronie

Grundlegend in der Sprachwissenschaft ist die Unterscheidung zweier Perspektiven: der synchronischen, bei der es um die Beschreibung eines gegebenen Sprachzustandes geht, und der diachronischen, bei der die sprachgeschichtliche Entwicklung im Mittelpunkt steht. Was diese Unterscheidung im Bereich der Morphologie bedeutet, soll an zwei Beispielen erläutert werden.

Erstes Beispiel: Die Bildung des Imperfekts lässt sich synchronisch so beschreiben, dass auf den Verbstamm der Tempusanzeiger folgt; in der I. Konjugation *-ba-*, in der II. und III. Konjugation *-a-*: *ama-ba-s*, *temí-a-s*, *oí-a-s*. Dabei nimmt der Stammauslaut der II. und III. Konjugation im Imperfekt immer die Form *-í-* an. Die diachronische Entwicklung lässt sich ganz grob so zusammenfassen: Ausgangspunkt sind lat. *amā-ba-s*, *timē-ba-s*, *audī-ba-s* (statt *audiē-ba-s*; Alvar/Pottier 1983: 239, Penny 2002: 198). Durch Lautwandel sind *-eba-* und *-iba-* zu *-ía-* zusammengeflossen. Das intervokalische *b* ist nur in *-aba-* erhalten geblieben.

Zweites Beispiel: Betrachtet man die Wortpaare *admirar – admiración*, *comparar – comparación*, *desesperar – desesperación*, so kann man synchronisch nur sagen, dass das Substantiv jeweils vom Verb abgeleitet ist. Vom diachronischen Standpunkt ist Folgendes hinzuzufügen: Das erste Paar ist aus dem Lateinischen entlehnt. Das zweite Paar ist ebenfalls entlehnt, dabei ist das abgeleitete Wort *comparación* früher belegt als *comparar* (Cor.). Das dritte Paar ist nicht entlehnt: Innerhalb des Spanischen wurde *desesperación* von *desesperar* und dieses von *esperar* abgeleitet.

Teil I. Grundlagen der strukturellen Morphologie

1. Das Morphem

1.1. Sprachliche Form

Als Ausgangspunkt unserer Darstellung wählen wir den Bloomfield'schen Begriff der sprachlichen Form: Eine sprachliche Form ist eine Phonemfolge, die eine Bedeutung hat (1933: 158). Beispiele sind /elseˈɲoraʎeˈgado/, /aʎeˈgado/, /ʎeˈga-/, /-d-/, /-o/. Diese Definition bezieht sich auf die gesprochene Sprache; entsprechend kann man für die geschriebene Sprache festlegen: Eine sprachliche Form ist eine Graphemfolge, die eine Bedeutung hat, also z. B. *El señor ha llegado, ha llegado, llega-, -d-, -o*.[1]

Zur Schreibweise: Phonemfolgen notieren wir in der Umschrift der IPA (International Phonetic Association) zwischen Schrägstrichen. Graphemfolgen werden durch Kursivschrift wiedergegeben: *Sevilla*. Meistens kann man sich ebenso gut auf die geschriebene wie auf die gesprochene Form beziehen, denn die spanische Orthographie ist "phonologisch", d. h., dass sich aus der geschriebenen Form eines Wortes seine Phonemstruktur eindeutig ergibt.[2]

---

[1] Ein Phonem einer Sprache L ist eine Menge von Lauten, die phonetisch ähnlich sind und die gleiche distinktive Rolle in L spielen. So gehören im Spanischen der bialabiale Reibelaut [β] wie in [seˈβiʎa] und der bilabiale Verschlusslaut [b] wie in [ˈombɾe] zum gleichen Phonem, dem Phonem /b/, denn es handelt sich um positionsbedingte Varianten, die nie miteinander kontrastieren. Ein Graphem ist eine Menge von graphisch ähnlichen Buchstaben mit der gleichen distinktiven Funktion; z. B. bilden die Buchstaben *a*, **a**, a, *a* usw. das Graphem *a*.

[2] Das gilt aber nicht immer umgekehrt; so kann für das Phonem /b/ graphisch *b* oder *v* stehen. Man vergleiche z. B. /ˈbase/ mit /ˈbaso/: *base – vaso*.

4

1.2. Morph

Wie die Beispiele in 1.1. zeigen, können sprachliche Formen oft in kleinere Formen aufgeteilt werden. Irgendwann hat der Zerlegungsprozess ein Ende. Ein **Morph** ist eine minimale sprachliche Form, d. h. eine Form, die nicht vollständig in kleinere sprachliche Formen zerlegt werden kann.

Das Adjektiv *orgulloso* ('stolz') ist eine sprachliche Form, aber kein Morph, denn es lässt sich vollständig in kleinere sprachliche Formen zerlegen, nämlich in *orgull-* ('Stolz'), *-os-* (etwa: 'reich an …') und *-o* ('Maskulinum'). Diese drei Formen sind nun in der Tat Morphe, denn *orgull-* und *-os-* können zwar in kleinere Elemente aufgeteilt werden (z. B. *org-ull-*), aber diese haben keine Bedeutung und sind somit keine sprachlichen Formen.

Ein Wort kann aus einem einzigen Morph bestehen, z. B. *por*, *y*, *dentro*, *camión*, *contra*, oder aus mehreren Morphen, z. B. *en-mud-ec-i-mient-o* oder *des-centr-al-iz-á-ba-mos*.

Morphe ermittelt man durch den Vergleich sprachlicher Formen. Aus der Serie *alto*, *alta*, *altos*, *altas* isoliert man die Morphe *alt-*, *-o*, *-a* und *-s*. Analyseprinzip ist die Gegenüberstellung von Formen, die in Ausdruck und Inhalt partiell übereinstimmen und partiell differieren. Die so ermittelten Segmente sollen nach Möglichkeit auch in anderen Ausdrücken auftreten; das gilt als Bestätigung einer Analyse. So kommt *alt-* auch in *altitud*, *altiplano*, *altura*, *alteza* vor; *-o* in *bajo*, *corto*, *largo*, *viejo*; *-a* in *baja*, *corta*, *larga*, *vieja*; *-s* in *bajos*, *cortos*, *largas*, *viejas*.

Der Vergleich von *orgulloso* mit *organizado* erlaubt trotz der teilweisen Übereinstimmung im Ausdruck keine Segmentierung, denn welchen Inhalt sollte man dem Segment *org-* zuschreiben? Andererseits erhält man auch keinen Aufschluss über die Wortstruktur, wenn man *canto* mit *sé* vergleicht, obwohl es ein gemeinsames Inhaltselement '1. P. Sg. Präs. Indikativ' gibt. Deshalb verlangt man die partielle Übereinstimmung im Ausdruck u n d im Inhalt.

Die Definition des Morphs lehnt sich an die Formulierung Bloomfields (1926: 155) an, der aber noch keine Unterscheidung von Morph und Morphem vornimmt. Zur Terminologie s. auch Bergenholtz/ Mugdan (1979: 55f.). Die Technik des Segmentierens wird in jedem strukturalistisch ausgerichteten Einführungswerk erläutert, s. z. B. Nida (1949: 8ff.), Hockett (1958: 123ff.), Gleason (1961: 66ff.).

1.3. Morphem

Es ist offensichtlich, dass die Formen *venir*, *vengo*, *vienes*, *vendré* und *viniendo* untereinander im gleichen Verhältnis stehen wie die Formen *vivir*, *vivo*, *vives*, *viviré* und *viviendo*. Es handelt sich jeweils um Konjugationsformen desselben Verbs, wobei die Morphe *ven-*, *veng-*, *vien-*, *vend-* und *vin-* bedeutungsgleich sind und die gleiche Rolle im Wort spielen: Sie sind immer der Wortstamm (genauer: der nichterweiterte Verbstamm, s. II, 5.1.2.).

Eine ähnliche Beobachtung lässt sich anstellen, wenn man die Reihe *debilitamiento*, *delineamiento*, *pagamiento*, *pensamiento* mit *cargamento*, *delineamento*, *pagamento*, *reglamento* vergleicht. Es ist zu erkennen, dass die Morphe *-mient-* und *-ment-* die gleiche Bedeutung haben und im Wort die gleiche Funktion wahrnehmen. Die Bedeutung lässt sich grob mit 'acción y efecto' umschreiben, und die Funktion ist die eines Suffixes, das Substantive von Verben bildet. Ebenso offenkundig ist die Beziehung zwischen den Präfixen *en-* wie in *encarcelar* und *em-* wie in *embotellar*.

Es gibt also Morphe, die unter bestimmten Gesichtspunkten besonders eng zusammengehören. Um solche engeren Beziehungen begrifflich zu erfassen, führt man zwei Abstraktionsebenen ein und unterscheidet zwischen **Morph** und **Morphem.** Dann kann man sagen: Die Morphe *ven-*, *veng-*, *vien-*, *vend-* und *vin-* gehören zum selben Morphem. Dieses Morphem kann man mit {ven-} notieren. Statt "gehören zu demselben Morphem" sagt man auch "sind Allomorphe desselben Morphems" oder "sind Varianten desselben Morphems". Ebenso: Die Morphe *-mient-* und *-ment-* gehören zum selben Morphem, das wir {-mient-} nennen wollen, und die Morphe *en-* und *em-* bilden ein Morphem {en-}.[3]

Zur Schreibweise: Morpheme kann man darstellen, indem man sämtliche Varianten aufzählt, also {*ven-*, *veng-*, *vien-*, *vend-*, *vin-*}. Üblicherweise symbolisiert man aber Morpheme, indem man eine der Varianten zwischen geschweifte Klammern setzt. Wir haben {ven-} gewählt. Wodurch ist die Wahl bestimmt? Man nimmt die Variante, die man in irgendeinem Sinne für ausgezeichnet hält, z. B. diejenige, die am häufigsten vorkommt (*-mient-*), oder diejenige, aus der man die anderen ableiten kann (*en-*), oder diejenige, die in der Zitierform des Worts auftritt (*ven-* wie in *venir*). Oft gibt es keinen Grund, einem der Allomorphe einen Sonderstatus zuzuschreiben. Dann ist die Auswahl rein willkürlich.

Das **Morphem** ist also eine abstraktere Einheit als das Morph; ein Morphem ist eine Menge von Morphen, die unter bestimmten Gesichtspunkten besonders eng zusammengehören. Worin diese enge Zusammengehörigkeit besteht, wird im nächsten Abschnitt präzisiert werden.

Zur Terminologie: Von einigen Romanisten wird statt "Morphem" der Ausdruck "Monem" verwendet, der auf den französischen Linguisten Martinet zurückgeht (1963: 23–24).

---

[3]   Ob außerdem noch *in-*, *im-* wie in *inmigrar*, *importar* zum Morphem {en-} zu zählen sind oder ob sie ein eigenes Morphem {in-} bilden, soll hier nicht diskutiert werden; s. aber III, 3.3.2.

6

1.4. Klassifikation von Morphen zu Morphemen

So einleuchtend die Grundidee zweier Abstraktionsstufen ist, so schwierig ist es, sie durchzuführen und exakte Bedingungen anzugeben, die zu entscheiden erlauben, wann verschiedene Morphe zum selben Morphem gehören und wann nicht. Von den amerikanischen Strukturalisten, u. a. Harris (1942), Hockett (1947), Nida (1948 u. 1949), Gleason (1961), wurden hierzu äußerst scharfsinnige Überlegungen angestellt. Ohne Vollständigkeit anzustreben, wollen wir hier nur drei Gesichtspunkte diskutieren: Die Morphe, die zu einem Morphem zusammengefasst werden,

– müssen hinreichend bedeutungsähnlich sein,
– dürfen in keiner Umgebung in Kontrast stehen,
– müssen die gleiche Rolle im grammatischen System der Sprache spielen.

Die erste Bedingung wird oft so formuliert: Allomorphe eines Morphems müssen die gleiche Bedeutung haben, s. z. B. Harris (1942). Manchmal wird dies abgeschwächt: Um ein Morphem zu bilden, müssen die Morphe nicht exakt bedeutungsgleich sein, sondern nur einen gemeinsamen Bedeutungskern haben, der sie von anderen Elementen im System unterscheidet (Nida 1949: "common semantic distinctiveness"). Ein Problem in diesem Zusammenhang ist, ob Morphe denn immer eine Bedeutung haben; dies wird im Abschnitt 1.7. diskutiert.

Die zweite Bedingung ist im Grunde nur eine Präzisierung der ersten. Unter der Umgebung eines Morphs versteht man, grob gesagt, diejenigen Morphe, in deren Nachbarschaft es steht. Die Umgebung von -ific- in *planificar* ist *plan-____-a-r*. Die Idee ist nun, dass die Bedeutung zweier Morphe verschieden ist, wenn ihre Vertauschung in wenigstens einem Falle einen Bedeutungsunterschied ergibt. Man sagt dann, dass die Morphe *M* und *M** in der Umgebung *U* **kontrastieren.**[4] Es kontrastieren z. B. *estabil-* und *fertil-* in der Umgebung *____-iz-a-r*. Wurzeln wie *teng-* (*tengo*) und *tien-* (*tienes, tiene*) können dagegen gar nicht kontrastieren, da sie niemals in der gleichen Umgebung auftreten.

Diese zweite Bedingung ist problematischer, als man denkt. Betrachten wir noch einmal die Suffixe *-ment-* und *-mient-*. Nichts liegt näher, als sie unter ein Morphem zu subsumieren. In den meisten Umgebungen kommt ohnehin nur eines der beiden vor: Es heißt *debilitamiento*, aber *cargamento*. In manchen Umgebungen, z. B. *salva-___-o* oder *paga-___-o*, sind sie ohne Bedeutungsunterschied austauschbar: *salvamiento = salvamento, pagamiento = pagamento*. Soweit ist die Bedingung also

---

4 Der Ausdruck "konstrastieren" ist in der amerikanischen Linguistik üblich, die europäischen Strukturalisten sagen statt dessen "in Opposition stehen".

erfüllt. Nun bedeutet aber *apartamento* ('Wohnung') nicht das Gleiche wie *apartamiento* ('Entfernung, Trennung'). Hiernach dürfte man sie nicht zu einem Morphem zusammenfassen. Ein Ausweg könnte sein, das Prinzip dahingehend abzuschwächen, dass nicht vereinzelte Kontraste, sondern nur systematische Kontrastreihen die Gruppierung zu einem Morphem verhindern. Den Bedeutungsunterschied zwischen *apartamento* und *apartamiento* könnte man als unterschiedliche Lexikalisierung des jeweiligen Gesamtwortes deuten.

In der dritten Bedingung sind all die Kriterien zusammengefasst, die darauf hinauslaufen, dass Elemente aus verschiedenen grammatischen Strukturklassen nicht ein Morphem bilden dürfen (Gleason 1961: 88–90). Den Stamm *klein* und das Suffix *-chen* wird man trotz Bedeutungsähnlichkeit nicht zu einem Morphem zusammenfassen, ebensowenig wie *ex-* in *ex-ministro* und *-ba-* wie in *aceptábamos* (Bsp. frei nach Nida 1948: 425).

Die Strukturalisten lassen die lautliche Ähnlichkeit ausdrücklich n i c h t als Kriterium gelten: "There are absolutely no limits to the degree of phonological difference between allomorphs" (Nida 1949: 44). Trotzdem spielt dieses Kriterium, ebenso wie das der etymologischen Beziehung, unausgesprochen wohl doch eine Rolle. So wird niemand auch nur erwägen, *-itud* wie in *altitud* und *-ez* wie in *aridez* zu einem Morphem zu gruppieren, während es trotz der genannten Schwierigkeit ganz und gar unnatürlich wäre, auf eine Zusammenfassung von *-ment-* mit *-mient-* zu verzichten.

1.5. Allomorph

Die Morphe, die zu einem Morphem zusammengefasst werden, nennt man die Allomorphe dieses Morphems. Neben "Allomorph" sind auch die Bezeichnungen "Morphemvariante" und "Morphemalternante" üblich. Ein Morphem kann mehrere Allomorphe haben wie die Verbwurzel {sab-}, die als *sé, sab-, sup-, sep-* erscheint. Es kommt auch vor, dass ein Morphem nur ein einziges Allomorph hat: Das Adverb {ahí} erscheint immer als *ahí*, die Wurzel {am-} tritt nur in der Form *am-* auf: *amar, amo, amas* usw. Hätte jedes Morphem nur ein Allomorph, so wäre die Unterscheidung von Morph und Morphem überflüssig. Es folgen nun noch einige weitere Beispiele:[5]

---

5   Diese Beispiele dienen der Veranschaulichung des Prinzips. Im Einzelfall kann man durchaus verschiedener Ansicht über die Zahl der Allomorphe eines Morphems sein, z. B. ob man zu {sab-} noch ein weiteres Allomorph *sap-* (wie in *sapiencia*) annehmen soll oder nicht. Ebenso kann man darüber streiten, ob man *sens-* wie in *sensible* als Allomorph des Morphems {sent-} wie in *sentir* auffassen soll.

Morphem	Allomorphe	Beispiele für das Vorkommen
{dol-}	*duel-* *dol-*	*duele, duelen* *doler, dolía*
{pens-}	*piens-* *pens-*	*pienso, piensas, piensa* *pensar, pensamos, pensáis*
{dorm-}	*duerm-* *dorm-* *durm-*	*duermo, duermes* *dormir, dormimos, dormitorio* *durmió, durmiendo*
{sent-}	*sient-* *sent-* *sint-* *sens-*	*siento, sientes, siente* *sentir, sentimos* *sintió, sintiendo* *sensible*
{ten-}	*teng-* *ten-* *tien-* *tuv-* *tend-*	*tengo, tenga* *tener, tenemos* *tienes, tiene* *tuve, tuviste, tuvo* *tendré, tendrás, tendrá*

In den bisherigen Beispielen entsprach jedem geschriebenen Allomorph auch ein Allomorph der gesprochenen Sprache; deshalb haben wir auf eine phonologische Notation verzichtet. Eine ungleiche Zahl von gesprochenen und geschriebenen Allomorphen kann aber auftreten, wenn die Invarianz der Aussprache eine Variation der Schreibweise verlangt. Bekanntlich wird das Graphem *c* vor *e, i* wie /θ/ gesprochen, vor *a, o, u* wie /k/. Damit bekommt der Stamm /kɾuθ-/ zwei graphische Realisierungen, man vergleiche *cruzamos* mit *crucemos*. Umgekehrt können sich hinter der gleichen Schreibung zwei verschiedene Aussprachen verbergen: *parco – parcidad*. Das Morphem {parc-} hat also zwei Allomorphe: /paɾk-/ und /paɾθ-/, beide graphisch realisiert als *parc-*.

1.6. Alternationstypen

Es genügt nicht, festzustellen, dass ein Morphem mehrere Allomorphe hat. Eine vollständige Beschreibung muss auch angeben, unter welchen Bedingungen welches Allomorph erscheint. Im Folgenden zählen wir eine Reihe von Alternationstypen auf.

Freie Alternation. Verschiedene Allomorphe eines Morphems stehen in einer bestimmten Umgebung in freier Alternation, wenn in dieser Umgebung zwischen ihnen frei gewählt werden kann. Die Morphe -*ment*- und -*mient*- alternieren frei in der Umgebung *delinea-_____-o*, nicht aber in der Umgebung *aparca-_____-o*, denn hier ist nur -*mient*- möglich. Statt "freie Alternation" sagt man auch "freie Variation".

Phonologisch bedingte Alternation. Verschiedene Allomorphe eines Morphems stehen in phonologisch bedingter Alternation, wenn ihr jeweiliges Auftreten auf Grund der phonologischen Umgebung vorhersagbar ist. So erscheint {en-} vor Stämmen, die mit /p/ oder /b/ anlauten, als /em-/, sonst als /en-/: *embotellar*, *empaquetar*, aber *encarcelar*. (Es wird hier vernachlässigt, dass man dem Morphem {en-} noch weitere Varianten *in-*, *im-* zuschreiben kann, s. III, 3.3.2.)

Wenn die Alternation auf einer allgemeinen phonologischen Regel beruht, dann bezeichnet man sie als automatisch (Hockett 1958: 279–280). Ein Beispiel ist die soeben angeführte Variation *en-/em-*. Die Regel lautet: Vor bilabialem Verschlusslaut steht nicht /n/, sondern /m/, vgl. auch *circumpolar*, *impossible*. Wenn die Alternation durch phonologische Faktoren bedingt ist, aber nicht auf einer allgemeinen Regel beruht, dann bezeichnet man sie als nichtautomatisch. Ein Beispiel ist die Alternation der Wurzel wie in *pienso – pensamos* oder in *pruebo – probamos*. Der Vokal diphthongiert, wenn auf ihn der Ton fällt. Das ist jedoch nur eine verbreitete Tendenz, aber keine allgemeine Regel, denn bei manchen Verben tritt kein Diphthong ein, z. B. bei *depender* oder *tomar*.

Nichtphonologische Alternationen. Es gibt Alternationen, die nicht frei sind, die aber auch nicht durch die phonologische Umgebung erklärt werden können. So hat das Morphem {moned-} die Allomorphe *moned-* wie in *moneda* und *monet-* wie in *monetario*. Der Unterschied ist in keiner Weise durch die phonologische Umgebung bestimmt, sondern hat nur damit etwas zu tun, dass *moneda* ein Erbwort, *monetario* dagegen eine Entlehnung aus dem Lateinischen ist. Die 1. P. Sg. des Präteritums endet in der I. Konjugation auf *-é*, in der II. und III. auf *-í*: *canté* vs. *temí*. Welches Allomorph auftritt, hängt nur von der Konjugationklasse ab.

Manche Autoren, z. B. Nida (1949), Hockett (1958), Gleason (1961), fassen alle diese Erscheinungen unter dem Sammelnamen "morphologisch bedingte Alternation" zusammen. Andere, z. B. Bauer (1988: 240), differenzieren mehr und unterscheiden zwischen lexikalisch und grammatisch bedingter Alternation; der Wechsel *moned-* ~ *monet-* ist lexikalisch, *-é* ~ *-í* dagegen grammatisch bedingt.

1.7. Morph(em) und Bedeutung

Haben alle Morph(em)e eine Bedeutung? Während Beispiele wie *camión* oder *flor* völlig unproblematisch sind, muss man sich doch fragen, was die Bedeutung von *de* in *acabo de llegar*, von *-ó-* in *termómetro* oder von *met-* in *cometer* sein soll.

Man kann einerseits den Begriff der Bedeutung so weit dehnen, dass auch grammatische Funktionen aller Art darunterfallen; das tut z. B. Gleason (1961: 55). Man kann andererseits, wie z. B. Aronoff (1976: 11), darauf verzichten, Morph(em)en in jedem Fall eine Bedeutung zuzuschreiben; so betrachtet er *-mit* wie in engl. *commit*, *remit, submit* usw. als Morphem, obwohl *-mit* keine Bedeutung hat. Aronoffs Hauptargument ist strukturell: Überall tritt die gleiche Alternation *-mit* ~ *-miss-* auf, z. B. in *permit – permission, remit – remission* usw. Jensen (1990: 2) drückt den Gedanken so aus: "Morphemes are primarily structural units and they are typically but not necessarily meaningful."

Solche "primarily structural units" bezeichen wir, Gleason (1961) folgend, als grammatisch relevante Einheiten. Eine Phonem- oder Graphemfolge ist grammatisch relevant, wenn sie als regelmäßig wiederkehrendes Bildungselement von Wörtern oder syntaktischen Konstruktionen identifizierbar ist: *-duc-* in *conducir, reducir, deducir, inducir* oder *de* in *acordarse de algo, acabar de hacer algo, enterarse de algo* usw. Wie die Beispiele zeigen, kann eine Folge von Phonemen oder Graphemen grammatisch relevant sein, ohne dass man ihr eine greifbare Bedeutung zusprechen könnte. Man kann also das Morph auf zweierlei Weise definieren:

(a) als kleinste Phonemfolge/Graphemfolge, die eine Bedeutung hat,
(b) als kleinste grammatisch relevante Phonemfolge/Graphemfolge.

Der Unterschied zwischen (a) und (b) lässt sich an den Verben *encantar* und *reprobar* zeigen. Nach (a) lässt sich *(yo) encanto* nur in *encant-* und *-o* aufteilen. Formal ist zwar eine Zerlegung in *en-* und *cant-* möglich, doch kann man nicht sagen, dass sich synchronisch die Bedeutung von *encant-* in irgendeiner vernünftigen Weise aus den Bedeutungen von *en* und von *cant-* ergibt. Ebenso lässt sich *(yo) repruebo* nur in *reprueb-* und *-o* zerlegen, denn es ist keine semantische Beziehung zwischen *repruebo* und *pruebo* zu erkennen. Nach (b) dagegen ist die Analyse nicht beendet, denn erst *en-, cant-, re-, prueb-* und *-o* sind die kleinsten grammatisch relevanten Segmente.

Wir geben der Segmentierung *en-cant-o, re-prueb-o* und damit der Definition (b) den Vorzug. Für (b) spricht: *encantar* wird wie *cantar*, *reprobar* wie *probar* konjugiert (das berührt sich mit dem oben zitierten Argument Aronoffs). Ganz wird man allerdings nie auf den Gesichtspunkt der Bedeutung verzichten. Wie sollte man sonst begründen, dass *enojar* nichts mit *ojo* zu tun hat?

Auch mit (b) lässt sich die Definition des Morphs als minimale sprachliche Form aufrechterhalten, wenn man den Begriff der sprachlichen Form dahingehend erweitert, dass jedes Element, das entweder eine Bedeutung oder aber wenigstens eine klar umrissene grammatische Funktion hat, als sprachliche Form zählt.

Das Thema "Morphem und Bedeutung" ist in der Literatur viel diskutiert worden, s. u. a. Bolinger (1948), Bazell (1949), Nida (1949: 162ff.), Aronoff (1976: 7–15).

1.8. Nullmorph und Nullmorphem

Es kommt vor, dass ein bestimmtes Wort Inhaltsmerkmale aufweist, die sonst zwar oft durch ein eigenes Morphem gekennzeichnet sind, aber gerade in diesem Wort keinen formalen Ausdruck zu haben scheinen. Ein Beispiel ist der Plural bei Substantiven. In *casas, grifos* wird er ganz offensichtlich durch *-s* markiert. Was aber ist der Ausdruck des Plurals in Wörtern wie *(las) crisis* oder *(los) lunes?* Ein oft angewendeter Kunstgriff, die Beschreibung zu vereinheitlichen, besteht in der Einführung sogenannter Nullelemente: *los lunes-Ø.*

Eine Null "findet" man nicht bei der Analyse; es handelt sich vielmehr um ein theoretisches Konstrukt, mit dessen Hilfe die Beschreibung vereinheitlicht (und damit vereinfacht) werden soll. Nullelemente sind in der Linguistik umstritten; bei der Diskussion ist aber zu unterscheiden zwischen Nullmorph und Nullmorphem. Als unproblematisch gilt, dass einem Morphem ein Nullallomorph zugeschrieben wird, wenn mindestens ein weiteres Allomorph angegeben werden kann, das nicht Null ist, wie oben bei dem Pluralbeispiel. Schwieriger wird es, wenn ein Nullmorphem postuliert wird, d. h. ein Morphem, dessen einziges Allomorph *-Ø* ist. Beispiel hierfür ist die Annahme eines Singularmorphems. Dagegen haben viele Linguisten große Vorbehalte und sagen lieber, der Singular werde einfach durch das Fehlen eines Pluralmorphems ausgedrückt.

Nullmorpheme können aber ein nützliches Hilfsmittel sein, um Leerstellen in einem Schema zu veranschaulichen. Ein Beispiel ist die Konjugation: Mit Hilfe eines Morphems {$-Ø_{3.Sg.}$}, das stets nur als *-Ø* erscheint, wird die Beschreibung übersichtlicher: *cantaba-Ø, cantará-Ø, cantase-Ø* usw. Durch *-Ø* wird *cant-a-ba-Ø* an Formen wie *cant-a-ba-s, cant-á-ba-mos, cant-a-ba-is* angeglichen; besonders deutlich wird das bei Betrachtung des Gesamtparadigmas in II, 5.1.3. Auch der Parallelismus zwischen Ableitungsverfahren kann durch ein Nullmorphem sichtbar gemacht werden: *fragmento → fragment-Ø-a-r* wie *átomo → atom-iz-a-r*; hierzu s. III, 2.1. Wir werden daher Nullmorpheme nicht grundsätzlich ausschließen, aber Nidas Warnung beherzigen und eine gewisse Zurückhaltung üben:

> One should, however, avoid the indiscriminate use of morphemic zeros. Otherwise, the description of a language becomes unduly sprinkled with zeros merely for the sake of structural congruence and balance. (Nida 1949: 46, Fn. 44)

Zur Null als Beschreibungsmittel s. Bally (1965: 160–164), Nida (1949: 46), Haas (1957), Bergenholtz/Mugdan (1979: 67–71), Bergenholtz/Mugdan (2000).

2. Das Wort

1. Grammatisches und lexikalisches Wort
2. Morphemtypen
3. Affixtypen
4. Der Wortakzent

In diesem Kapitel wird zuerst der Terminus "Wort" in seinen verschiedenen Verwendungsweisen erörtert, dann werden verschiedene Wortbausteine unter dem Gesichtspunkt ihrer Rolle im Wort diskutiert.

2.1. Grammatisches und lexikalisches Wort

Der umgangssprachliche Ausdruck "Wort" ist mehrdeutig. Einerseits sagt man, *canto* und *cantas* seien zwei verschiedene Wörter, die in unterschiedlichen Umgebungen stehen können: *Yo canto, tú cantas.* Andererseits sagt man aber auch, *canto, cantas, canta* usw. seien verschiedene Formen desselben Worts, nämlich des Worts *cantar*. Offensichtlich wird hier unter "Wort" nicht das Gleiche verstanden: Im ersten Fall meint man das Wort als Element eines Satzes, im zweiten Fall das Wort als Element des Wortschatzes. Wir berücksichtigen dies, indem wir eine terminologische Unterscheidung zwischen **grammatischem** und **lexikalischem** Wort einführen.

Noch mehr Terminologie braucht man, um die Beziehung zwischen *quiero decírtelo* und *te lo quiero decir* zu beschreiben. Der erste Satz besteht aus vier grammatischen, aber nur zwei orthographischen Wörtern; im zweiten Satz entsprechen den vier grammatischen auch vier **orthographische** Wörter. Da *te* und *lo* unbetont sind, enthalten beide Sätze zwei Akzenteinheiten und somit zwei **phonologische** Wörter.

2.1.1. Grammatisches Wort

Der *Esbozo* (RAE 1973: 163) hebt hervor, dass zwischen zwei Wörtern eine virtuelle Pause liegt, die aber in der normalen Rede nicht realisiert wird, und dass dieser Pause in der Regel eine Leerstelle in der Orthographie entspricht. Die virtuelle Pause ist aber eher ein Charakteristikum des phonologischen als des grammatischen Worts (wobei natürlich beide oft zusammenfallen). Was ist also der strukturelle Grund dafür, dass in einem Satz wie /alkabaˈʎeroleˈgustalakoˈmida/ ausgerechnet die Teilfolgen /al/, /kabaˈʎero/, /le/, /ˈgusta/, /la/ und /koˈmida/ als besondere Einheiten zählen, die man dann als grammatische Wörter bezeichnet?

Das entscheidende Kennzeichen dieser Einheiten ist ihre **Kohäsion.** Damit ist Folgendes gemeint: Zum einen sind ihre Bestandteile in der Regel nicht vertauschbar; es heißt *camion-er-o*, aber nicht **er-o-camión* oder **er-camion-o*. Zum anderen können zwischen die Bestandteile eines Worts (fast) keine anderen Morphe eingesetzt werden: *caball-er-o*, aber nicht **caball-arab-er-o*. Allerdings können bestimmte Elemente, die n u r an der betreffenden Stelle stehen dürfen, eingeschoben werden: *caballo – caball-er-o, feo – fe-ísim-o, piedra – piedr-ezuel-a*.

Wörter oder Wortgruppen können dagegen durchaus im Satz ihren Platz wechseln: *A Juan le dieron el regalo. – Le dieron el regalo a Juan.* Zwischen Wörter kann man auch etwas einsetzen: *Juan y José entran. – Juan, Pedro y José entran.*

Eine gewisse Sonderstellung nehmen pro- und enklitische Elemente wie die unbetonten Personalpronomina ein, vgl. *cómpraselo – no se lo compres; quería decírmelo – me lo quería decir; está diciéndomelo – me lo está diciendo.* Man betrachtet sie üblicherweise als eigenständige Wörter und nicht etwa als Teil der Verbform, obwohl ihre Mobilität im Satz sehr gering ist.[6] In *cómpraselo* liegen drei grammatische Wörter vor, die zusammen ein orthographisches Wort bilden.

Ein **grammatisches Wort** ist eine sprachliche Form, zwischen deren Teile man (fast, s. o.) nichts einschieben kann, und deren Teile in der Reihenfolge nicht vertauschbar sind, die aber als Ganzes in einem Satz verschiebbar ist.

Diese Definition geht letztlich auf Martinet (1949: 293) zurück. Unsere Darstellung lehnt sich an Lyons (1968: 202ff.) an. Eine ausführliche Diskussion findet man bei Bauer (1988: 45–54, insbes. 50–53), der ebenfalls auf die Lyons'schen Kriterien eingeht. Die Bloomfield'sche Definition des Worts als minimale freie Form scheint für das Spanische weniger geeignet, s. u., 2.2.1.

2.1.2. Lexikalisches Wort

Das lexikalische Wort ist eine abstraktere Einheit als das grammatische. Das lexikalische Wort ist eine M e n g e von grammatischen Wörtern, natürlich keine beliebige Menge, sondern eine Menge von solchen grammatischen Wörtern, die unter einem bestimmten Gesichtspunkt besonders eng zusammengehören. So bilden die vier grammatischen Wörter *alto, alta, altos, altas* ein lexikalisches Wort. Dagegen gehören *altitud* und *alteza* trotz formaler Ähnlichkeit nicht dazu. Die Form *altitud* gehört zu einem anderen lexikalischen Wort und *alteza* wieder zu einem anderen.

---

6 Elson und Pickett charakterisieren solche Elemente als "[...] morphemes that are somewhat like affixes, somewhat like roots, somewhat like independent words, and yet not completely any one of these" (1983: 141).

Ein **lexikalisches Wort (Lexem)** ist eine maximale Menge von grammatischen Wörtern, deren Stamm morphemisch gleich ist und die im gleichen Flexionsschema stehen. Diese Definition lehnt sich an die von Bergenholtz/Mugdan an (1979: 116ff.). Zu den einzelnen Bedingungen:

1. Maximal: Diese Bedingung soll verhindern, dass z. B. eine Menge, die nur aus den drei Wörtern *alto*, *alta*, *altos* besteht (wo *altas* also fehlt), auch als lexikalisches Wort gilt. Nur die Gesamtmenge der Formen soll als lexikalisches Wort zählen.
2. Morphemisch gleicher Stamm: In den Formen *re-teng-o*, *re-tien-e-s*, *re-tuv-ie-ra* variiert der (nichterweiterte[7]) Stamm: *reteng-*, *retien-*, *retuv-*. Auf der Abstraktionsebene der Morpheme ist er aber immer gleich, denn er verkörpert immer die Folge {re-} + {ten-}.
3. Gleiches Flexionsschema: Selbst wenn man den Formen *(yo) valoro* und *(los) valores* den gleichen Stamm zuschreibt, sollen sie nicht als Formen des gleichen Worts gelten, denn die erste steht im Schema der Verbflexion (*valoro*, *valoras*, *valora*, …), die zweite im Schema der Substantivflexion (*valor – valores*); ausführlicher s. II, 1.1.

Wortform. Die einzelnen grammatischen Wörter, die man zu einem lexikalischen Wort zusammenfasst, z. B. *canto*, *cantas*, *canta* usw., bezeichnet man als Formen dieses lexikalischen Worts.

Zitierform. Um sich auf ein lexikalisches Wort beziehen zu können, erklärt man eine seiner Formen zur Nenn- oder Zitierform. Welche Form man wählt, ist im Prinzip völlig gleichgültig, doch haben sich gewisse Konventionen etabliert: Beim Adjektiv nimmt man die Mask.-Sg.-Form, beim Verb nimmt man im Spanischen den Infinitiv, im Lateinischen dagegen die 1. P. Sg. Präs. Indikativ Aktiv.

Man kann lexikalische Wörter und Wortformen unterschiedlich notieren, also z. B. das lexikalische Wort mit CANTAR und den Infinitiv mit *cantar*. Wir werden aber auf diese graphische Unterscheidung verzichten, wenn aus dem Zusammenhang klar ist, ob von der einzelnen Form oder vom ganzen lexikalischen Wort die Rede ist.

Eine Form wie *ha cantado* ist nach der obigen Definition keine Form des lexikalischen Worts CANTAR. Es ist vielmehr eine Kombination einer Form von HABER mit einer Form von CANTAR.

---

7   Verben haben eine vokalische Stammerweiterung, die in der II. und III. Konjugation systematisch variiert: *part-e-s*, *part-i-mos*, *part-ie-ron*. Hier geht es aber um die Variation des nichterweiterten Stamms: **vien**-*e-s*, **ven**-*i-mos*, **vin**-*ie-ron*.

Ein lexikalisches Wort kann unterschiedlich viele grammatische Wörter enthalten: ein Verb über 50, ein Adjektiv vier (*alto, alta, altos, altas*) oder zwei (*azul, azules*), ein Substantiv zwei (*grifo, grifos*). Der Extremfall ist, dass ein lexikalisches Wort aus einem einzigen grammatischen Wort besteht; das steht ja nicht im Widerspruch zur Definition. Beispiele sind die Präpositionen und Konjunktionen. Man sagt dann, die Definition sei in trivialer Weise erfüllt: Das lexikalische Wort POR ist eine Menge, die genau ein Element enthält, nämlich *por*.

2.2. Morphemtypen

Man kann Morphe (und dann auf abstrakterer Ebene auch Morpheme) u. a. nach folgenden Gesichtspunkten klassifizieren: (1) frei – gebunden, (2) grammatisch – lexikalisch, (3) Wurzel – Affix.

2.2.1. Freies und gebundenes Morphem

Ein Morph ist **potentiell frei** (kurz: frei), wenn es für sich allein als grammatisches Wort auftreten kann; ein Morph ist **gebunden**, wenn es nicht allein als Wort auftreten kann (Bauer 1988: 11):

volcán	-	*-ic-*	-	*-o*	
pot. frei	-	geb.	-	geb.	
atóm-	-	*-ic-*	-	*-o*	
geb.	-	geb.	-	geb.	

"Potentiell frei" bedeutet, dass ein Segment frei vorkommen k a n n , auch wenn es manchmal gebunden vorliegt wie *volcán* in *volcánico*. Ob das erste Morph im Wort *amor-os-o* als potentiell frei oder als gebunden anzusehen ist, hängt davon ab, wie man die Frage des Akzents behandelt: ob man betontes /aˈmoɾ/ wie in *el amor* und unbetontes /amoɾ/ wie in *amoroso* als zwei Vorkommen des gleichen Morphs oder als zwei verschiedene Morphe wertet; hierzu s. 2.4.

Das Morphem {miel} hat die Allomorphe *miel* und *mel-* wie in *melificar, meloso*. Streng genommen kann man also über ein Morphem gar nicht sagen, dass es frei oder gebunden ist, da für verschiedene Allomorphe Verschiedenes zutreffen kann. Man kann aber eine Vereinbarung treffen: Ein Morphem gilt als frei, wenn wenigstens eines seiner Allomorphe frei ist; es gilt als gebunden, wenn alle seine Allomorphe gebunden sind (Bergenholtz/Mugdan 1979: 118).

16

Die oben gegebene Definition von **frei/gebunden** unterscheidet sich in einem wesentlichen Punkte von derjenigen Bloomfields. Unsere Definition beruht auf der Wortfähigkeit eines Elements, Bloomfields Definition auf der Satzfähigkeit: "A linguistic form which is never spoken alone is a bound form, all others (...) are free forms" (1933: 160). Und: "Forms which occur as sentences are free forms" (1933: 178). Nach Bloomfields Definition wären Artikel, Präpositionen, Konjunktionen, unbetonte Pronomina keine freien Formen und somit keine Wörter: *la, por, y, se* können nicht "allein gesprochen" werden. (Aus diesem Grunde wurde auch in 2.1.1. die Bloomfield'sche Definition des Worts als minimale freie Form nicht übernommen.)

2.2.2. Grammatisches und lexikalisches Morphem

Traditionell unterscheidet man zwischen lexikalischen Elementen, die eine "selbständige" Bedeutung haben und Gegenstände, Ereignisse oder Eigenschaften bezeichnen, und grammatischen Elementen, die nur Beziehungen ausdrücken. Zum Beispiel in der Verbform *kauf-te-st* findet man das lexikalische Element *kauf-* und die grammatischen Elemente *-te-* und *-st*.

Eine ausschließlich bedeutungsorientierte Abgrenzung kann Schwierigkeiten bereiten. Warum soll das Suffix *-chen* grammatisch, das Adjektiv *klein* aber lexikalisch sein? Deshalb weicht man gern auf ein formales Unterscheidungsmerkmal aus: Die **grammatischen** Morph(em)e einer Sprache L sind eine kleine, geschlossene Klasse, die man durch Aufzählung definieren kann. Die **lexikalischen** Morph(em)e von L bilden den großen Rest.

Diachronisch gesehen, bilden die grammatischen Elemente über kürzere Zeiträume ein relativ konstantes Inventar, während bei den lexikalischen Elementen ständig neue hinzukommen und andere außer Gebrauch geraten. Über einen längeren Zeitraum unterliegt auch das grammatische Inventar der Veränderung. Beispiele für grammatische Morphe sind *el, la* (Artikel), *tú, él* (Pronomina), *y, o, que* (Konjunktionen), *por, con, sin* (Präpositionen[8]), *-mos, -n* (Flexionsaffixe), *-dor, -ción* (Derivationsaffixe).

Zur Terminologie: 1. Offenkundig hat die Abgrenzung zwischen grammatischen und lexikalischen Morphen bzw. Morphemen nicht das Geringste zu tun mit der Unterscheidung zwischen grammatischem und lexikalischem Wort. Die Parallele in der Benennung ist rein zufällig und irreführend. Wir halten dennoch an dieser Terminologie fest, denn sie ist fest etabliert. 2. Da nur gleichartige Morphe zu einem Morphem zusammengefasst werden (s. 1.4.), lassen sich die Bezeichnungen "grammatisch" und "lexikalisch" auf Morphe wie auf Morpheme anwenden.

---

8   Es wird manchmal zwischen lexikalischen Präpositionen wie *sobre, bajo, ante* und grammatischen wie *de* und *a* unterschieden. Verwendet man aber das Kriterium der offenen und geschlossenen Klassen, so sind alle Präpositionen grammatisch.

2.2.3. Wurzel und Affix

Die Unterscheidung zwischen Wurzel und Affix betrifft die Rolle, die ein Morph innerhalb eines grammatischen Worts spielen kann. Folgende Unterscheidungsmerkmale lassen sich anführen:

1. Eine Wurzel ist das unzerlegbare Kernstück eines Worts. An dieses Kernstück können Affixe angefügt sein: *perr-o, fertil-iz-a-r, pre-guerr-a, en-mud-ec-e-r*. Ein Wort kann aber auch mit einer Wurzel identisch sein: *fértil, complot, orden, sin, para, él*.
2. Ein Wort kann mehrere Wurzeln enthalten: *sac-a-corch-o-s, hierb-a-buen-a*. Es muss mindestens eine Wurzel enthalten.
3. Es gibt Wurzeln, die frei, und solche, die gebunden sind (s. 2.2.1.). Frei ist die Wurzel in *fértil, pez, titán-ic-o*, gebunden in *perr-o, guerr-a, trabaj-a-r*. Affixe sind immer gebunden: *re-, des-, -a-, -r, -ción, -idad, -o*.
4. Es gibt Wurzeln, die lexikalisch, und solche, die grammatisch sind (s. 2.2.2.). Lexikalisch ist die Wurzel in *pez, amor-os-o, fértil*, grammatisch ist sie in *est-a, aquell-a, con, para*. Affixe sind immer grammatisch.
5. Es gibt Wurzeln, die reihenbildend[9] sind, und solche, die es nicht sind. Beispiel für eine reihenbildende Wurzel ist *cant-*: *cant-o, cant-as, cant-a* usw. Nicht reihenbildend ist z. B. *grif-* oder *avión*. Affixe sind in aller Regel reihenbildend: *cant-o, habl-o, trabaj-o, tom-o, cuent-o* usw.; *re-armar, re-cargar, re-hacer, re-integrar, re-pintar, re-quemar* usw.

Nun versuchen wir, das zu präzisieren: Ein **Affix** ist ein gebundenes, grammatisches, reihenbildendes Morph bzw. Morphem. Eine **Wurzel** ist ein Morph(em), das kein Affix ist, d. h. das wenigstens eines der drei Kriterien nicht erfüllt. Es sei betont, dass hier der Begriff der Wurzel synchronisch definiert ist. Was eine unzerlegbare Wurzel des Span. ist, z. B. *útil*, kann im Lat. analysierbar sein: *utilis* von *uti* 'gebrauchen'.

Das Morph *avión* ist eine Wurzel, da es nicht gebunden, nicht grammatisch und nicht reihenbildend ist; *grif-* ist eine Wurzel, da es zwar gebunden, aber nicht grammatisch und nicht reihenbildend ist; *cant-* ist eine Wurzel, da es zwar gebunden und reihenbildend, aber nicht grammatisch ist.

Schwierigkeiten gibt es bei der Einordnung einer Reihe von Elementen wie *sobre* (*sobrecargar, sobrestimar, sobrevalorar*) oder *en* (*encarcelar, enjaular, entintar*). Sie sind grammatisch und reihenbildend, aber nicht gebunden, also keine Affixe im

---

[9] Ein Morph bzw. Morphem ist reihenbildend, wenn es in einer großen Zahl von Wörtern (in der gleichen Funktion) auftritt.

Sinne der Definition. Andererseits werden sie meist zu den Präfixen gezählt. Wir weisen an dieser Stelle nur darauf hin und verschieben die Diskussion auf Teil III.

Da man nur Morphe zu einem Morphem zusammenfasst, die die gleichen grammatischen Eigenschaf-ten haben, sind die Bezeichnungen "Wurzel" und "Affix" auf Morphe wie auf Morpheme anwendbar. Das gilt auch für die nachfolgend eingeführten Begriffe "Präfix", "Suffix", "Flexionsaffix" usw.

2.3.   Affixtypen

Affixe lassen sich unter zwei Gesichtspunkten klassifizieren: (1) nach ihrer Position im Wort: Präfixe, Suffixe usw., (2) nach ihrer systematischen Funktion im Wort: Fle-xions-, Derivations- und Stammerweiterungsaffixe.

2.3.1. Präfix, Suffix, Interfix

Nach ihrer Position im Wort unterscheidet man Präfixe, Suffixe, Circumfixe, Infixe, Interfixe, Transfixe, Suprafixe. Für die Beschreibung des Spanischen sind nur die Präfixe, Suffixe und Interfixe von Interesse. Ein **Präfix** ist ein Affix, das der sprach-lichen Form vorangeht, an die es angefügt wird; ein **Suffix** ist ein Affix, das ihr folgt. Manchmal sondert man innerhalb der Suffixe eine Teilklasse aus, die man **Interfixe** nennt. Es handelt sich dabei um Suffixe, denen mindestens ein weiteres Suffix folgen muss, zum Beispiel -c- oder -ec- in Diminutiven: mujer-c-it-a, sol-ec-it-o usw. Man ist aber durchaus nicht gezwungen, Interfixe zu postulieren; man kann auch dem Morphem {-it-} mehrere Allomorphe zuschreiben: -it-, -cit- usw. Wir kommen dar-auf in III, 2.3.5. zurück.

Erläuterungen und Beispiele zu den aufgezählten Affixtypen findet man bei Bergenholtz/Mugdan (1979: 58ff.), Bauer (1988: 19–30), Mangold (o. J.: 138ff.). Zu den spanischen Interfixen s. Malkiel (1958), Rainer (1993: 152–171), Portolés (1999).

2.3.2. Flexions-, Derivations- und Stammerweiterungsaffix

Flexion und Derivation. Vergleicht man violín, violines und violinista, so sieht man, dass die ersten beiden Wörter mehr miteinander zu tun haben als mit dem dritten: violín und violines sind Formen desselben lexikalischen Worts (s. o., 2.1.2.), dagegen gehört violinista zu einem anderen lexikalischen Wort. Der Unterschied kann nur daran liegen, dass die Suffixe -es und -ista nicht den gleichen Status haben. Man sagt, dass -es ein Flexionsaffix, -ista aber ein Derivationsaffix ist. Im Folgenden zäh-len wir einige Unterschiede zwischen Flexions- und Derivationsaffixen auf.

1. Flexionsaffixe drücken grammatische Kategorien aus: Tempus, Modus, Person, Numerus usw.
2. Flexionsaffixe treten häufiger und regelmäßiger auf als Derivationsaffixe. Zum Beispiel können zu *alto*, *lento*, *bello*, *lindo*, *viejo* die Formen *alta*, *lenta*, *bella*, *linda*, *vieja* gebildet werden, während nicht alle Wörter auf *-itud* möglich sind: *altitud*, *lentitud*, **bellitud*, **linditud*, **viejitud*.
3. Flexionsaffixe besetzen im Wort eher "äußere" Positionen, Derivationsaffixe eher "innere" Positionen; z. B. in *bon-dad-os-a-s* kommen erst die Derivationsaffixe *-dad-* und *-os-*, dann die Flexionsaffixe *-a-* und *-s*.
4. Im Spanischen sind Flexionsaffixe immer Suffixe, Derivationsaffixe können Suffixe oder Präfixe sein.

Die Häufigkeit und Regelmäßigkeit der Flexionsaffixe erlaubt es, Wörter zu Serien zu arrangieren und aus gleichartigen Serien ein Schema zu abstrahieren (ausführlicher s. II, 1.1.):

alto	*bajo*	*viejo*	*nuevo*	*rojo*	X-o
alta	*baja*	*vieja*	*nueva*	*roja*	X-a
altos	*bajos*	*viejos*	*nuevos*	*rojos*	X-o-s
altas	*bajas*	*viejas*	*nuevas*	*rojas*	X-a-s

Jede solche Serie besteht aus genau einem lexikalischen Wort (2.1.2.), und so kann man sagen: Flexionsaffixe dienen zur Bildung von verschiedenen Formen desselben lexikalischen Worts, während Derivationsaffixe zur Ableitung neuer lexikalischer Wörter dienen.

Stammerweiterung. Es gibt eine kleine Gruppe von Affixen, die weder zu den Derivations- noch zu den Flexionsaffixen zu zählen sind. Es handelt sich um die Vokale, die die verbalen Flexionsklassen charakterisieren: *cant-a-r*, *tem-e-r*, *dorm-i-r*. Weder drücken sie eine grammatische Kategorie wie Tempus oder Person aus, noch haben sie sonst eine greifbare Bedeutung. Dennoch handelt es sich um regelmäßig auftretende Bildungselemente mit einer klaren grammatischen Funktion: Ihre Anfügung bildet die Voraussetzung für die Flexion (*habla-bas*) und in vielen Fällen auch für die Derivation (*habla-dor*). Deshalb gelten sie nicht als Teil der Endung, sondern als Erweiterung des Stamms. Üblicherweise bezeichnet man sie als Themavokale. Der Themavokal variiert systematisch: *vend-e-s*, *vend-e-mos*, *vend-i-mos*, *vend-ie-ron*. Diese Variation wird im Teil II bei der Verbflexion behandelt werden.

Zur Abgrenzung von Flexion und Derivation s. u. a. Nida (1949: 99), Bergenholtz/Mugdan (1979: 142–144), Bauer (1988: 73–87), Wurzel (2001: 40–51), Rainer (1993: 35–41), Pena (1999: 4329–4331). Für eine Diskussion des Status der Stammerweiterung s. Rainer (1993: 94–95).

2.4. Der Wortakzent

Vorausgeschickt sei, dass nur Silben betont oder unbetont sein können. Spricht man von Wörtern, die "auf dem Stamm", "auf der Endung", "auf dem Derivationssuffix" betont sind, so handelt es sich um eine Vereinfachung; gemeint ist, dass der Vokal der betonten Silbe zum Stamm, zur Endung oder zum Suffix gehört.

Der Wortakzent unterliegt Regeln, die allgemein bekannt sind und die wir kurz in Erinnerung rufen:

(1) Wörter, die auf Vokal, -*n* oder -*s* auslauten, sind auf der vorletzten Silbe betont.

(2) Wörter, die auf einen anderen Konsonanten als -*n* oder -*s* auslauten, sind auf der letzten Silbe betont.

Nicht wenige Wörter weichen von diesen Regeln ab, die abweichende Tonstelle wird dann durch einen orthographischen Akzent markiert: *tímido, canté*.[10]

Im Einklang mit den Regeln ist die Wurzel *centr-* in *centro* betont, in *central* unbetont. Das Gleiche gilt für *cant-* in *canto* gegenüber *cantamos*. In der strukturalistischen Literatur wird dieser Sachverhalt als Allomorphie analysiert (Nida 1949, Di Pietro 1963): Das Morphem {centr-} hat die Allomorphe /'θentɾ-/ und /θentɾ-/, das Morphem {cant-} die Allomorphe /'kant-/ und /kant-/ usw. Auch ein Suffix wie {-al} hat eine betonte Variante wie in *fin-al* und eine unbetonte wie in *fin-al-ist-a*. Ein einziges Allomorph können dann nur Morpheme haben, die immer betont sind, wie *aquí*, oder immer unbetont, wie *re-*.

Eine andere Möglichkeit besteht darin, nicht die Betonung selbst als feste Eigenschaft eines Morphs anzusehen, sondern seine Fähigkeit, die Position des Wortakzents in dieser oder jener Weise zu beeinflussen. Der Normalfall, der durch die Regeln (1) und (2) beschrieben ist, muss dabei gar nicht besonders vermerkt werden; nur die Fähigkeit eines Morphs, eine abweichende Betonung zu bewirken, darf bei seiner Charakterisierung nicht fehlen. Dann hat {centr-} als einziges Allomorph *centr-*, das betont (*centro*) oder unbetont (*central*) vorkommen kann. Diesem Gedanken, der auf die Generativisten zurückgeht (Harris 1975: 58–59), werden wir folgen.

Wir skizzieren nun einige morphologisch relevante Fälle:

1. Substantivische, adjektivische und verbale **Wurzeln** haben eine potentielle Tonstelle, die lexikalisch festgelegt ist. Ob auf diese Tonstelle auch tatsächlich der Wort-

---

[10] Auf andere Funktionen des graphischen Akzents, z. B. die Unterscheidung von Einsilblern wie *sé* und *se*, *él* und *el*, *mí* und *mi* usw., gehen wir nicht ein und verweisen auf die entsprechende Literatur, insbes. RAE (2010).

akzent fällt, hängt davon ab, mit welchen Suffixen sich die Wurzel kombiniert; denn es gibt Suffixe, die den Akzent verschieben, und solche, die das nicht tun. Die Wortbetonung kann dabei im Einklang mit den Regeln (1) und (2) stehen (*grif-o*, *saban-a*, *matiz*, *azul*) oder im Widerspruch dazu (*ánim-o*, *sában-a*, *lápiz*, *fértil*).

2. Derivationssuffixe legen im Allgemeinen den Wortakzent fest. Folgen mehrere Derivationssuffixe aufeinander, dann bestimmt das letzte den Akzent. Die Betonung des Gesamtworts kann dadurch im Einklang mit den Regeln (1) und (2) stehen oder im Widerspruch dazu. Regelmäßig ist die Betonung bei den meisten Suffixen: *espumoso*, *nacional*, *encarcelamiento*. Daneben gibt es eine Reihe von Suffixen, die den Akzent auf eine Stelle verlagern, die nicht den Regeln entspricht. Zum einen sind das Suffixe, die den Akzent auf die Antepaenultima (die vorvorletzte Silbe) bringen (*-ísimo*, *'-ico*, *'-eo*), zum anderen Suffixe auf *-n* oder *-s*, die ihn auf die letzte Silbe verlagern: *-ción*, *-zón*, *-án*, *-ón*, *-és*.

Adverbien auf *-mente* haben zwei Tonstellen: die erste dort, wo das Adjektiv betont ist, die zweite auf dem Suffix: *rápidamente*.

3. Bei den **Flexionsaffixen** ist das Verhalten von nominalen und verbalen Affixen zu unterscheiden. Nominale Affixe, also Genus- und Numerusaffixe, beeinflussen den Akzent nicht; es gibt nur ganz wenige Ausnahmen bei der Pluralbildung (*carácter* – *caracteres*, *régimen* – *regímenes*).

Die verbalen Flexionsaffixe sind in zwei Klassen zu unterteilen: (a) solche, die den Akzent nicht beeinflussen bzw. im Einklang mit den Regeln (1) und (2) verschieben; (b) solche, die den Akzent stets an eine bestimmte Stelle bringen und damit eine Abweichung von (1) und (2) bewirken können. Nicht besonders vermerkt werden muss der Fall (a), d. h., wenn die Betonung im Einklang mit den Regeln (1) und (2) steht: *cantar*, *canto*, *cantas*, *cantamos*, *cantaste*. Innerhalb von (b) kann man unterscheiden zwischen Affixen, die den Ton auf sich ziehen, und solchen, die den Ton auf die Stammerweiterung bringen. Auf dem Tempusaffix liegt der Ton z. B. bei *-ré*, *-rá*, *-ría* (Futur und Konditional). Auf die Stammerweiterung fällt er z. B. im Imperfekt Indikativ: *'-ba-*, *'-a-* wie in *cantábamos*, *temíamos*.

3. Wortstruktur

3.1. Unmittelbare Konstituenten

Wörter sind nicht einfach durch lineare Verkettung von Morphen aufgebaut, sondern hierarchisch strukturiert. Mit dem Ausdruck "hierarchische Strukturierung" ist gemeint, dass ein Element A aus den Bausteinen B und C aufgebaut ist, B seinerseits aus den Elementen D und E usw. Zur Illustration vergleichen wir zwei deutsche Wörter:

(1) *städtebaulich*   (2) *hautfreundlich*

Aus der Bedeutung der beiden Wörter erkennen wir unmittelbar, daß *bau* in (1) enger zu *städte* gehört als zu *-lich*, daß aber *freund* in (2) enger zu *-lich* gehört als zu *haut*. Anders ausgedrückt: Im ersten Schritt ist (1) in *städtebau* und *-lich* zu zerlegen, (2) dagegen in *haut* und *freundlich*. Die hierarchische Strukturierung eines Ausdrucks kann man in Form eines Baums veranschaulichen (die feinere Zerlegung in *städt-* und *-e* wird hier vernachlässigt):

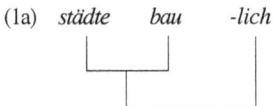

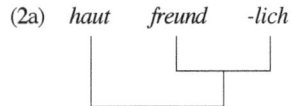

(1a) *städte*   *bau*   *-lich*   (2a) *haut*   *freund*   *-lich*

Äquivalent dazu ist die Klammerdarstellung:

(1b) [[*städte bau*] *-lich*]]   (2b) [*haut* [*freund -lich*]]

Die sprachlichen Formen, in die man eine Form *F* zerlegen kann, bezeichnet man als ihre **Konstituenten.** Man unterscheidet zwischen unmittelbaren und mittelbaren Konstituenten. Die Bestandteile von *F*, die man im ersten Zerlegungsschritt bekommt, sind die **unmittelbaren** Konstituenten von *F*. Alle Bestandteile, die man in den darauffolgenden Schritten erhält, sind **mittelbare** Konstituenten von *F*.

Die unmittelbaren Konstituenten von *hautfreundlich* sind *haut* und *freundlich*, die unmittelbaren Konstituenten von *freundlich* sind *freund* und *-lich*. Bezogen auf das Wort *hautfreundlich* sind *freund* und *-lich* keine unmittelbaren, sondern mittelbare Konstituenten. Die unmittelbaren und die mittelbaren Konstituenten einer sprachlichen Form bezeichnet man zusammen als die Konstituenten dieser Form; die Konstituenten von *hautfreundlich* sind somit: *haut, freundlich, freund, -lich*.

Die klassische Konstituentenanalyse beschränkt sich auf Darstellungen wie (1a), (2a) bzw. (1b), (2b). Modernere Theorien bevorzugen etikettierte Bäume oder Klammern:

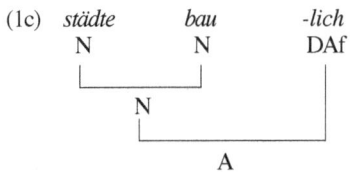

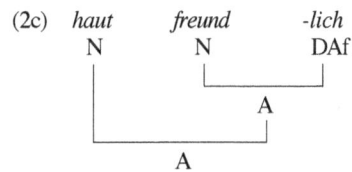

(1c)   *städte*   *bau*   *-lich*
       N   N   DAf
       └──────────────┘   │
              N   │
       └───────────────────────────┘
                     A

(2c)   *haut*   *freund*   *-lich*
       N   N   DAf
       │   └───────────────┘
       │   A
       └─────────────────────────────┘
                     A

(1d)   [[städte$_N$ bau$_N$]$_N$ -lich$_{DAf}$]$_A$

(2d)   [haut$_N$ [freund$_N$ -lich$_{DAf}$]$_A$]$_A$

N – Substantiv, A – Adjektiv, DAf – Derivationsaffix. Die Zerlegung in *städt-* und *-e* wird hier wieder vernachlässigt.

3.2. Prinzipien der Konstituentenanalyse

Nicht immer sind die strukturellen Beziehungen so offenkundig wie in den Beispielen des vorigen Abschnitts. Ist bei *desintegración* der erste Schnitt zwischen *desintegra-* und *-ción* zu legen oder zwischen *des-* und *integración*? Erhält man aus *infructuosamente* die unmittelbaren Konstituenten *infructuosa* und *-mente* oder *in-* und *fructuosamente*? Die sprachliche Intuition hilft hier nicht viel weiter. Wells (1947) und Nida (1949: 86–95) haben eine Reihe von Prinzipien der Konstituentenanalyse formuliert, von denen wir einige aufzählen und dann erläutern:

1. Die Zerlegungen sollen die Bedeutungsbeziehungen zwischen den Bestandteilen widerspiegeln,
2. die Konstituenten sollen möglichst häufig und regelmäßig auftreten,
3. die Zerlegungen sollen möglichst binär sein,
4. diskontinuierliche Konstituenten sollen möglichst vermieden werden,
5. die Zerlegungen sollen im Einklang mit der Gesamtstruktur der Sprache stehen,
6. die Gesamtbeschreibung soll möglichst einfach sein.

Prinzip 1: Bedeutung. In der Praxis ist dieses Prinzip sehr wichtig.[11] Das Wort *hautfreundlich* bedeutet 'unschädlich/angenehm für die Haut' (*ein hautfreundliches Spülmittel*), daher: *haut + freundlich*. Das Adjektiv *städtebaulich* bedeutet 'zum Städtebau gehörig', daher: *städtebau + -lich*. Das Substantiv *supervisión* bedeutet laut DRAE 'Acción y efecto de supervisar' und ist daher nicht auf *visión* zu beziehen, wie etwa *supermercado* auf *mercado* oder *superhombre* auf *hombre*, sondern auf *supervisar*, deshalb: *supervis- + -ión*.

Prinzip 2: Regelmäßigkeit. Soll man eine Verbform wie *amabas* in *ama-* und *-bas* analysieren oder in *amaba-* und *-s*?[12] Prinzip 1 hilft uns hier kaum weiter. Nach Prinzip 2 wäre die Aufteilung *amaba- + -s* einigermaßen vertretbar, aber doch weniger gut. Zwar ist gegen *-s* nichts einzuwenden, aber *amaba-* kommt nur in sechs Formen vor. Zerlegt man aber in *ama- + -bas*, dann hat man rechts u n d links Konstituenten, die häufig und regelmäßig wiederkehren: *ama-* in den Formen von *amar*, *-bas* in zahllosen Imperfektformen der I. Konjugation.

Prinzip 3: Binarität. Der binären Zerlegung wird der Vorrang eingeräumt, d. h., für eine Folge aus drei Gliedern ABC ist entweder eine Zerlegung A + [BC] oder aber [AB] + C anzustreben. Von den drei Möglichkeiten, *inmoralidad* zu zerlegen, ist daher (a) die schlechteste:

(a) [*in-*] + [*moral*] + [*-idad*]   (b) [*in-*] + [*moral-idad*]   (c) [*in-moral*] + [*-idad*]

Ob nun (b) oder (c) vorzuziehen ist, kann erst aufgrund weiterer Kriterien entschieden werden; angemerkt sei aber schon, dass nach Prinzip 5 (Gesamtbild) der Lösung (c) der Vorrang gebührt. Nur wenn es keine Argumente gibt, eine der beiden Analysen A + [BC] oder [AB] + C zu bevorzugen, kann man in A + B + C aufteilen. Beispiele, bei denen eine ternäre Zerlegung unumgänglich ist, sind in erster Linie die parasynthetischen Bildungen wie *en-riqu-ec-(e-r)*, wo es weder ein **enrico* noch ein **riquecer* gibt, so dass man hier eine dreigliedrige Struktur [*en-*] + [*riqu-*] + [*-ec-*] annimmt; s. Teil III, Kap. 4.

Prinzip 4: Nachbarschaft. Unter diskontinuierlichen Konstituenten versteht man Bestandteile eines Ausdrucks, die unmittelbar zusammengehören, obwohl sie nicht nebeneinander stehen, z. B. *kam ... an* wie in *Er kam gestern in Berlin an*. Nun

---

[11] Nida: "In practical analysis it is more frequently employed than any other" (1949: 91). Man begegnet aber immer wieder Fällen, wo das Bedeutungskriterium allein nicht hilft, zwischen konkurrierenden Analysen zu entscheiden. Nida betont selbst: "[...] divisions made on the basis of meaning must be confirmed by supporting structural evidence" (1949: 89, Fn. 20).

[12] Eine Zerlegung in *amaba-* + Endung wird von RAE (1973: 254) vertreten.

könnte man erwägen, Parasynthetika wie *en-riqu-ec-(e-r)* nicht ternär wie oben, sondern binär in [*en-...-ec-*] + [*riqu-*] zu zerlegen; so z. B. Thiele (1992: 14 u. 189). Aus strukturalistischer Sicht sind solche Analysen aber möglichst zu vermeiden.

Prinzip 5: Gesamtsystem. Dieser Grundsatz spielt mit den übrigen Zerlegungskriterien zusammen und hilft, Zweifelsfälle zu entscheiden. Es folgen drei Beispiele.

Erstes Beispiel: Ist *redistribución* mit *re-* von *distribución* oder mit *-ción* von *redistribuir* abgeleitet? Anders ausgedrückt: Hat *redistribución* die Struktur (a) oder die Struktur (b)?

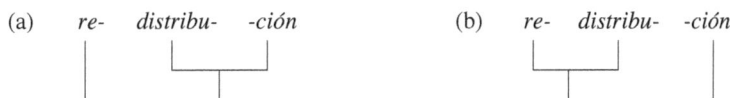

(a) re- distribu- -ción   (b) re- distribu- -ción

Ein Blick auf das Gesamtsystem zeigt, dass *re-* ein Verbpräfix ist: *recalentar, reencuadernar, reimplantar, renacer* usw. Ist es auch ein Nominalpräfix? Gewiss kommt es in Substantiven vor: *recalentamiento, reencuadernación, reimplantación, renacimiento* u. a. Man stellt aber fest, dass bei allen diesen Bildungen der gleiche Zweifelsfall vorliegt: *recalentamiento* mit *re-* von *calentamiento* oder mit *-miento* von *recalentar*? Überzeugende desubstantivische Bildungen wären "*re-* + unabgeleitetes Substantiv". Solche sind fast nicht zu finden; eines der wenigen Beispiele ist *reborde* 'Randverstärkung'. Kurzum, mit *re-* sind nur ausnahmsweise desubstantivische Ableitungen möglich; der Normalfall ist die deverbale Derivation. So führt die Betrachtung des Gesamtsystems zu einer Entscheidung zugunsten von (b).

Zweites Beispiel: Wie ist ein präfigiertes Verb wie *recargar* aufgebaut? Was genau wird präfigiert: (a) die flektierte Verbform, (b) der erweiterte Verbstamm oder (c) der nichterweiterte Verbstamm?

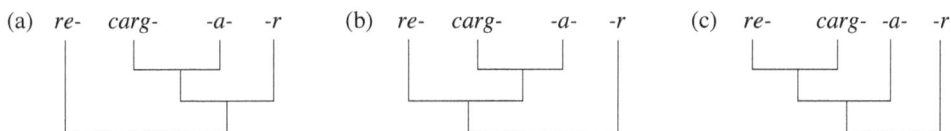

(a) re- carg- -a- -r   (b) re- carg- -a- -r   (c) re- carg- -a- -r

Zu (a): Bei einer Zerlegung in *re-* + *carg-a-r* müsste man für jede einzelne Flexionsform einen eigenen Präfigierungsprozess annehmen. Es gäbe auch keine klare Reihenfolge von Derivation und Flexion; das sieht man vielleicht deutlicher am Beispiel *desestabilizar*. Bei einer Analyse *des-* + *estabil-iz-a-r* hätte man, von "innen" gesehen, erst Derivation (*-iz-*), dann Stammerweiterung (*-a-*), dann Flexion (*-r*), dann wieder Derivation (*des-*).

26

Zu (b) und (c): Betrachtet man nur Paare wie *cargar – recargar, distribuir – redistribuir* oder Ableitungsreihen wie *cargar – recargar – recargamiento*, so scheinen (b) und (c) gleich einleuchtend. Es sind aber auch Reihen wie *distribuir – redistribuir – redistribución, venir – intervenir – intervención* zu berücksichtigen. Aus Wörtern wie *re-distribu-ción* und *inter-ven-ción* (ohne -i-!) ersieht man, dass es der nichterweiterte Stamm sein muss, der präfigiert wird, so wie in (c).

Nach (c) erfolgt der Aufbau einer Verbform in der gleichen Folge von Schritten wie bei der Suffigierung. Der Reihe *estabil-, estabil-iz-, estabil-iz-a-, estabil-iz-a-r* entspricht die Abfolge *carg-, re-carg-, re-carg-a-, recarg-a-r*. So ergibt sich eine klare Trennung von Derivations-, Stammerweiterungs- und Flexionsteil.

Drittes Beispiel: Was ist der erste Zerlegungsschritt bei *inmoralidad*? (a) *in-* + *moralidad* oder (b) *inmoral* + *-idad*? Hier ist die Antwort nicht ganz eindeutig, denn *in-* tritt zwar überwiegend an Adjektive, kommt aber auch durchaus als Substantivpräfix vor: *indisciplina, impago, incomprensión*. Somit ist eine Analyse nach (a) vertretbar. Dennoch ist (b) vorzuziehen, denn so ergibt sich ein deutlicheres Gesamtbild: *inmoralidad* von *inmoral* wie *fertilidad* von *fértil*.

Prinzip 6: Einfachheit. Der Grundsatz, dass eine Beschreibung möglichst einfach sein soll, ist so selbstverständlich, dass er im Allgemeinen gar nicht erst aufgeführt wird. Er überschneidet sich oft mit dem Prinzip 5 (Beachtung des Gesamtsystems). Adverbien wie *infructuosamente* ließen sich (a) als *in-* + *fructuosamente* oder (b) als *infructuosa* + *-mente* analysieren. Nun steht (b) nicht nur besser im Einklang mit Prinzip 5, da *in-* nicht an Adverbien wie *aquí, ayer* usw. tritt, sondern es ist auch die einfachere Beschreibung: die Anfügung von *-mente* erfolgt immer im letzten Schritt.

3.3. Endung, Stamm, Derivationsbasis

Endung. Die Flexionsendung (kurz: Endung) eines grammatischen Worts ist die Folge von Flexionsaffixen, die als unmittelbare Konstituente dieses Worts auftritt. Eine Endung kann im Spanischen aus einem oder aus zwei Affixen bestehen: *orgullos-**o**, orgullos-**o-s*** ; *recarga-**r**, recargá-**ba-mos***.

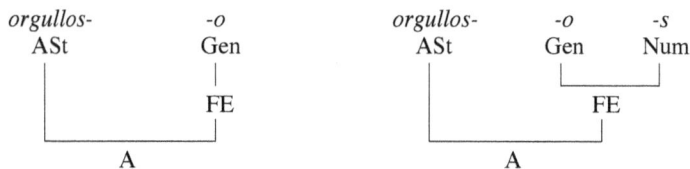

A – Adjektiv, ASt – Adjektivstamm, FE – Flexionsendung, Gen – Genusaffix, Num – Numerusaffix.

Besteht die Endung aus einem einzigen Affix wie bei *orgullos-o*, so werden wir sie im Folgenden meistens nur mit FE etikettieren, ohne dass das Affix näher spezifiziert wird:

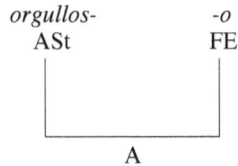

```
orgullos-              -o
   ASt                 FE
     |_____|
              A
```

Nicht jedes Flexionsaffix, das am Wortende auftritt, gehört zur Endung. So ist *-a* die Endung von *dura*, aber nicht von *(el) caradura*, wie man aus der Struktur ersieht: [[*car-a*][*dur-a*]]; *-a* ist keine unmittelbare Konstituente des Gesamtworts.

Stamm. (1) Wenn ein grammatisches Wort eine Flexionsendung hat, ist der Stamm dieses Worts gleich dem Teil, der nach Abtrennung der Endung übrig bleibt; siehe die obigen Beispiele. (2) Hat ein Wort keine Flexionsendung, so kann man seinen Stamm mit dem Wort gleichsetzen.

Die Bedingung (2) bedeutet: Der Stamm von *avión* ist *avión*, der Stamm von *caballerosidad* ist *caballerosidad*. Was ist der Sinn dieser Festlegung? Durch sie wird die Definition des Terminus "Lexikalisches Wort" in der Formulierung sehr einfach: Ein lexikalisches Wort ist eine Menge von grammatischen Wörtern, die morphemisch den gleichen Stamm haben und im gleichen Flexionsschema stehen; s. o., 2.1.2. Das lexikalische Wort AVIÓN besteht aus den grammatischen Wörtern *avión* und *aviones*. Dieser einfache Sachverhalt wäre schwierig auszudrücken, wenn man bei der Form *avión* nicht auch von einem Stamm sprechen könnte.

Erweiterter Stamm. Es wurde schon darauf hingewiesen, dass die meisten Verbformen eine vokalische Stammerweiterung enthalten, so dass hier zwischen dem nichterweiterten und dem erweiterten Stamm ("Verbalthema") zu unterscheiden ist:

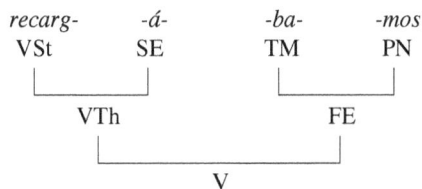

```
recarg-      -á-           -ba-        -mos
 VSt         SE            TM          PN
  |_____|              |_____|
      VTh                        FE
       |_____|
                    V
```

V – Verbform, VTh – erweiterter Verbstamm, VSt – nichterweiterter Verbstamm, SE – Stammerweiterung, FE – Flexionsendung, TM – Tempus-Modus-Affix, PN – Person-Numerus-Affix.

Derivationsbasis. Ein Stamm kann morphologisch einfach (*alt-o*) oder komplex (*orgullos-o*, *deshonest-o*) sein. Ein komplexer Stamm kann unterschiedlich aufgebaut sein; durch Suffigierung abgeleitet ist der Stamm von *orgullos-o*, durch Präfigierung abgeleitet ist der Stamm von *deshonest-o*.

Die Derivationsbasis (kurz: Basis) eines abgeleiteten Worts ist derjenige Teil seines Stamms, der übrigbleibt, wenn man das im letzten Schritt angefügte Derivationsaffix abtrennt. Die Derivationsbasis von *deshonest-(o)* ist *honest-*, die Derivationsbasis von *orgullos-(o)* ist *orgull-*.

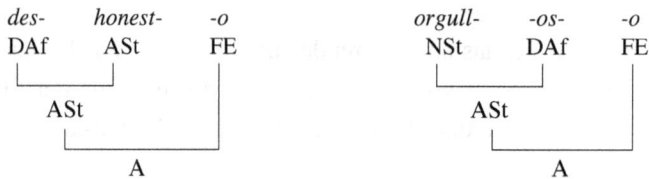

```
des-      honest-     -o              orgull-     -os-      -o
DAf       ASt         FE              NSt         DAf       FE
 └───────────┘         │               └───────────┘        │
      ASt              │                    ASt              │
       └───────────────┘                     └──────────────┘
              A                                     A
```

Beim Verbum geht es um die Struktur des nichterweiterten Stamms:

Grammatisches Wort:	*recargábamos*	*atomizáramos*	*enriqueciéramos*
Erweiterter Stamm:	*recargá-*	*atomizá-*	*enriquecié-*
Nichterweiterter Stamm:	*recarg-*	*atomiz-*	*enriquec-*
Derivationsbasis:	*carg-*	*atom-*	*riqu-*

Wie man sieht, muss man in manchen Fällen nicht ein, sondern zwei Affixe abtrennen, nämlich Präfix und Suffix gleichzeitig: Die Basis von *en-riqu-ec-(e-r)* ist *riqu-*.

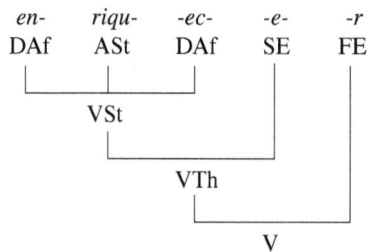

```
en-      riqu-     -ec-      -e-      -r
DAf      ASt       DAf       SE       FE
 └──────────┼────────┘        │        │
         VSt                  │        │
          └───────────────────┘        │
                  VTh                   │
                   └────────────────────┘
                            V
```

Grundwort. Streng genommen ist von der Derivationsbasis das Grundwort zu unterscheiden: Die Basis von *constitución* ist *constitu-*, das Grundwort ist *constituir*. Die Basis von *en-riqu-ec-(e-r)* ist *riqu-*, das Grundwort ist *rico*. Das Grundwort wird von der Basis aus rekonstruiert, indem man die fehlenden Stammerweiterungen und Flexionsaffixe hinzufügt.

Aufgaben und Fragen zu Teil I

1. Warum unterscheidet man zwischen Morph und Morphem?

2. Morphologische Segmentierung: Vergleichen Sie die Wörter (1) bis (6) und zerlegen Sie sie in Morphe.

   (1) *poblar* 'besiedeln, bevölkern'   (4) *población* 'Besiedlung, Bevölkerung'
   (2) *despoblar* 'entvölkern'   (5) *despoblación* 'Entvölkerung'
   (3) *repoblar* 'wiederbevölkern'   (6) *repoblación* 'Wiederbevölkerung'

3. Morphologische Segmentierung: (a) Vergleichen Sie die Wörter *destituir, restituir, constituir, destitución* und zerlegen Sie sie in Morphe. (b) Diskutieren Sie diese Zerlegung unter formalen und semantischen Gesichtspunkten.

4. (a) Welche Allomorphe hat das Morphem {in-}? Wodurch ist das Auftreten der verschiedenen Allomorphe bedingt?

   (1) *imbatible*   (5) *inabordable*   (9) *iliterario*   (13) *irrazonable*
   (2) *imborrable*   (6) *inesperado*   (10) *ilimitable*   (14) *irrecuperable*
   (3) *impaciente*   (7) *indivisible*   (11) *ilíquido*   (15) *irregular*
   (4) *impagable*   (8) *inmodesto*   (12) *ilógico*   (16) *irresponsable*

   (b) Wie segmentiert man (13) bis (16)? Beachten Sie auch die Schreibung von *antirreligioso, contrarreforma, pelirrojo, prerromano, ultrarrápido.*

5. Lässt sich eine ähnliche Allomorphiebedingung wie für {in-} – vgl. Aufgabe 4 – auch für {en-} und {circun-} formulieren?

6. (a) Zerlegen Sie die folgenden Wörter in Morphe: *flor, mesa, útil, inutilidad, separar, inseparabilidad, verde, reverdecer, donde, redondear, amor, amoroso, amoral, realizador, revalorización, indecorosamente.* (b) Geben Sie an, welche Morphe frei und welche gebunden sind. (c) Ordnen Sie die Morphe nach Wurzeln, Stammerweiterungs-, Derivations- und Flexionsaffixen.

7. Geben Sie die Konstituentenstrukturen für *inutilidad* und *indecorosamente* an.

8. Kann ein Wortstamm Flexionsaffixe enthalten?

Teil II. Flexion

1. Allgemeines zur Flexion

1. Flexionsschema und Paradigma
2. Grammatische Kategorien
3. Flektierbare und nichtflektierbare Wortarten

1.1. Flexionsschema und Paradigma

Grammatische Wörter können so in Serien angeordnet werden, dass ein Schema erkennbar wird:

(1)	*grifo*	(2)	*muro*	(3)	*género*	(I)	X-o
	grifos		*muros*		*géneros*		X-o-s
(4)	*alto*	(5)	*viejo*	(6)	*caluroso*	(II)	X-o
	alta		*vieja*		*calurosa*		X-a
	altos		*viejos*		*calurosos*		X-o-s
	altas		*viejas*		*calurosas*		X-a-s
(7)	*canto*	(8)	*hablo*	(9)	*trabajo*	(III)	X-o[13]
	cantas		*hablas*		*trabajas*		X-a-s
	canta		*habla*		*trabaja*		X-a
	cantamos		*hablamos*		*trabajamos*		X-a-mos
	usw.		usw.		usw.		usw.

Die Serien enthalten ein regelmäßig wiederkehrendes Element, das sich mit einem oder mehreren Affixen verbinden kann. Einige Serien sind gleich aufgebaut: Sie enthalten die gleichen Affixe bzw. Affixkombinationen. Diese Tatsache liegt den Flexionstabellen zugrunde, die man in jeder Grammatik findet. Aus gleich aufgebauten Serien kann man, wie in der letzten Spalte dargestellt, jeweils ein Schema abstrahieren. Schemata wie I, II und III heißen **Flexionsschemata.** Das Symbol "X" steht für den Wortstamm, bei Verben: für den nichterweiterten Stamm. (Genau genommen vertritt "X" eine Menge von äquivalenten Stämmen, d. h. Stämmen, die auf der Ebene der Morpheme gleich sind: *piens-a-s*, *pens-a-mos*.)

---

[13] Zu einer detaillierteren Analyse (*cant-Ø-Ø-o, cant-a-Ø-s* usw.) s. Kap. 5.

Die Flexionsschemata bekommt man durch Abstraktion aus gleichartigen Serien von grammatischen Wörtern. Nachdem die Schemata einmal etabliert sind, kann man umgekehrt einem grammatischen Wort die Eigenschaft zu- oder absprechen, in einem bestimmten Schema zu stehen. Ein Wort steht im Schema S, wenn es zu einer Serie gehört, aus der S durch Verallgemeinerung gewonnen wurde. So steht *vieja* im Schema II, weil es zu einer Serie *viejo*, *vieja*, *viejos*, *viejas* gehört, die mit vielen anderen, analog aufgebauten Serien das Schema II liefert. Dieser Sachverhalt wurde bei der Definition des lexikalischen Worts benutzt: Die Formen müssen im gleichen Flexionsschema stehen und den gleichen Stamm haben, s. I, 2.1.2.

Die hier besprochene Serienbildung lässt sich auch zur Definition des Begriffs "Paradigma" heranziehen: Ein **Paradigma** ist eine der Wortserien, die ein Flexionsschema ausfüllen. Oder anders ausgedrückt: Ein Paradigma ist die Menge der Formen eines lexikalischen Worts, angeordnet in einer bestimmten, konventionell festgelegten Reihenfolge.

1.2. Grammatische Kategorien

Der Ausdruck "Grammatische Kategorie" ist mehrdeutig. Man spricht von den Kategorien 'Numerus' oder 'Genus', aber auch von den Kategorien 'Plural' oder 'Maskulinum'. Diese Mehrdeutigkeit vermeidet man, indem man generische und spezifische Kategorien (Hockett 1958: 231) unterscheidet:

Spezifische Kategorien sind Inhaltselemente sehr allgemeiner Natur, die in einer gegebenen Sprache regelmäßig ausgedrückt werden, z. B. 'Singular', 'Plural', 'Präsens', 'Imperfekt', 'Futur', 'Maskulinum', 'Femininum' usw.

Generische Kategorien sind Mengen von spezifischen Kategorien. Spezifische Kategorien, die bei der gleichen Wortart auftreten, aber sich gegenseitig ausschließen, werden zu einer generischen Kategorie zusammengefasst. So umfasst die generische Kategorie 'Numerus' im Spanischen die spezifischen Kategorien 'Singular' und 'Plural', die generische Kategorie 'Tempus' umfasst die spezifischen Kategorien 'Präsens', 'Imperfekt', 'Futur' usw.

Es sind zwei Fälle möglich: Verschiedene Formen desselben lexikalischen Worts können durch verschiedene, einander ausschließende spezifische Kategorien charakterisiert sein, z. B. *grifo* ('Sg.') – *grifos* ('Pl.'); es können aber auch alle Formen durch die gleiche spezifische Kategorie gekennzeichnet sein: *grifo* – *grifos* (beide: 'Mask.'), *mesa* – *mesas* (beide: 'Fem.'). Im ersten Falle spricht man von Variation, im zweiten von Inhärenz: Das Substantiv variiert im Numerus, das Genus ist dem

Substantiv inhärent. Inhärente Kategorien können am Wort formal zum Ausdruck kommen ('Mask.' in *grif-o*) oder nicht zum Ausdruck kommen ('Mask.' in *avión*). Außerdem werden sie sichtbar in der Kongruenz: *el avión, la razón*.

Im Spanischen werden grammatische Kategorien in erster Linie synthetisch ausgedrückt, d. h., durch Flexionsaffixe (*flor-es, canta-ba-n*) oder durch deren Fehlen (*flor, pon*).[14] Auch die Verwendung von Hilfswörtern dient dem Ausdruck grammatischer Kategorien, und zwar bei der Steigerung (*más alto*), bei den zusammengesetzten Tempora (*hemos llegado*) und beim Passiv (*es amado*). Man bezeichnet das als analytische Bildung (die streng genommen nicht in die Morphologie gehört, sondern in die Syntax).

Ein Flexionsaffix kann eine oder mehrere spezifische Kategorien ausdrücken. In den Adjektivformen *alt-a, alt-a-s* bezeichnet das Suffix -*a* das Femininum, das Suffix -*s* den Plural. In *canta-ra-n* drückt -*ra*- die Kategorien Konjunktiv und Imperfekt zugleich aus, und -*n* drückt sowohl die 3. Person als auch den Plural aus.

Definitionen des Begriffs "grammatische Kategorie" findet man u. a. bei Mel'čuk (1976: 319–338) und bei Wurzel (2001: 60–70); die obige Darstellung ist an Mel'čuk (a.a.O.) orientiert. Zur Diskussion von Einzelkategorien siehe u. a. Hockett (1958: 230–239), Gleason (1961: 222–238), Lyons (1968: 270–317), Bergenholtz/Mugdan (1979: 144–147).

1.3. Flektierbare und nichtflektierbare Wortarten

Die traditionelle Grammatik unterscheidet neun Wortarten: Substantiv, Adjektiv, Pronomen, Artikel, Verb, Adverb, Präposition, Konjunktion, Interjektion; s. RAE (1931: 10; 2009: 43), Alcina Franch/Blecua (1975: 486), RAE (2009: 43ff.) u. v. a. Als weitere Wortart wird manchmal das Zahlwort aufgeführt, z. B. bei de Bruyne (2002: 135ff.) und bei Berschin et al. (2005: 161 u. 181ff.). Grundlegend ist die Unterscheidung von flektierbaren und nichtflektierbaren Wortarten; zu den flektierbaren zählen die Substantive, Adjektive, Pronomina, Artikel, ein Teil der Zahlwörter und die Verben, zu den unflektierbaren die übrigen. Einen kurzen Überblick über die Wortarten des Spanischen bietet Gabriel (2012).

Zur Terminologie: Der Ausdruck "Nomen" ist mehrdeutig. Traditionell fallen Substantive und Adjektive darunter, manchmal werden auch noch die Pronomina hinzugezählt; in Ausdrücken wie "Nomen agentis", "Nomen actionis", "Nomen qualitatis" usw. ist "Nomen" gleichbedeutend mit "Substantiv". In der neueren Literatur wird "Nomen" fast allgemein als Synonym zu "Substantiv" verwendet. Die Abkürzung "N" steht immer für "Substantiv".

---

14 Dabei kann eine Stammveränderung eintreten: *andar – anduve, hacer – hice, decir – di*.

2.   Substantivflexion

1.   Grammatische Kategorien des Substantivs
2.   Gibt es Genusflexion beim Substantiv?
3.   Aufbau einer Substantivform

2.1.   Grammatische Kategorien des Substantivs

Die grammatischen Kategorien des span. Substantivs sind Numerus und Genus.

generisch	spezifisch
Numerus:	Singular, Plural
Genus:	Maskulinum, Femininum[15]

2.1.1. Numerus

Der Numerus ist in der Regel frei wählbar. Eine Ausnahme stellen die Pluralia tantum und die Singularia tantum dar. Als Pluralia tantum führen Berschin et al. (2005: 165) an: *los alrededores, las gafas, las vacaciones, los víveres*; als Singularia tantum Abstrakta wie *salud* oder *sed*, Namen von Himmelsrichtungen wie *este*, ferner Eigennamen.

Der Plural. Formaler Ausdruck des Plurals ist das Morphem {-s_{pl}} mit den Varianten -*s*, -*es*, -*Ø*. Die bekannte Regel für die Verteilung der Allomorphe rufen wir kurz in Erinnerung: -*s* tritt an Substantive, die auf unbetonten Vokal auslauten wie *grifos*, *mesas* oder *jefes*; -*es* verbindet sich mit Substantiven, die auf Konsonant oder betonten Vokal enden wie *aviones, árboles, trabajadores, jabalíes, rubíes, tisúes*. Ein Allomorph -*Ø* kann man bei den Substantiven annehmen, die mit einer unbetonten Silbe auf -*s* enden: *los lunes-Ø, los análisis-Ø, las crisis-Ø, las síntesis-Ø, las tesis-Ø, los torax-Ø, las oasis-Ø*.

Zu Einzelheiten und Sonderfällen, z. B. *esquís, dominós, papás, champús, jerséis* u. a. gegenüber *marroquíes, reyes, leyes*, und zu Doppelformen wie *rubís ~ rubíes, tabús ~ tabúes* verweisen wir auf die bekannten Grammatiken, z. B. RAE (1973: 180ff.), de Bruyne (2002: 85ff.), RAE (2009: 130ff.).

---

[15] Bei substantivierten Adjektiven kommt als drittes Genus das Neutrum hinzu: *el viejo, la vieja, lo viejo*. Ausführlich hierzu de Bruyne (2002: 53ff.)

Die Anfügung des Pluralaffixes bewirkt in der Regel keine Akzentverschiebung. Ausnahmen sind *carácter*, *espécimen* und *régimen*, deren Plurale *caracteres*, *especímenes* und *regímenes* lauten.

Der Singular. Wodurch wird der Singular ausgedrückt? Man kann sagen: nur durch die Abwesenheit eines Pluralaffixes. Man kann auch vertreten, dass der Singular durch ein Nullmorph ausgedrückt wird. Dann muss man allerdings ein Singularmorphem postulieren, dessen einziges Allomorph Null ist, s. I, 1.8. Bei einem Paradigma, das aus genau zwei Formen besteht, ist aber ein solcher Beschreibungsaufwand wohl nicht gerechtfertigt (vgl. die in I, 1.8. zitierte Bemerkung Nidas).

2.1.2. Genus

Während man ein Adjektiv in die maskuline (*viejo*) oder feminine Form (*vieja*) setzen kann, i s t ein Substantiv maskulin oder feminin; es kann nicht ins andere Genus "gesetzt" werden. Zu *grifo* gibt es kein *grifa, zu *mesa* kein *meso. Man sagt: Das Genus ist dem Substantiv **inhärent.** Inhärenz des Genus bedeutet: Der Stamm legt das Genus fest. Dafür können verschiedene Stammteile zuständig sein: Ist das Wort ein Simplex wie *grifo* oder *mesa*, so ist es die Wurzel *grif-* bzw. *mes-*, die das Genus determiniert. Ist das Wort dagegen deriviert, so wird das Genus vom zuletzt angefügten Suffix bestimmt. So ist *socialismo* maskulin wie alle Ableitungen auf *-ism-o*, *duración* feminin wie alle Bildungen auf *-ción*.[16]

Die Substantive werden üblicherweise nach ihrem Auslaut und dessen Beziehung zum Genus klassifiziert. Eine ausführliche Darstellung findet man in jeder Grammatik, deshalb folgt hier nur eine kurze Bestandsaufnahme:

1. Substantive auf *-o* sind in aller Regel maskulin: *grifo*, *libro*, *muro*.
2. Substantive auf *-a* sind in der Regel feminin: *casa*, *hoja*, *mesa*.
3. Substantive auf *-e* oder auf Konsonant können mask. oder fem. sein: *el coche*, *la noche*, *el sol*, *la col*, *el camión*, *la razón*, *el poder*, *la mujer*, *el matiz*, *la perdiz*.

Als Ausnahme zur ersten Regel gibt es einige wenige Feminina auf *-o*, z. B. *la mano* (< lat. *manus*, *-ūs*; u-Dekl.), *la nao* (aus dem Katalan.), außerdem einige Kurzwörter wie *la dínamo*, *la foto*, *la radio* usw., deren Genus sich aus dem des Vollworts erklärt (*máquina dinamoeléctrica*, *fotografía*, *radiodifusión*). Was die zweite Regel be-

---

16 Nur bei den sog. appreziativen Suffixen – diminutiven, augmentativen und pejorativen – wird das Genus in der Regel vom Grundwort bestimmt: *avión – avioncito*, *flor – florecita*, s. III, 2.3.5.1.

trifft, so gibt es eine beträchtliche Anzahl von Abweichungen: Maskulina auf *-a* sind *el día, el cura, el mapa* und eine Reihe von Gräzismen auf *-ma* wie *el drama, el poema, el problema, el sistema, el tema, el telegrama* usw. Hinzuzufügen sind einige Substantive des Genus commune wie die Ableitungen auf *-ista* (*el/la artista, deportista, marxista*) oder *el/la homicida*.

Kurzum: Substantive auf *-o* sind in der Regel maskulin, Substantive auf *-a* sind (mit vielen Ausnahmen) feminin. Gegenüber den Adjektiven auf *-o/-a* gibt es aber einen Unterschied: Während ein Adjektivstamm wie *alt-* kein Genus festlegt, sondern dieses erst durch die Anfügung von *-o* oder *-a* ausgewählt wird, verhält es sich beim Substantiv anders: Die Wurzel *mes-* kann sich nur mit *-a* verbinden, so wie die Wurzel *grif-* sich mit *-o* verbinden muss. Anders gesagt: Beim Adjektiv haben die Suffixe *-o* und *-a* eine g e n u s b e s t i m m e n d e , beim Substantiv dagegen nur eine g e n u s a n z e i g e n d e Funktion. Das Suffix *-e* hat keinen Bezug zum Genus. Diese Unterschiede verwischen sich ein wenig, wenn bei beiden Wortarten nur von Genusmorphemen die Rede ist.[17] Aus diesen Gründen sprechen wir beim Substantiv nicht von einem Genusmorphem, sondern führen die neutrale Bezeichnung "Klassifikator" ein (Harris 1991a, 1991b: "word marker").

Es ist die Frage, ob das Genus wirklich allen Substantiven inhärent ist, d. h., ob Paare wie *amigo – amiga, jefe – jefa, dependiente – dependienta* nicht doch Beispiele für genusvariierende Substantive sind. Diesem Thema wenden wir uns nun zu.

2.2. Gibt es Genusflexion beim Substantiv?

Es gibt eine Reihe von Beispielen, bei denen die Genusopposition den Unterschied im natürlichen Geschlecht (männlich – weiblich) wiedergibt: *hijo – hija, perro – perra, monje – monja, señor – señora*. Wenn der Geschlechtsunterschied nur durch das Genus oder durch Suffigierung wie bei *conde – condesa, emperador – emperatriz* ausgedrückt wird (und nicht lexikalisch wie bei *padre – madre, macho – hembra, toro – vaca*), dann spricht man von **Motion.** Der Standpunkt, dass im Fall *hijo – hija* das Substantiv Genusflexion zeigt, ist weitverbreitet. Stellvertretend für viele zitieren wir Alcina Franch/Blecua:

---

[17] Nach Anderson (1961) besteht jedes Substantiv aus Stamm + Genusmorphem: *libr-o, hombr-e, papel-Ø, dí-a; cas-a, madr-e, mujer-Ø, man-o* (a.a.O.: 293f.). Dementsprechend werden bei ihm je zwei homonyme *-o, -a, -e* und sogar zwei homonyme *-Ø* unterschieden, von denen jeweils eines Allomorph zum Maskulinmorphem, eines Allomorph zum Femininmorphem ist. Wegen der Vielzahl von homonymen Suffixen, die hier postuliert werden müssen, folgen wir Andersons Analyse nicht. Zur Kritik s. auch Saporta (1962).

Si tiene moción de género el nombre, se dará en cuatro formas, de las que dos serán singulares y dos plurales: león-Ø-Ø, leon-**a**-Ø / leon-Ø-**es**, leon-**a**-**s**; gat-**o**-Ø, gat-**a**-Ø / gat-**o**-**s**, gat-**a**-**s**. (Alcina Franch/Blecua 1975: 530)

Die Gegenposition lautet: Bei *hijo – hija* usw. handelt es sich nicht um zwei Formen eines Substantivs, sondern um zwei verschiedene Substantive – das eine ist ein Maskulinum, das andere ein Femininum; so z. B. Stockwell et al.:

Nouns which seem to have four forms – singular and plural, each distinguished for gender – are in reality two nouns. (Stockwell/Bowen/Martin 1965: 42)

Diesem Standpunkt schließen wir uns an. Wir beschreiben die Beziehung zwischen *hijo* und *hija* als Derivation. Offensichtlich verhalten sich die beiden Wörter zueinander wie *gallo – gallina, tigre – tigresa, duque – duquesa*. Bei diesen Paaren ist die Bedeutungskomponente 'weibliches Lebewesen' an ein Derivationssuffix geknüpft, während die Rolle des *-a* die gleiche wie in *mesa* ist. Es ist naheliegend, für *hija* usw. ein Nullsuffix zu postulieren: *hij-o → hij-Ø-a* wie *gall-o → gall-in-a, monj-e → monj-Ø-a* wie *tigr-e → tigr-es-a*; *león – leon-Ø-a* wie *barón – baron-es-a*.

Es gibt einige Wortpaare, bei denen das Femininum eine Frucht, das Maskulinum die entsprechende Pflanze bezeichnet: *almendra – almendro, cereza – cerezo, manzana – manzano, naranja – naranjo*. Für diese ist die umgekehrte Ableitungsrichtung anzusetzen: *manzan-a → manzan-Ø-o* wie *per-a → per-al, nuez – nogal*. Erwähnt seien auch die Wörter, die sich in Genus und Bedeutung unterscheiden, ohne dass zwischen ihnen synchronisch ein Zusammenhang besteht: *velo* 'Schleier' – *vela* 'Segel', *cuento* 'Erzählung' – *cuenta* 'Rechnung', *el corte* 'Schnitt' – *la corte* 'Hof', *el frente* 'Front' – *la frente* 'Stirn' u. a. Hier ist es das Einfachste, zwei homonyme Wurzeln anzunehmen, z. B. vel_1- und vel_2-.

2.3. Aufbau einer Substantivform

2.3.1. Flexionsschema

Aus einem einfachen Wortvergleich ersieht man das Bauprinzip einer Substantivform; es lassen sich mehrere Schemata abstrahieren:

(I)	*grifo*	*libro*	*muro*	*queso*	X-o
	grifos	*libros*	*muros*	*quesos*	X-o-s
(II)	*casa*	*crema*	*falda*	*mesa*	X-a
	casas	*cremas*	*faldas*	*mesas*	X-a-s
(III)	*coche*	*detalle*	*noche*	*calle*	X-e
	coches	*detalles*	*noches*	*calles*	X-e-s
(IV)	*avión*	*amor*	*razón*	*flor*	X
	aviones	*amores*	*razones*	*flores*	X-es

Auf den Wortstamm folgt in (I)–(III) ein Element, das wir "Klassifikator" genannt haben (2.1.2.). Die Substantive in (IV) können so analysiert werden, dass sie im Pl. einen Klassifikator haben: *voc-e-s*, *avion-e-s*, *mujer-e-s* usw., dann entfällt natürlich das Allomorph *-es* für den Plural (Quilis 1968, Harris 1969: 177ff.).[18]

Das Auftreten bzw. Fehlen von *-e* ist weitgehend, aber nicht ausschließlich phonologisch bedingt: (1) Im Sg. tritt *-e* auf, um zu verhindern, dass bestimmte Einzelkonsonanten oder Konsonantengruppen in den Auslaut geraten, z. B. **jef*, **noch*, **cantant*, **robl* usw. Ausnahmen sind einige Substantive auf *-e*, bei denen das Auftreten dieses Vokals von keinem phonologischen Gesetz gefordert wird, wie die folgenden Paare zeigen (Harris 1991b: 65, 70): *sed – sede*, *col – prole*, *as – pase*, *cruz – cruce* u. a. (2) Im Pl. tritt *-e-* auf, um eine Folge aus Konsonant + *-s* zu verhindern: **vozs*, **avions*, **mujers* usw. Bei Wörtern hingegen, die auf betonten Vokal ausgehen und im Pl. *-es* haben, wäre der Plural auch ohne *-e-* wohlgeformt, wie man an den folgenden Beispielen sieht: *esquís*, *champús*, *rubíes ~ rubís*, *maniquíes ~ maniquís*, *tabúes ~ tabús*, *bambúes ~ bambús*.

Nicht ganz unproblematisch ist die Einordnung des Klassifikators *-o*, *-a*, *-e* als Flexionsaffix (und damit als Teil der Endung). Von einem echten Flexionsaffix erwartet man, dass es eine grammatische Kategorie ausdrückt und dass es mit mindestens einem anderen Affix (oder dem Fehlen eines Affixes) kontrastiert. Das ist aber nur bei einem kleinen Teil der Substantive gegeben: Ein Kontrast zwischen 'Mask.' und 'Fem.' besteht nur bei Paaren wie *hijo – hija*, *jefe – jefa*. Diese haben wir aus dem Bereich der Flexion ausgeschlossen und bei der Wortbildung eingereiht (s. 2.2.).

Andererseits geht der Klassifikator niemals in Derivationsprozesse ein, sondern wird vor Anfügung des Derivationsaffixes regelmäßig abgetrennt wie "richtige" Flexionsaffixe auch: *ensay-o – ensay-ist-a*, *cas-a – cas-er-o*, *lech-e – lech-os-o*. Konsequenterweise ist ein Klassifikator auch bei suffigierten Wörtern anzunehmen: *reglament-o*, *art-ist-a*, *dependie-nt-e*, *pais-aj-e*, vgl. *reglamentar*, *artístico*, *dependienta*, *paisajista*. Man könnte ihn als ein unechtes (oder "leeres") Flexionsaffix betrachten, das an manche Stämme obligatorisch herantritt, damit ein Wort entsteht.

2.3.2. Konstituentenstruktur

Das einzige Suffix, das auf einen Klassifikator folgen kann, ist das Pluralkennzeichen: *grif-o*, *grif-o-s*. Was die Konstituentenstruktur angeht, so sind zwei Analysen gegeneinander abzuwägen.

---

[18] Wenn man dann noch für den Klassifikator ein Allomorph *-Ø* im Sg. annimmt (*voz-Ø*, *avión-Ø*, *mujer-Ø* usw.), hat das Konsequenzen für die Gesamtbeschreibung: Dann besteht kein Substantiv aus einer Wurzel allein. Diese Analyse sei hier nur erwähnt, sie wird in der vorliegenden Einführung nicht durchgeführt.

Zerlegung A. Die Endung besteht in den Klassen (I)–(III) aus einem oder aus zwei Elementen: im Singular aus dem Klassifikator allein, im Plural aus dem Klassifikator und dem Plural-Affix. In Klasse (IV) hat nur der Plural eine Endung.

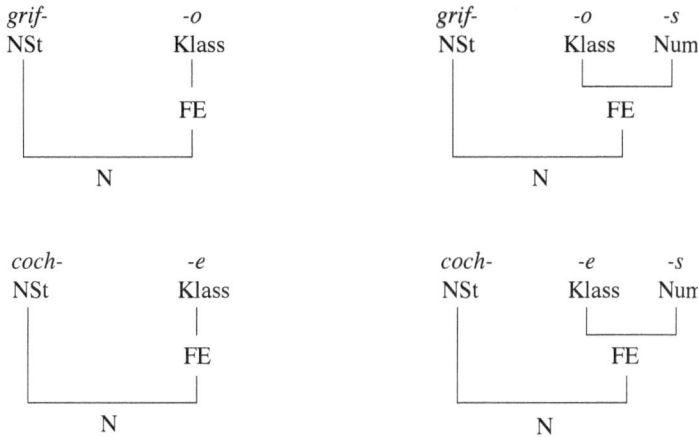

```
grif-          -o                    grif-          -o      -s
NSt            Klass                 NSt            Klass   Num
  |              |                     |              |_____|
               FE                                      FE
  |_____|                     |_____|
        N                                     N


coch-          -e                    coch-          -e      -s
NSt            Klass                 NSt            Klass   Num
  |              |                     |              |_____|
               FE                                      FE
  |_____|                     |_____|
        N                                     N
```

NSt – Substantivstamm, FE – Flexionsendung, Klass – Klassifikator, Num – Numerusmorphem.

Zerlegung B. Als Alternative ist für den Plural auch eine "geschachtelte" Struktur denkbar: [[[grif-]-o]-s], [[[coch-]-e]-s], [[flor]-es] usw. Dann folgen alle Pluralformen (wenn man bei *flores* usw. -es als Ganzes abtrennt) demselben Muster: Pluralform = Singularform + Pluralmorphem. Ein Nachteil ist, dass man dann keine Konstituente hat, in der das Pluralaffix und der Klassifikator zusammengefasst sind, obwohl diese beiden Elemente niemals in Ableitungsprozesse eingehen (s. o.).

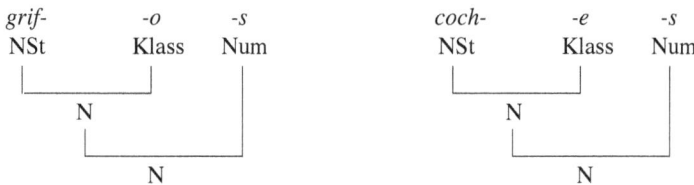

```
grif-       -o      -s              coch-       -e      -s
NSt         Klass   Num             NSt         Klass   Num
  |_____|       |               |_____|       |
       N              |                    N              |
       |_____|                    |_____|
              N                                   N
```

Fazit: Auch wenn der Klassifikator nur mit Einschränkung als Flexionsaffix gelten kann, ist es von Vorteil, ein Nomen gleich im ersten Schritt in einen Wortbildungs- und einen Flexionsteil, der den Klassifikator enthält, zu zerlegen. Dadurch wird erreicht, dass Substantiv-, Adjektiv- und Verbformen auf die gleiche Weise beschrieben werden: [[caball-er-] + [-o-s]], [[nub-os-] + [-a-s]], [[fertil-iz-a-] + [-ba-n]]. Die linke Konstituente dieser Formen geht in die weitere Derivation ein, die rechte nicht: *caballería, nubosidad, fertilización*. Deshalb entscheiden wir uns für Lösung A.

3. Adjektivflexion

1. Grammatische Kategorien des Adjektivs
2. Aufbau einer Adjektivform

3.1. Grammatische Kategorien des Adjektivs

Die grammatischen Kategorien des Adjektivs sind Genus, Numerus und Steigerungsgrad, von denen nur die ersten beiden als Flexionskategorien aufzufassen sind.

generisch	spezifisch
Numerus:	Singular, Plural
Genus:	Maskulinum, Femininum
Steigerungsgrad:	Positiv, Komparativ, Superlativ

Das Adjektiv variiert in Genus und Numerus; bei seiner Verwendung im Satz kongruiert es in diesen beiden Kategorien mit dem Substantiv, auf das es sich bezieht:
pantalón rojo, *camisa roja*, *pantalones rojos*, *camisas rojas*.

Numerus. Wie beim Substantiv wird der Plural durch ein Affix,[19] der Singular durch
die Abwesenheit eines Affixes ausgedrückt. Für die Pluralbildung gilt wie beim Substantiv: Erscheint im Auslaut der Singularform ein Konsonant oder betonter Vokal,
so wird der Plural auf *-es* gebildet; *azules*, *holgazanes*, *mallorquines*, *marroquíes*.

Genus. Man unterscheidet zwischen genusvariablen Adjektiven wie *rojo*, *roja* und
genusinvariablen wie *verde* und *azul*. Bei den variablen wird das Genus durch das
hinzutretende Affix (meist: *-o*, *-a*) festgelegt; bei den invariablen bleibt das Genus
unfixiert, d. h., dass das Adjektiv sowohl mit maskulinen als auch femininen Substantiven kongruiert: *sombrero verde*, *camisa verde*, *sombrero azul*, *camisa azul*. Das
Gemeinsame aller Adjektive ist, dass der Stamm in keinem Fall das Genus festlegt.

Steigerungsgrad. Die Steigerungsformen werden in der Regel im Spanischen analy-
tisch gebildet, d. h., unter Verwendung der Adverbien *más* oder *menos*: *caro – más
caro – el más caro*, oder *caro – menos caro – el menos caro*. Nur in einigen Fällen

---

[19] Eine Ausnahme sind adjektivisch gebrauchte Substantive, z. B. *novelas rosa*, *sofá naranja* (Berschin et al. 2005: 172). Unflektierbar sind auch Adjektive aus *anti-* + Substantiv: *campañas anti-
tabaco*, *faros antiniebla* (Beispiele aus PONS).

hat sich der lateinische synthetische Komparativ erhalten, der nun auch zur Superlativbildung herangezogen wird: *bueno – mejor – el mejor, malo – peor – el peor* u. a. Das Kennzeichen des lat. Superlativs dient zur Bildung des Elativs, einer Form, die einen hohen Grad der bezeichneten Eigenschaft ausdrückt: *riquísimo* 'sehr reich', *hermosísimo* 'sehr schön'. Viele Adjektive können aus semantischen Gründen nicht gesteigert werden, insbesondere Relationsadjektive wie *atómico, municipal*.

Während die Einordnung von Genus und Numerus als Flexionskategorien völlig unproblematisch ist, lässt sich die Steigerung nicht so eindeutig unterbringen: Die regelmäßige analytische Bildung gehört in die Syntax, die wenigen Reste des synthetischen Komparativs in die Lexikologie; die Elativbildung auf *-ísimo* kann man der Wortbildungslehre oder der Formenlehre zurechnen; beides findet man in der Literatur. Rainer (1993: 41) nennt einige Gründe dafür, die Elativbildung zu den Wortbildungsverfahren zu zählen, darunter das Argument, dass dem Elativsuffix das Derivationsaffix *-mente* folgen kann. Wir betrachten deshalb *-ísim-* als Ableitungssuffix.

3.2. Aufbau einer Adjektivform

3.2.1. Flexionsschema

Man unterscheidet bei den Adjektiven die genusvariablen und die genusinvariablen. Die meisten invariablen lauten auf *-e* oder auf Konsonant aus, nur einige wenige enden auf *-a* oder *-í*: *belga, marroquí*. Somit gibt es drei große Klassen:

(I)	*alto*	*bajo*	*largo*	*corto*	X-o
	alta	*baja*	*larga*	*corta*	X-a
	altos	*bajos*	*largos*	*cortos*	X-o-s
	altas	*bajas*	*largas*	*cortas*	X-a-s
(II)	*grande*	*breve*	*amable*	*valiente*	X-e
	grandes	*breves*	*amables*	*valientes*	X-e-s
(III)	*igual*	*cortés*	*joven*	*feliz*	X
	iguales	*corteses*	*jóvenes*	*felices*	X-es

Kurzformen. Einige Adjektive verlieren ihre Endung *-o*, wenn sie einem maskulinen Substantiv im Singular vorangehen, und zwar *bueno, malo, primero, tercero, postrero*: *un buen amigo* usw. Das Adjektiv *grande* ist zu *gran* verkürzt, und zwar sowohl vor mask., als auch vor fem. Substantiv: *gran señor, gran dama*. Das Adjektiv *santo* erscheint als *San* vor männlichen Heiligennamen: *San Pedro, San Pablo, San Juan* (Ausnahmen sind *Santo Tomás, Santo Toribio, Santo Domingo*).

42

Zu Schema (I). Ein Paradigma vom Typ (I) haben sehr viele Adjektive: *blanco*, *feo*, *guapo*, *hermoso*, *rojo* u. v. a. Zum Schema (I) gibt es noch zwei Varianten; eine, bei der das Maskulinaffix immer als *-e*, und eine, bei der es als *-Ø* erscheint:

(Ia)	*brutote*	X-e
	brutota	X-a
	brutotes	X-e-s
	brutotas	X-a-s
(Ib)	*español*	X-Ø
	española	X-a
	españoles	X-Ø-es
	españolas	X-a-s

Nach (Ia) flektieren einige Diminutive und Augmentative auf *-ete*, *-ote*, z. B. *regordete*, *brutote*, nach (Ib) eine ganze Reihe von Adjektiven, z. B. Herkunftsadjektive wie *alemán*, *francés*, *español*, *mallorquín*, Suffixbildungen auf *-dor* wie *trabajador* und Suffixbildungen auf *-ón*, *-án*, *-ín* wie *comilón*, *holgazán*, *haragán*, *chiquitín*.

Zu Schema (II). Bei Adjektiven wie *verde* trennen wir ein Morph *-e* ab. Die Auffassung dieses *-e* als Affix lässt sich durch einen Wortvergleich rechtfertigen: *verd-e*, *verd-ur-a*, *verd-ísim-o* wie *alt-o*, *alt-ur-a*, *alt-ísim-o*. Seine Einordnung als Genusaffix erlaubt es, die Beschreibung der invariablen Adjektive auf *-e* an die der variablen anzugleichen; *-e* charakterisiert wie *-o* und *-a* das Kongruenzverhalten der betreffenden Formen: *muro alto*, *casa alta*, *muro verde*, *casa verde*.[20]

Zu Schema (III). Die Adjektive auf Konsonant können ebenso wie die Substantive auf Konsonant (s. 2.3.1.) so analysiert werden, dass sie ein Affix *-e-* im Plural haben: *azul-e-s*, *felic-e-s* usw. (entsprechend in Ib: *español-e-s*).

Das Auftreten von *-e* bzw. *-es* in den Adjektivklassen (II) und (III) unterliegt den gleichen Bedingungen, wie sie in 2.3.1. für die Substantive angegeben wurden.

3.2.2. Konstituentenstruktur

Eine Adjektivform kann maximal zwei Flexionsaffixe enthalten: *alt-a*, *alt-a-s*, *azul*, *azul-es* (bzw. *azul-e-s*). Was die Konstituentenstruktur betrifft, so sind zwei Analysen gegeneinander abzuwägen.

---

[20] Eine Alternative besteht darin, dass man zwei homonyme *-e* annimmt: eines als Allomorph zu *-o*, eines als Allomorph zu *-a*. Die Konsequenz, dass in *verde* ein feminines *-e* mit einem maskulinen *-e* "kontrastiert", erscheint aber wenig attraktiv, s. hierzu die Diskussion bei Saporta (1962: 283).

Zerlegung A. Die Endung besteht in den Klassen (I), (Ia), (Ib) und (II) aus einem oder aus zwei Elementen: im Singular aus dem Genusaffix allein, im Plural aus dem Genusaffix und dem Pluralaffix. Dabei wird in Klasse (II) ein "leeres" Genusaffix angenommen. In Klasse (III) hat nur der Plural eine Endung. Somit:

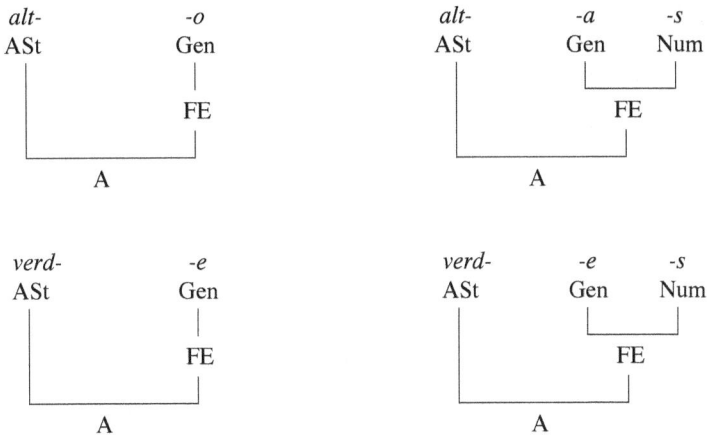

```
alt-          -o              alt-        -a      -s
ASt           Gen             ASt         Gen     Num
               |                           |_____|
               FE                             FE
 |_____|                 |_____|
        A                                A


verd-         -e              verd-       -e      -s
ASt           Gen             ASt         Gen     Num
               |                           |_____|
               FE                             FE
 |_____|                 |_____|
        A                                A
```

ASt – Adjektivstamm, FE – Flexionsendung, Gen – Genusmorphem, Num – Numerusmorphem.

Zerlegung B. Auch bei Adjektiven ist, wie in 2.3.2. bei den Substantiven vorgeführt, für den Plural eine "geschachtelte" Struktur vertretbar: [[[*alt-*]-*a*]-*s*], [[[*verd-*]-*e*]-*s*], [[*azul*]-*es*] usw. Dann folgen alle Pluralformen, auch die des Schemas III (wenn man bei *azules* usw. *-es* als Ganzes abtrennt und nicht in *-e-s* zerlegt), demselben Muster: Pluralform = Singularform + Pluralaffix. Es gibt dann aber keine Konstituente "Endung", in der das Genus- und das Numerusaffix zusammengefasst sind.

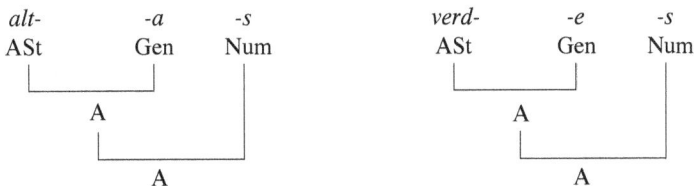

```
alt-      -a      -s             verd-     -e      -s
ASt       Gen     Num            ASt       Gen     Num
 |_____|       |              |_____|       |
      A            |                   A            |
      |_____|                   |_____|
            A                                A
```

Fazit: Wie schon bei den Substantiven, entscheiden wir uns für die Lösung A. Diese erlaubt es, bei jeder Form eine saubere Trennung in einen Wortbildungs- und einen Flexionsteil vorzunehmen: [[*alt-*] + [*-a-s*]], [[*nub-os-*] + [*-a-s*]], [[*verd-*] + [*-e-s*]], [[*in-depend-ie-nt-*] + [*-e-s*]]. Dann ist der Flexionsteil zugleich diejenige Konstituente, die nicht in die deadjektivische Wortbildung eingeht: *altura, nubosidad, verdura, independentismo.*

4. Zur Nominalflexion bei anderen Wortarten

1. Allgemeines
2. Flexionsmerkmale der Pronomina

4.1. Allgemeines

Außer den Substantiven und Adjektiven gibt es drei weitere Wortarten, die durch Genus und Numerus gekennzeichnet sind: Artikel, Zahlwörter und Pronomina. Innerhalb jeder Klasse sind in Bezug auf die Flexionsmöglichkeiten drei Fälle zu unterscheiden: (1) Genus- und Numerusflexion, (2) Numerus- oder Genusflexion allein, (3) keine Flexion. Bei einem Teil der Personalpronomina kommt noch die Kasusflexion hinzu. Im Folgenden gehen wir nur auf diese eigentlichen morphologischen Merkmale ein; die Verwendung der Formen im Satz bleibt außerhalb unserer Betrachtung.

Artikel. Es gibt zwei Artikel, den bestimmten und den unbestimmten. Beide flektieren nach Genus und Numerus, der bestimmte Artikel hat als drittes Genus noch das Neutrum. Die Formen des bestimmten Artikels sind *el, la, los, las* und *lo*. Mit der Präposition *de* verschmilzt *el* zu *del*, mit *a* zu *al*. Die Formen des unbestimmten Artikels sind *un, una, unos, unas*. Statt *la* und *una* tritt *el* und *un* ein, wenn ein Substantiv unmittelbar folgt, das mit betontem *a* anfängt: *el agua fría*.

Zahlwort. Man unterscheidet Kardinalzahlen und Ordinalzahlen. Die meisten Kardinalzahlen flektieren nicht; Ausnahmen sind *uno, -a, -os, -as* und *doscientos, -as, trescientos, -as* usw. (außerdem: *millones* und *miles* wie in *miles de ovejas*). Die Ordinalzahlen sind eine Untergruppe der Adjektive der *-o/-a*-Klasse: *tercer-o, -a, -os, -as*; gebräuchlich sind nur *primero* bis *décimo*.

Pronomen. Üblicherweise unterteilt man die Pronomina in Personal-, Possessiv-, Demonstrativ-, Relativ-, Interrogativ- und Indefinitpronomina. Manche Pronomina, z. B. Demonstrativa, können in der gleichen Position wie der Artikel oder in der gleichen Position wie eine Nominalgruppe stehen: *la naranja me apetece más – esta naranja me apetece más – ésta me apetece más*. Dementsprechend unterscheidet man zwischen zwei Klassen: den adjektivischen und den substantivischen Pronomina (in anderer Terminologie: zwischen Determinanten und Pronomina). Manche Autoren, z. B. de Bruyne (2002: 182ff.) und Berschin et al. (2005: 183–190), sprechen nicht von zwei Klassen, sondern von adjektivischem und substantivischem Gebrauch der Pronomina. Wir können von diesen Unterschieden absehen, denn im folgenden Abschnitt geht es nur um die Flexionsmerkmale.

4.2. Flexionsmerkmale der Pronomina

Personalpronomen. Die Personalpronomina haben zwei Formenreihen, eine betonte und eine unbetonte (Tabelle angelehnt an RAE 1973: 204, de Bruyne 2002: 149):

Pers.	Num.	Nominativ	Präp.-Kasus	Akkusativ	Dativ
1.	Sg.	*yo*	*mí, conmigo*	*me*	
	Pl.	*nosotros, nosotras*		*nos*	
2.	Sg.	*tú*	*ti, contigo*	*te*	
	Pl.	*vosotros, vosotras*		*os*	
3.	Sg.	*él, ella, ello; usted*		*lo (le), la, lo*	*le/se*
	Pl.	*ellos, ellas; ustedes*		*los, las*	*les/se*

betonte Formen   unbetonte Formen

Anmerkungen: (1) Bei den betonten Formen variieren die 1. und 2. P. Sg. im Kasus, aber nicht im Genus. Die 1. und 2. P. Pl. variieren im Genus, aber nicht im Kasus. Die 3. Person variiert in Genus und Numerus, wobei das Genus auch die Ausprägung 'Neutrum' hat. (2) Bei den unbetonten Formen variiert nur das Pronomen der dritten Person, und zwar in den Kategorien Genus, Numerus und Kasus. Die Akademie lässt als Akkusativ der Person *le* statt *lo* zu: *No le/lo conozco* 'Ich kenne ihn nicht' (RAE 1973: 424–425). (3) Für den Dativ *le, les* tritt *se* ein, wenn ein weiteres Pronomen der 3. Person folgt: *se lo digo* (nicht: **le lo digo*). (4) Die formelle Anrede *usted, -es* kongruiert mit der 3. Person: *Usted canta. Ustedes cantan.* (5) Das Reflexivpronomen der 3. Person lautet betont *sí, consigo*, unbetont *se*.

Possessivpronomen. Die Possessivpronomina haben zwei Formenreihen, eine betonte und eine unbetonte (Tabelle nach RAE 1973: 210):

1. Person	Ein Besitzer	*mío, mía* *míos, mías*	*mi* *mis*
	Mehrere Besitzer	*nuestro, nuestra* *nuestros, nuestras*	
2. Person	Ein Besitzer	*tuyo, tuya* *tuyos, tuyas*	*tu* *tus*
	Mehrere Besitzer	*vuestro, vuestra* *vuestros, vuestras*	
3. Person	Ein oder mehrere Bes.	*suyo, suya* *suyos, suyas*	*su* *sus*

betonte Formen   unbetonte Formen

Anmerkungen: (1) Die betonten Formen flektieren wie die Adjektive der *-o/-a*-Klasse: *mío, mía, míos, mías*; (2) Die unbetonten Formen flektieren im Numerus: *mi, mis*; der Genusunterschied wird nur bei einigen Formen markiert: *nuestro, -a*; *vuestro, -a.*

Demonstrativpronomen. In den meisten Grammatiken werden drei Demonstrativpronomina genannt:[21] *este, ese* und *aquel*, die eine unterschiedliche räumliche oder zeitliche Entfernung zwischen Sprecher und Bezugsgegenstand ausdrücken. Sie flektieren nach Genus und Numerus, wobei es beim Genus auch ein Neutrum gibt:

> *este, esta, esto, estos, estas*;
> *ese, esa, eso esos, esas*;
> *aquel, aquella, aquello, aquellos, aquellas.*

Bei substantivischem Gebrauch wird fakultativ der orthographische Akzent gesetzt (RAE 2010: 269): *este, ese, aquel* oder *éste, ése, aquél*. Stets ohne Akzent schreibt man die Neutra *esto, eso* und *aquello*, die ja nur substantivisch vorkommen.

Relativpronomen. Diese Pronomina verhalten sich bezüglich der Flexion uneinheitlich: (1) Nach Genus und Numerus flektieren *el que, la que, lo que, los que, las que*; *el cual, la cual, lo cual, los cuales, las cuales*; ferner *cuant-o, -a, -os, -as* und *cuy-o, -a, -os, -as*. (2) Numerusflexion hat *quien, quienes*; (3) nicht flektierbar ist *que*.

Interrogativpronomen. Der Bestand ist im Wesentlichen der gleiche wie bei den Relativpronomina: (1) *cuánt-o, -a, -os, -as*; *cúy-o, -a, -os, -as*, (2) *cuál, cuáles*; *quién, quiénes*; (3) *qué*.

Indefinitpronomen. Dieser Gruppe, von Berschin et al. (2005: 188) als "Restklasse, deren Einheiten im Zwischenbereich von Lexikon und Grammatik liegen" bezeichnet, ordnen verschiedene Autoren unterschiedliche Elemente zu. Unter anderem werden dazugerechnet: (1) genus- und numerusflektierende wie *alguno, ninguno, todo, otro*, (2) numerusflektierende wie *cualquiera, cualesquiera*, (3) invariable wie *alguien, algo, nadie, nada*. Vor maskulinem Substantiv stehen die Kurzformen *algún, ningún, cualquier*, vor femininem Substantiv *cualquier*: *algún señor, cualquier cosa*.

Anmerkung zu den Personalpronomina. Einen kurzen Überblick bietet Kaiser (2012). Zum Thema "leísmo, laísmo, loísmo" sei auf Alarcos Llorach (1994: 202–204), de Bruyne (2002: 166–168), RAE (2009: 1212–1229) verwiesen. Im Rahmen dieser Einführung haben wir uns auf diejenigen Formen beschränkt, die von der Akademie "para el uso culto y literario" empfohlen werden (RAE 1973: 424; zurückhaltender: RAE 2009: 1215, § 16.8i).

---

[21] RAE (2009: 1279, § 17.2.j) ordnet noch *tal* und *tanto* hier ein, während de Bruyne (2002: 253 u. 261) sie zu den Indefinitpronomina zählt.

5. Verbflexion

5.1. Allgemeines

5.1.1. Grammatische Kategorien des Verbs

Man unterscheidet finite und infinite Verbformen. Finite Formen sind solche, die die Kategorien Person und Numerus ausdrücken. Die infiniten Verbformen sind der Infinitiv, das Partizip und das Gerundium.

Die grammatischen Kategorien des **finiten** Verbs sind: Person, Numerus, Tempus, Modus, Genus Verbi.

generisch	spezifisch
Person:	1., 2., 3.
Numerus:	Singular und Plural
Tempus:	Präsens, Imperfekt, Präteritum, Futur, Konditional, zusammengesetzte Tempora
Modus:	Indikativ, Konjunktiv, Imperativ
Genus verbi:	Aktiv und Passiv

Die grammatischen Kategorien des **infiniten** Verbs sind Infinitiv, Partizip und Gerundium. Das Partizip hat vier Formen, denn es flektiert wie das Adjektiv nach Genus und Numerus: *cantado, cantada, cantados, cantadas*.[22] Häufig verselbständigt es sich zum Adjektiv, wie man an Präfixableitungen wie *impremeditado* erkennt.

Nicht alle aufgezählten Kategorien werden durch Flexionsaffixe ausgedrückt. Zusammengesetzte Formen wie *he amado* betrachten wir nicht als morphologische, sondern als syntaktische Gebilde. Das folgt aus der Definition der Morphologie als

---

[22] Außerdem hat das Spanische eine beachtliche Zahl von Wörtern, die auf das lateinische Partizip Präsens zurückgehen: *amante, cantante, teniente* usw. Unter synchronischem Gesichtspunkt sind sie aber nicht als Flexionsformen anzusehen, denn zu vielen Verben gibt es keine entsprechende Bildung auf *-nte:* **bañante, *calentante, *organizante*. Siehe auch III, 2.3.2.1.

Lehre vom Wort, denn *he amado* ist nun einmal keine Wortform, sondern die (grammatikalisierte) Kombination zweier Wortformen. Dazu sagt der *Esbozo*:

> Si nos atenemos a los principios lingüísticos más rigurosos, estas formas llamadas compuestas no constituyen tema propio de la Morfología, sino de la Sintaxis, ni más ni menos que otras perífrasis verbales. (RAE 1973: 252)[23]

Tempus.[24] Obwohl die zusammengesetzten Tempora nicht in unser Gebiet fallen, zählen wir sie der Übersicht halber mit auf (Terminologie nach RAE 2009: 185):

tiempos simples	tiempos compuestos
presente	pretérito perfecto compuesto
canto	*he cantado*
pretérito imperfecto	pretérito pluscuamperfecto
cantaba	*había cantado*
pretérito perfecto simple	pretérito anterior
canté	*hube cantado*
futuro simple	futuro compuesto
cantaré	*habré cantado*
condicional simple	condicional compuesto
cantaría	*habría cantado*

Modus. Man unterscheidet drei Modi: Indikativ, Konjunktiv und Imperativ.[25] Der Konjunktiv erscheint im Präsens, Imperfekt und Futur: *cante, cantara/cantase, cantare*, außerdem in den entsprechenden zusammengesetzten Tempora. Der Konjunktiv des Futurs wird außer im juristischen Sprachgebrauch kaum noch verwendet (de Bruyne 2002: 444); trotzdem erwähnen ihn die Handbücher noch (Alcina Franch/ Blecua 1975: 812–813; de Bruyne a.a.O.; RAE 2009: 299–201). Beim Imperativ gibt es keine Tempusvariation. Der Konditional kann je nach Verwendung Tempus ("futuro de imperfecto") oder Modus sein. Tempus ist er in (1), Modus in (2):

(1) *No sabía que Juan vendría.*
(2) *Si tuviera dinero, viajaría a España.*

---

[23] Diese Position vertritt auch Alcoba (1999: 4921f., Fn. 13). Zur gegenteiligen Auffassung, dass die zusammengesetzten Formen Gegenstand der Morphologie seien, s. RAE (2009: 184, § 4.1i).

[24] Imperfekt, Perfekt und Präteritum drücken eigentlich keine verschiedenen Zeitstufen aus, sondern unterschiedliche Sichtweisen einer vergangenen Handlung. Wir schließen uns aber dem allgemeinen Brauch an und bezeichnen sie nicht als Aspekte, sondern als Tempora.

[25] So RAE (1973: 260) und RAE (2009: 185, 1676, 1778ff.). Dagegen hatte RAE (1931: 45) noch fünf Modi: neben den drei genannten noch den Konditional (RAE 1931: "potencial") und einen "modo infinitivo", unter dem die drei infiniten Formen zusammengefasst wurden.

Obwohl der modale Gebrauch der wichtigere ist, wird der Konditional in neueren Grammatiken, z. B. RAE (1973), de Bruyne (2002), RAE (2009), unter die Tempora eingereiht. Andere, z. B. RAE (1931) oder Alarcos Llorach (1994), zählen den Konditional zu den Modi. (Auch beim Futur gibt es eine modale Verwendung, das sog. "futuro de probabilidad": *Serán las diez.*)

Genus verbi. Das Passiv wird mit dem Hilfsverb *ser* gebildet: *El ejército fue vencido.* Sehr gebräuchlich ist auch das reflexive Passiv: *Se alquilan habitaciones.* Beides gehört streng genommen nicht zum Gegenstandsbereich der Morphologie (s. o.).

5.1.2. Aufbau einer Verbform

5.1.2.1. Stamm und Endung

Es entspricht der grammatischen Tradition, eine Verbform in Stamm und Endung zu zerlegen. Während die Aufteilung in Stamm und Endung ein allgemein anerkanntes Prinzip ist, gibt es unterschiedliche Auffassungen darüber, an welcher Stelle der Schnitt zu legen ist.

Verbform	Zerleg. A	Zerleg. B	Zerleg. C	Zerleg. D
2. P. Sg. Präs. Ind.	*canta-s*	*cant-as*	*cant-as*	*canta-s*
2. P. Sg. Impf. Ind.	*canta-bas*	*cant-abas*	*cant-abas*	*cantaba-s*
2. P. Sg. Futur Ind.	*canta-rás*	*cant-arás*	*cantar-ás*	*cantará-s*

Bei den meisten Formen geht es nur darum, ob der Kennvokal *-a-* zum Stamm oder zur Endung zu zählen ist. Beim Futur und Konditional wird die Analyse *canta-* + *-rás* in Arbeiten vertreten, die vom amerikanischen Strukturalismus beeinflusst sind, während in der traditionellen Romanistik meist ein auf dem Infinitiv basierender Stamm angenommen und die Verbform in *cantar* + *-ás* zerlegt wird.

Zerlegung A findet man z. B. bei Di Pietro (1963), Marcos Marín (1980: 247ff.), Alcoba (1999: 4924 u. 4934) und in der neuen Akademiegrammatik (RAE 2009: 182, § 4.1d). Zerlegung B ist die von Alarcos Llorach (1994: 170ff.) Zerlegung C ist in der Literatur weitverbreitet; man findet sie u. a. in der älteren Akademiegrammatik (RAE 1931: 59–60), bei Sánchez/Martín/Matilla (1980: 81ff.), Hönigsperger (1990), Zimmer (1992), de Bruyne (2002: 373ff.), Berschin et al. (2005: 207–208). Zerlegung D ist eine Besonderheit des *Esbozo* (RAE 1973: 253ff.), der für jedes Tempus einen eigenen Stamm annimmt, so dass die Endung nur aus dem Person-Numerus-Morphem besteht. Bei Zerlegung A wird in der Regel die Endung weiter segmentiert. Bei den Zerlegungen B und C wird die Endung im Allgemeinen als ungeteiltes Ganzes betrachtet; eine feinere Aufteilung wie *-ába-mos* wird von Berschin et al. (2005: 207ff.) vorgenommen. Zur Diskussion verschiedener Zerlegungsmöglichkeiten s. Roca Pons (1966: 75–77) und RAE (2009: 185–188).

5.1.2.2. Bestandteile von Stamm und Endung

Die unmittelbaren Konstituenten einer Verbform können noch einmal in sich strukturiert sein. Wir legen die Zerlegung A zugrunde und betrachten die Form *cantabas*, die im ersten Schritt in *canta-* und *-bas* aufgeteilt werden kann.

Innerhalb von *canta-* lassen sich zwei Bestandteile unterscheiden: der nichterweiterte Stamm (das Radikal) *cant-* und die vokalische Stammerweiterung (der Themavokal) *-a-*. Den Wortteil *canta-* bezeichnet man als erweiterten Verbstamm oder Verbalthema. Der nichterweiterte Stamm kann aus einer Wurzel allein bestehen, z. B. in *cant-a-r*, er kann auch morphologisch komplex sein wie in *descentraliz-a-r*. In den Flexionstabellen der Grammatiken werden üblicherweise Musterverben dargestellt, bei denen der nichterweiterte Stamm mit einer Wurzel zusammenfällt.

Innerhalb der Endung eines finiten Verbs kann man meistens zwei Elemente isolieren: ein Tempus-Modus-Affix und ein Person-Numerus-Affix. Damit ergibt sich folgende Konstituentenstruktur:

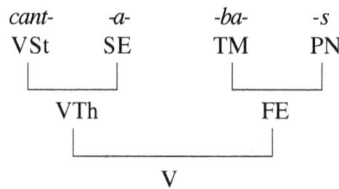

```
cant-       -a-        -ba-        -s
VSt         SE         TM          PN
 |_____|           |_____|
     VTh                     FE
      |_____|
                 V
```

V – Verbform, VTh – erweiterter Verbstamm, VSt – nichterweiterter Verbstamm, SE – Stammerweiterung, FE – Endung, TM – Tempus-Modus-Affix, PN – Person-Numerus-Affix.

Die Endung kann auch aus einem einzigen Element bestehen, z. B. im Infinitiv und im Gerundium, außerdem im Präteritum, wo Tempus-Modus- und Person-Numerus-Affix nicht sauber getrennt werden können (dies wird in 5.2.2. begründet):

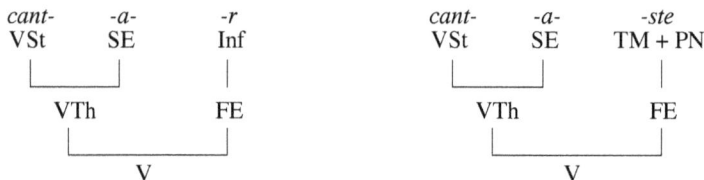

```
cant-    -a-      -r              cant-    -a-      -ste
VSt      SE       Inf             VSt      SE       TM + PN
 |_____|         |               |_____|         |
    VTh           FE                  VTh            FE
     |_____|                    |_____|
           V                                  V
```

Für die folgenden Darlegungen wird eine Kästchenform gewählt, die sich an Schwarze (1993: 83–116) und Cartagena/Gauger (1989, I: 314–317) orientiert. Diese Notation erlaubt es, besonders übersichtlich anzuzeigen, dass eine Stelle durch Null besetzt wird oder dass ein Segment zwei Strukturpositionen gleichzeitig einnimmt.

VSt	SE	TM	PN
cant	a	ba	s

VSt	SE	TM	PN
cant	a		s

VSt	SE	TM	PN
cant	a	ste	

VSt	SE	TM	PN
ve		rá	s

Äquivalent zur Verwendung des Leerkästchens ist die Notation *cant-a-Ø-s*. In solchen Fällen scheint es um der Übersichtlichkeit willen vertretbar, trotz der in I, 1.8. angesprochenen Bedenken Nullmorpheme zu verwenden (wie es auch in der anschließend genannten Literatur geschieht).

Eine Analyse, die beim finiten Verb vier Strukturpositionen annimmt, findet man bei einer Reihe von Autoren, z. B. Stockwell/Bowen/Martin (1965: 105–123), Roca Pons (1966), Alcina Franch/Blecua (1975: 735), Marcos Marín (1980: 247ff.), Cartagena/Gauger (1989, I: 311ff.), Alcoba (1999: 4934), RAE (2009: 182, § 4.1d). Die Konstituentenstruktur [[VSt + SE] + [TM + PN]] wird explizit von Marcos Marín (a.a.O.), Alcoba (a.a.O.) und RAE (a.a.O.) vertreten.

5.1.3. Flexionsklassen

Nach dem Themavokal des Infinitivs unterscheidet man drei Konjugationsklassen:

I.   die Verben auf *-a-r*: *cantar*, *hablar*, *tomar*;
II. die Verben auf *-e-r*: *beber*, *comer*, *temer*;
III. die Verben auf *-i-r*: *vivir*, *partir*.

Historische Grundlage sind die lateinischen Konjugationen auf *-āre*, *-ēre*, *-ĕre* und *-īre*; dabei sind die Verben auf *-ēre* und die auf *-ĕre* in eine Konjugationsklasse zusammengeflossen, so dass das Spanische drei Klassen hat: I. *cantāre* > *cantar*, II. (a) *debēre* > *deber*, (b) *véndĕre* > **vendēre* > *vender* (Penny 2002: 154, 171–172, 233), III. *venīre* > *venir*. Viele Verben haben gegenüber dem klassischen Latein die Verbklasse gewechselt (Penny 2002: 172–173); span. *huir* < vlat. *fugire* (klat. *fugĕre*, *fugio*).

Innerhalb jeder Klasse gibt es regelmäßige und unregelmäßige Verben. Als Grundlage für die nachfolgenden Darlegungen bringen wir drei Paradigmen, die in den Grammatiken als "regelmäßig" ausgewiesen werden.

52

Präsens Indikativ

VSt	SE	TM	PN
cant			o
cant	a		s
cant	a		
cant	a		mos
cant	á		is
cant	a		n

VSt	SE	TM	PN
tem			o
tem	e		s
tem	e		
tem	e		mos
tem	é		is
tem	e		n

VSt	SE	TM	PN
part			o
part	e		s
part	e		
part	i		mos
part	í		s
part	e		n

Imperfekt Indikativ

VSt	SE	TM	PN
cant	a	ba	
cant	a	ba	s
cant	a	ba	
cant	á	ba	mos
cant	a	ba	is
cant	a	ba	n

VSt	SE	TM	PN
tem	í	a	
tem	í	a	s
tem	í	a	
tem	í	a	mos
tem	í	a	is
tem	í	a	n

VSt	SE	TM	PN
part	í	a	
part	í	a	s
part	í	a	
part	í	a	mos
part	í	a	is
part	í	a	n

Präteritum

VSt	SE	TM	PN
cant		é	
cant	a	ste	
cant		ó	
cant	a	mos	
cant	a	steis	
cant	a	ron	

VSt	SE	TM	PN
tem		í	
tem	i	ste	
tem	i	ó	
tem	i	mos	
tem	i	steis	
tem	ie	ron	

VSt	SE	TM	PN
part		í	
part	i	ste	
part	i	ó	
part	i	mos	
part	i	steis	
part	ie	ron	

Futur

VSt	SE	TM	PN
cant	a	ré	
cant	a	rá	s
cant	a	rá	
cant	a	re	mos
cant	a	ré	is
cant	a	rá	n

VSt	SE	TM	PN
tem	e	ré	
tem	e	rá	s
tem	e	rá	
tem	e	re	mos
tem	e	ré	is
tem	e	rá	n

VSt	SE	TM	PN
part	i	ré	
part	i	rá	s
part	i	rá	
part	i	re	mos
part	i	ré	is
part	i	rá	n

Konditional

VSt	SE	TM	PN
cant	a	ría	
cant	a	ría	s
cant	a	ría	
cant	a	ría	mos
cant	a	ría	is
cant	a	ría	n

VSt	SE	TM	PN
tem	e	ría	
tem	e	ría	s
tem	e	ría	
tem	e	ría	mos
tem	e	ría	is
tem	e	ría	n

VSt	SE	TM	PN
part	i	ría	
part	i	ría	s
part	i	ría	
part	i	ría	mos
part	i	ría	is
part	i	ría	n

53

Präsens Konjunktiv

VSt	SE	TM	PN
cant		e	
cant		e	s
cant		e	
cant		e	mos
cant		é	is
cant		e	n

VSt	SE	TM	PN
tem		a	
tem		a	s
tem		a	
tem		a	mos
tem		á	is
tem		a	n

VSt	SE	TM	PN
part		a	
part		a	s
part		a	
part		a	mos
part		á	is
part		a	n

Imperfekt Konjunktiv A

VSt	SE	TM	PN
cant	a	ra	
cant	a	ra	s
cant	a	ra	
cant	á	ra	mos
cant	a	ra	is
cant	a	ra	n

VSt	SE	TM	PN
tem	ie	ra	
tem	ie	ra	s
tem	ie	ra	
tem	ié	ra	mos
tem	ie	ra	is
tem	ie	ra	n

VSt	SE	TM	PN
part	ie	ra	
part	ie	ra	s
part	ie	ra	
part	ié	ra	mos
part	ie	ra	is
part	ie	ra	n

Imperfekt Konjunktiv B

VSt	SE	TM	PN
cant	a	se	
cant	a	se	s
cant	a	se	
cant	á	se	mos
cant	a	se	is
cant	a	se	n

VSt	SE	TM	PN
tem	ie	se	
tem	ie	se	s
tem	ie	se	
tem	ié	se	mos
tem	ie	se	is
tem	ie	se	n

VSt	SE	TM	PN
part	ie	se	
part	ie	se	s
part	ie	se	
part	ié	se	mos
part	ie	se	is
part	ie	se	n

Futur Konjunktiv

VSt	SE	TM	PN
cant	a	re	
cant	a	re	s
cant	a	re	
cant	á	re	mos
cant	a	re	is
cant	a	re	n

VSt	SE	TM	PN
tem	ie	re	
tem	ie	re	s
tem	ie	re	
tem	ié	re	mos
tem	ie	re	is
tem	ie	re	n

VSt	SE	TM	PN
part	ie	re	
part	ie	re	s
part	ie	re	
part	ié	re	mos
part	ie	re	is
part	ie	re	n

Imperativ

VSt	SE	TM	PN
cant	a		
cant	a	d	

VSt	SE	TM	PN
tem	e		
tem	e	d	

VSt	SE	TM	PN
part	e		
part	i	d	

Infinite Verbformen

VSt	SE	TM	PN
cant	a	r	
cant	a	ndo	
cant	a	d	o

VSt	SE	TM	PN
tem	e	r	
tem	ie	ndo	
tem	i	d	o

VSt	SE	TM	PN
part	i	r	
part	ie	ndo	
part	i	d	o

5.1.4. Regelmäßige und unregelmäßige Bildung

Regelmäßig ist ein Verb, wenn es in allen seinen Formen einem der drei vorgenannten Schemata folgt. Ein regelmäßiges Verb ist also durch drei Merkmale gekennzeichnet:

1. Der nichterweiterte Stamm unterliegt keiner Variation (außer in der Betonung).
2. Die Variation der Stammerweiterung ist wie im Schema angegeben.
3. Die Endungen sind die des Schemas.

Unregelmäßig sind die Verben, die vom vorgenannten Schema in irgendeinem Punkte abweichen. Meistens beruht die Unregelmäßigkeit eines Verbs auf einer Variation des nichterweiterten Verbstamms wie in *reteng-o, retien-e-s, reten-e-mos, retend-re-mos, retuv-i-mos.* Selten sind Abweichungen, die die Stammerweiterung oder die Endung betreffen, und auch diese treten meistens mit einem unregelmäßigen Stamm auf. Einige Imperativformen haben keine Stammerweiterung: *haz, pon, sal, ten, ven.* Mit der Wurzel verschmolzen ist die Stammerweiterung z. B. bei *ver.* Bei sechs Verben ist in der 1. P. Sg. Präs. Ind. keine Endung abtrennbar: *doy, estoy, soy, voy, sé, he.* Eine abweichende Endung haben alle "starken" Präterita in der 1. und in der 3. P. Sg.: *tuve – tuvo, hice – hizo* usw.

Nicht als Unregelmäßigkeit zählen nach RAE (1973: 274f., 329ff.): (1) orthographische Variationen, die gerade die Identität der Aussprache widerspiegeln: *embarco – embarques, sigo – sigues, dirigimos – dirijamos, hice – hizo,* (2) automatische phonologische Prozesse, z. B. (a) die Absorption eines nichtsilbischen /i/ durch vorangehendes /ɲ/ oder /ʎ/: *teñir – teñó, mullir – mulló* gegenüber *partir – partió,* oder (b) das Auftreten von /j/ statt eines nichtsilbischen /i/ nach Vokal: *leyendo* vs. *temiendo,* (3) die unterschiedlichen Akzentmuster bei den Verben auf *-iar* und *-uar: cambiar – cambio* vs. *ampliar – amplío, averiguar – averiguo* vs. *perpetuar – perpetúo.* Für RAE (2009: 218–219, 299) dagegen gelten die Verben unter (2) und (3) als unregelmäßig.

Regeln der Tempusbildung. Wir rufen ein paar nützliche Regeln aus der Schulgrammatik in Erinnerung, die nicht nur für die regelmäßigen, sondern auch für einen sehr großen Teil der unregelmäßigen Verben gelten:

1. Der Konjunktiv des Präsens wird vom Stamm der 1. P. Sg. des Präs. Indikativ gebildet (unter Akzentverlagerung auf die Endung in der 1./2. P. Pl.): *canto – cante, temo – tema, crezco – crezca, pongo – ponga, pido – pida, siento – sienta* usw.[26]

---

[26] Der Stammvokal diphthongiert nur unter dem Ton; deshalb haben die Stämme, die im Sg. und in der 3. P. Pl. diphthongieren, in der 1./2. P. Pl. wieder einen Monophthong. Dieser Monophthong kann (a) im Konjunktiv der gleiche sein wie im Indikativ: *pierda – perdamos, muerda – mordamos,* (b) im Konjunktiv ein anderer sein als im Indikativ: *mienta – mintamos* (Ind.: *mentimos*), *duerma – durmamos* (Ind.: *dormimos*).

2. Das Futur und der Konditional haben einen gemeinsamen Stamm. Dieser ist in fast allen Fällen formgleich mit dem erweiterten Stamm des Infinitivs: *canta-r – canta-ría, teme-r – teme-ría, parti-r – parti-ría*.[27]

3. Ohne Ausnahme haben die Konjunktive des Imperfekts und Futurs den gleichen erweiterten Stamm wie die 3. P. Pl. des Präteritums: *canta-ron – cantá-ramos, te-mie-ron – temié-ramos, vinie-ron – vinié-ramos*.

5.2.   Die Endung

5.2.1. Morphembestand

In einer Reihe von Beschreibungen, vor allem solchen, die als praktische Gebrauchs-grammatik gedacht sind, werden die Endungen als nicht weiter analysierbares Gan-zes behandelt, so z. B. bei de Bruyne (2002: 373ff.) oder bei Sánchez/Martín/Matilla (1980: 81ff.). In den meisten strukturalistisch ausgerichteten Beschreibungen wird jedoch, wie in 5.1.3. gezeigt, die Endung einer finiten Verbform in zwei Bestandteile zerlegt: einen, der Person und Numerus angibt, und einen, der Tempus und Modus ausdrückt. Beim Imperativ und beim Präteritum ist eine solche Trennung schwierig. Beim Infinitiv und Gerundium enthält die Endung nur ein Affix; das Partizip hat ei-nen eigenen Stamm und flektiert wie ein Adjektiv der *-o/-a*-Klasse. Wir geben zu-nächst die Morpheme an und besprechen dann die Allomorphie.

Person + Numerus:	{-o$_{1.Sg.}$}, {-s$_{2.Sg.}$}, {-Ø$_{3.Sg.}$}, {-mos$_{1.Pl.}$}, {-is$_{2.Pl.}$}, {-n$_{3.Pl.}$}
Tempus + Modus:	{-Ø$_{Präs.Ind.}$}, {-e$_{Präs.Konj.}$}, {+ $_{Imper.}$}, {´-ba$_{Impf.Ind.}$}, {-ré$_{Fut.}$}, {-ría$_{Kond.}$}, {+ $_{Prät.}$}, {´-ra$_{Impf.Konj.}$}, {´-re$_{Fut.Konj.}$}
Infinite Formen:	{-r $_{Inf.}$}, {-ndo $_{Gerund.}$}, {-d-$_{Part.-Stamm}$}

Das Symbol "+" beim Imperativ und beim Präteritum soll andeuten, dass diese Mor-pheme nicht durch ein eigenes Segment realisiert sind, sondern nur in Verschmel-zung mit einem Person-Numerus-Morphem; s. 5.2.2. Zum Nullmorphem s. I, 1.8.

Da das Morphem {-d-$_{Part.-Stamm}$}, an den erweiterten Verbstamm gefügt, eine Art Adjektivstamm erzeugt, gehört es eigentlich nicht in eine Aufzählung der Endungs-morpheme, sondern hat einen eigenen Status.

---

[27] Diesem Bildungsprinzip folgen auch *da-r – da-ría, esta-r – esta-ría, i-r – i-ría, se-r – se-ría, ve-r – ve-ría*.

56

Übersicht I: Person-Numerus-Morpheme

Morphem	Allomorphe	Beispiele für das Vorkommen
{-o$_{1.Sg.}$}	-o	*canto, temo, parto*
	-Ø	*cantaba, temía, partía, cantaré, temeré*
{-s$_{2.Sg.}$}	-s	*cantas, temes, partes, cantabas*
{-Ø$_{3.Sg.}$}	-Ø	*canta, teme, parte, cantaba, temía, partía*
{-mos$_{1.Pl.}$}	-mos [28]	*cantamos, tememos, partimos*
{-is$_{2.Pl.}$}	-is	*cantáis, teméis, cantabais, cantaréis*
	-s	*partís*
{-n$_{3.Pl.}$}	-n	*cantan, temen, parten, cantaban*

Übersicht II: Tempus-Modus-Morpheme

Morphem	Allomorphe	Beispiele für das Vorkommen
{-Ø-$_{Präs. Ind.}$}	-Ø-	*cantas, temes, partes*
{-e-$_{Präs. Konj.}$}	-e-, -é-	*cantes, cantéis*
	-a-, -á-	*temas, temáis*
{+$_{Imper.}$}	s. u.	*canta, cantad, teme, temed* [29]
{-ba-$_{Impf.Ind.}$}	'-ba-	*cantábamos*
	'-a-	*temíamos, partíamos*
{-ré-$_{Fut.Ind.}$}	-ré-	*cantaréis, temeréis, partiréis*
	-rá-	*cantarás, temerás, partirás*
{-ría-$_{Kond.}$}	-ría-	*cantarían, temerían, partirían*
{+$_{Prät.}$}	s. u.	*cantaste, temiste, partiste*
{-ra-$_{Impf.Konj.}$}	'-ra-	*cantáramos, temiéramos, partiéramos*
	'-se-	*cantásemos, temiésemos, partiésemos*
{-re-$_{Fut.Konj.}$}	'-re-	*cantáremos, temiéremos, partiéremos*

Übersicht III: Bildungsmorpheme der infiniten Verbformen

Morphem	Allomorphe	Beispiele für das Vorkommen
{-r$_{Inf.}$}	-r	*cantar, temer, partir*
{-ndo$_{Gerund.}$}	-ndo	*cantando, temiendo, partiendo*
{-d-$_{Part.-Stamm}$}	-d-	*cantado, temido, partido*

---

[28] *-mos* wird vor enklitischem Reflexivpronomen zu *-mo-* reduziert: *vámonos.*

[29] Vor enklitischen *os* verliert der Imperativ sein *-d: lavaos, sentaos* (aber: *idos*).

5.2.2. Bemerkungen zu einzelnen Teilschemata

Präsens Indikativ. Nur dieses Tempus ist durch die Abwesenheit eines Tempus-Modus-Suffixes gekennzeichnet. Das Paradigma in 5.1.3. zeigt, dass diese Stelle im Schema unbesetzt bleibt. Ob man hier ein Nullsuffix {-Ø-$_{Präs.Ind.}$} ansetzt, hängt davon ab, ob man prinzipiell bereit ist, Nullmorpheme zuzulassen (s. I, 1.8.).

Präsens Konjunktiv. Das Morphem {-e-$_{Präs.Konj.}$} erscheint als *-e-/-é-* in der I. Konjugation, als *-a-/-á-* in der II. und III. Konjugation: *cant-Ø-e-mos, tem-Ø-a-mos*. Diese Beschreibung ist in der Literatur weitverbreitet (Di Pietro 1963: 55; Alcoba 1999: 4938; RAE 2009: 196–198 u. v. a.) Anders analysieren Stockwell/Bowen/Martin (1965: 106): *cant-e-Ø-mos* mit *-e-* als Variante des Themavokals und *-Ø-* als Tempus-Modus-Affix.

Imperativ. Bei der Gegenüberstellung von *canta* 'singe' mit *cantad* 'singt' könnte man das Element *-d* als Ausdruck der 2. P. Pl. werten, während das Imperativmorphem im Sg. und Pl. als *-Ø-* erscheint: *canta-Ø-Ø, canta-Ø-d* (Alcoba 1999: 4938; RAE 2009: 196). Da aber *-d* nur im Imperativ vorkommt, scheint es angemessener, *-d* als Ausdruck zweier Kategorien zugleich zu werten: 'Imperativ + Pl.'.

Alcoba, RAE:

VSt	SE	TM	PN
cant	a		
cant	a		d

Alternativvorschlag:

VSt	SE	TM	PN
cant	a		
cant	a		d

Imperfekt Indikativ. Das Morphem {´-ba-$_{Impf.}$} erscheint als ´-ba- in der I. Konjugation, als ´-a- in der II. und III.: *cant-á-ba-mos, tem-í-a-mos, part-í-a-mos*; die Betonung fällt immer auf die Stammerweiterung (Stockwell/Bowen/Martin 1965: 106; Alcoba 1999: 4938; RAE 2009: 201, § 4.5l u. v. a.). Es wird auch eine andere Zerlegung vertreten, derzufolge das *i* Teil des Imperfektkennzeichens ist: *tem-ía-mos* (RAE 1973: 255). Hiernach wird das Imperfekt der II. und III. Konjugation direkt vom nichterweiterten Stamm gebildet, also anders als in der I. Konjugation. Stockwells Analyse, der wir folgen, unterstellt dagegen eine Gleichartigkeit der Imperfektbildung in allen Konjugationsklassen.

Futur Indikativ und Konditional. Die hier vertretene Zerlegung in *cant-a-re-mos, cant-a-ría-mos* ist die von Stockwell und anderen Strukturalisten, die auch in die neuere Literatur Eingang gefunden hat (Alcoba 1999: 4939; RAE 2009: 203, § 4.5p u. v. a.) Mit Rücksicht auf die diachronischen Verhältnisse wird auch anders segmentiert: *cantar-e-mos, cantar-ía-mos*; mit *cantar* als dem gemeinsamen Stamm für

Futur und Konditional (RAE 1931: 46ff.). Diese beiden Tempora gehen bekanntlich auf das Syntagma "Infinitiv + Flexionsform von *habēre*" zurück: *cantaré < cantare habeo, cantaría < cantare habebam*. Synchronisch-deskriptiv spricht aber nichts dagegen, das *r* dem Tempus-Modus-Suffix zuzuschlagen.

Präteritum. Dieses Tempus gilt als das am schwierigsten zu analysierende. Viele Autoren (darunter Stockwell/Bowen/Martin 1965: 107; Alcoba 1999: 4938; RAE 2009: 200, § 4.5j) segmentieren folgendermaßen:

VSt	SE	TM	PN		VSt	SE	TM	PN
cant		é			cant	a		mos
cant	a	ste			cant	a	ste	is
cant		ó			cant	a	ro	n

Hier tritt das Präteritum-Morphem allein in der I. Konjugation in fünffacher Gestalt auf: *-é-, -ste-, -ó-, -Ø-, -ro-*. Angesichts dieser Vielfalt scheint eine saubere Trennung von Präteritum- und Person-Numerus-Anzeiger doch recht problematisch. Angemessener wäre es vielleicht, die Endung als unzerlegbares Ganzes aufzufassen:

VSt	SE	TM	PN		VSt	SE	TM	PN
cant		é			cant	a	mos	
cant	a	ste			cant	a	steis	
cant		ó			cant	a	ron	

Ebenso: *temí, temiste…, partí, partiste…, tuve, tuviste…* usw.

Konjunktive des Imperfekt und Futur. Das Morphem {´-ra-Konj.Impf.} hat die Allomorphe ´-ra- und ´-se-, die zwei Formenreihen bilden: *cantara, cantaras* usw., *cantase, cantases* usw. Das Morphem {´-re-Konj.Fut.} erscheint stets als ´-re-: *cantare, cantares, cantáremos* usw. Die Betonung fällt in allen Formen auf die Stammerweiterung: *cantá-ramos, cantá-semos, cantá-remos*.

Infinite Verbformen. Der Infinitiv hat nach 5.1.2.2. nicht die Endungen *-ar, -er, -ir*, sondern stets die Endung *-r*. Diese wird an den mit *-a-, -e-, -i-* erweiterten Stamm gefügt: *cant-a-r, tem-e-r, part-i-r*. Das Gerundium hat die Endung *-ndo: cant-a-ndo, tem-ie-ndo, part-ie-ndo*. Das regelmäßige Partizip hat einen eigenen Stamm, der mit dem Affix *-d-* gebildet wird: *cant-a-d-o, tem-i-d-o, part-i-d-o*. Das Partizip kann wie ein Adjektiv flektiert werden: *cantado, cantada, cantados, cantadas*. Insofern steht es zwischen Verbform und Adjektiv.

Zu den unregelmäßigen Formen s. 5.1.4. und 5.4.

5.3. Die Stammerweiterung

Jede der drei spanischen Konjugationsklassen ist durch einen Vokal gekennzeichnet: *cantar, temer, partir*. Kennzeichen der I. Konjugation ist der Vokal *-a-*, der sich in fast allen Verbformen findet: *cantas, cantabas, cantaste, cantarás, cantaras* usw.; auch bei der deverbalen Ableitung bleibt er in der Regel erhalten: *admiración, alejamiento, amable, cantante, cerradura, hinchazón, trabajador*. Kennzeichen der II. Konjugation ist der Vokal *-e-*, Kennzeichen der III. Konjugation der Vokal *-i-*; dieser Unterschied zwischen der II. und III. Konjugation besteht aber nur in wenigen Formen:

1. im Infinitiv (*temer* vs. *partir*),
2. in der 1. und 2. P. Pl. des Präs. Ind. (*tememos, teméis* vs. *partimos, partís*),
3. im Pl. des Imperativs (*temed* vs. *partid*),
4. im Futur und Konditional (*temeré* vs. *partiré*).

In den übrigen Formen gibt es keinen Unterschied zwischen den beiden Konjugationsklassen. Die Stammerweiterung zeigt eine Variation zwischen *-e-*, *-i-* und *-ie-*, wobei sich diese Vokale in komplizierter Weise über das Paradigma verteilen. Hinzuzufügen ist, dass bei der deverbalen Wortbildung in beiden Konjugationsklassen meist *-i-* erscheint: *nacer – nacimiento, aburrir – aburrimiento*; bei manchen Suffixen bleibt aber der Unterschied erhalten: *vendedor, servidor*.

Die Verteilung der Vokale über das Flexionsschema ersieht man aus der Tabelle in 5.1.3.; hier ist sie noch einmal zusammengefasst:

	I	II	III
Präs. Ind.	Ø ~ a	Ø ~ e	Ø ~ e ~ i
Präs. Konj.	Ø	Ø	Ø
Imperativ	a	e	e ~ i
Impf. Ind.	a	i	i
Fut. und Kond.	a	e	i
Präteritum	Ø ~ a	Ø ~ i ~ ie	Ø ~ i ~ ie
Impf. u. Fut. Konj.	a	ie	ie
Infinitiv	a	e	i
Gerundium	a	ie	ie
Partizip	a	i	i

Unbetont ist die Stammerweiterung in der 2./3. P. Sg. und 3. P. Pl. des Präs. Indikativ, im Imperativ Sg. und im Futur und Konditional, betont ist sie in den übrigen

Formen. Außerdem gibt es einige Verbformen, in denen keine Stammerweiterung erscheint (hier als Ø notiert).

Was hier angegeben wurde, ist die Verteilung, wie sie bei den regelmäßigen und auch bei vielen unregelmäßigen Verben gegeben ist. Es gibt nicht viele Abweichungen von diesem Schema; als Beispiele seien genannt (s. auch 5.4.3.): (1) Infinitive wie *ir, ver*, bei denen eine Stammerweiterung nicht abtrennbar ist; (2) Imperative wie *pon, sal*, (3) Futurformen wie *pondré, saldré*, (4) 3. P. Pl. Präteritum und Imperfekt Konjunktiv wie *condujeron, condujera*, (5) Partizipien wie *dicho* oder *escrito*.

5.4. Der nichterweiterte Stamm[30]

Der nichterweiterte Stamm eines regelmäßigen Verbs unterliegt nicht der Variation, er ist in allen Teilparadigmen und infiniten Formen der gleiche. Bei den unregelmäßigen Verben dagegen variiert er in mannigfacher Weise. Um die Fülle der Unregelmäßigkeiten zu systematisieren, unterscheiden wir drei Fallgruppen:

1. Alternationen, die nur das Präsens (Indikativ, Konjunktiv, Imperativ) betreffen, z. B. *cuentas – contáis*,
2. Alternationen, die nicht nur das Präsens, sondern auch das Präteritum, die Konjunktive des Imperfekts und Futurs und das Gerundium betreffen, z. B. *pides – pedís – pidió*,
3. das Auftreten besonderer Stämme in einzelnen Teilparadigmen wie *sepa, sepas* usw. oder in infiniten Formen wie *dicho*, vereinzelt auch das Auftreten nichtzerlegbarer Formen wie *sé*.

Diese drei Fallgruppen werden in den Abschnitten 5.4.1., 5.4.2., 5.4.3. besprochen.

5.4.1. Variation im Präsens

5.4.1.1. Vokalische Alternation: Diphthongierung

Bei einer großen Zahl von Verben wird der vokalische Kern des (nichterweiterten) Stamms diphthongiert, wenn er betont ist. Das ist der Fall in der 1./2./3. P. Sg. und in der 3. P. Pl. beim Indikativ und Präsens Konjunktiv, außerdem im Imperativ Sg. Die beiden wichtigen Prozesse sind der Wechsel /e ~ ie/ und /o ~ ue/. Nicht bei allen Verben tritt dieser Wechsel ein: *contar – cuento*, aber *tomar – tomo*.

---

[30] Es sei daran erinnert, dass dieser nicht notwendigerweise eine Wurzel ist: [[[*em-bell-ec-*]-*e-*]-*r*].

/e ~ ie/	Präsens Indikativ				Präsens Konjunktiv			
	VSt	SE	TM	PN	VSt	SE	TM	PN
1.P.Sg.	**piens**			o	**piens**		e	
2.P.Sg.	**piens**	a		s	**piens**		e	s
3.P.Sg.	**piens**	a			**piens**		e	
1.P.Pl.	pens	a		mos	pens		e	mos
2.P.Pl.	pens	á		is	pens		é	is
3.P.Pl.	**piens**	a		n	**piens**		e	n

Imperativ: **piens**a – *pensad*

/o ~ ue/	Präsens Indikativ				Präsens Konjunktiv			
	VSt	SE	TM	PN	VSt	SE	TM	PN
1.P.Sg.	**cuent**			o	**cuent**		e	
2.P.Sg.	**cuent**	a		s	**cuent**		e	s
3.P.Sg.	**cuent**	a			**cuent**		e	
1.P.Pl.	cont	a		mos	cont		e	mos
2.P.Pl.	cont	á		is	cont		é	is
3.P.Pl.	**cuent**	a		n	**cuent**		e	n

Imperativ: **cuent**a – *contad*

/e ~ ie/. Der Wechsel zwischen /e/ und /ie/ kommt in allen drei Konjugationen vor; Beispiele sind I. *cegar, cerrar, empezar, enterrar, fregar, gobernar, nevar, plegar*; II. *atender, defender, descender, entender, perder, querer*; III. *con-, discernir*. Im Anlaut erscheint nicht /ie/, sondern /je/: *errar – yerro, erguir – yergo* (neben *irgo*).

Bei manchen Verben treten neben der Diphthongierung noch andere Prozesse im Paradigma auf, z. B. ein Konsonanteneinschub in der 1. P. Sg. Präs. Ind. und im Präs. Konj. bei *tener, venir* (5.4.1.2.: Einzelfälle), ein Wechsel zwischen Monophthongen in bestimmten Formen bei *mentir, sentir* u. a. (5.4.2.2.).

/o ~ ue/. Die Diphthongierung von /o/ zu /ue/ kommt ebenfalls in allen drei Konjugationen vor, in der I. u. a. bei *colgar, consolar, demostrar, encontrar, forzar, poblar, recordar, renovar*; in der II. z. B. bei *absolver, cocer, doler, llover, morder, mover, poder, soler, torcer, volver*; in der III. Konjugation nur bei den Verben *dormir* und *morir*, die noch andere Unregelmäßigkeiten aufweisen (5.4.2.2.).

Einzelfälle. Eine Diphthongierung von /i/ zu /ie/ gibt es nur bei *adquirir, inquirir*, eine von /u/ zu /ue/ nur bei *jugar*.

5.4.1.2. Konsonantische Alternationen

Es gibt eine Reihe von Verben, bei denen in manchen Formen der konsonantische Auslaut des (nichterweiterten) Stamms verändert wird. Es sind zwei Fälle zu unterschei-den. Erster Fall: Die Veränderung tritt beim Präsens Indikativ nur in der 1. P. Sg. ein und erscheint auch in allen Formen des davon abgeleiteten Präsens Konjunktiv; wichtigstes Beispiel ist der Einschub von /k/ nach /θ/: *crecer – crezco*. Zweiter Fall: Die Veränderung tritt beim Indikativ in allen drei Personen des Sg. und in der 3. P. Pl. ein, ferner im gesamten Präsens Konjunktiv und im Imperativ Sg.; hier ist der Einschub von /ʝ/ zu nennen: *huir – huyo*. Darüber hinaus gibt es noch vereinzelte Alternationen, die sich nicht systematisieren lassen.

/θ ~ θk/	Präsens Indikativ				Präsens Konjunktiv			
	VSt	SE	TM	PN	VSt	SE	TM	PN
1.P.Sg.	**crezc**			o	**crezc**		a	
2.P.Sg.	crec	e		s	**crezc**		a	s
3.P.Sg.	crec	e			**crezc**		a	
1.P.Pl.	crec	e		mos	**crezc**		a	mos
2.P.Pl.	crec	é		is	**crezc**		á	is
3.P.Pl.	crec	e		n	**crezc**		a	n

Imperativ: *crece – creced*

/ʝ/	Präsens Indikativ				Präsens Konjunktiv			
	VSt	SE	TM	PN	VSt	SE	TM	PN
1.P.Sg.	**huy**			o	**huy**		a	
2.P.Sg.	**huy**	e		s	**huy**		a	s
3.P.Sg.	**huy**	e			**huy**		a	
1.P.Pl.	hu	i		mos	**huy**		a	mos
2.P.Pl.	hu	í		s	**huy**		á	is
3.P.Pl.	**huy**	e		n	**huy**		a	n

Imperativ: **huy**e *– huid*

/k/-Einschub. Der Wechsel /θ ~ θk/ betrifft (mit wenigen Ausnahmen wie *hacer, cocer* u. a.) die Verben auf *-ecer, -acer, -ocer* und *-ucir: amanecer, agradecer, aparecer, carecer, crecer, embellecer, enmudecer, fallecer, favorecer, fosforecer, negrecer, obedecer, permanecer* u. v. a.; *nacer, placer; conocer, conducir, lucir*. Wegen der großen Zahl von Verben auf *-ecer* ist diese Gruppe sehr umfangreich.

/j̯/-Einschub.[31] Auch der zweite Fall, der Einschub von /j̯/ im Sg. und der 3. P. Pl., kommt recht häufig vor; er betrifft die Verben auf *-uir*, wie z. B. *arguir, atribuir, concluir, constituir, construir, diluir, disminuir, fluir, huir* u. v. a.[32]

Einzelfälle. Verschiedene Stammveränderungen in der 1. P. Sg. treten nur bei wenigen Verben auf, s. (1)–(4). Neben der konsonantischen Veränderung in der 1. Person können weitere Prozesse in anderen Formen auftreten, s. (5)–(7). (Daneben gibt es oft weitere Unregelmäßigkeiten in anderen Tempora, s. 5.4.3.)

(1) Wechsel /θ/ ~ /g/: *hacer – hago, satisfacer – satisfago, yacer – yago*
(2) /g/-Einschub: *poner – pongo, salir – salgo, valer – valgo*
(3) /ig/-Einschub: *caer – caigo*
(4) vokalischer und konsonantischer Wechsel: *caber – quepo*
(5) Wechsel /θ/ ~ /g/ + Vokalwechsel: *decir – digo – dices*
(6) /g/-Einschub + Diphthongierung: *tener – tengo – tienes, venir – vengo – vienes*
(7) /ig/-Einschub + /j̯/-Einschub: *oír – oigo – oyes*

5.4.2. Variation im Präsens und Präteritum

Während die bisher besprochenen Alternationen für das Präsens charakteristisch waren, kommen wir nun zu zwei Variationen, die neben dem Präsens auch das Präteritum, die Konjunktive des Imperfekts und Futurs und das Gerundium betreffen. Es handelt sich zum einen um den Wechsel zwischen Monophthongen, zum anderen um eine Kombination dieses Wechsels mit der Diphthongierung.

5.4.2.1. Wechsel zwischen Monophthongen

Eine Reihe von Verben zeigen den Wechsel von /e/ zu /i/ wie in *pedir – pido – pidiendo*. Der Wechsel tritt ein: (1) immer, wenn die Wurzel betont ist; (2) in bestimmten Fällen, wenn die Wurzel unbetont ist.

Die Einschränkung für (2) lautet, dass der Ton nicht auf ein /i/ fallen darf. Diese Bedingung ist erfüllt in der 1. und 2. P. Pl. im Konjunktiv: *pidamos, pidáis*. Sie ist

---

[31] Es ist umstritten, ob [j̯] wie in *yacer, suyo* als eigenständiges Phonem /j̯/ oder als Allophon von /i/ zu werten ist (Hualde et al. 2010: 96ff.). Mit RAE (1973: 34, 37) nehmen wir ein Phonem /j̯/ an.

[32] Es heißt *huyes*, nicht **húes*, und *huyendo*, nicht **huiendo*. Es sind also zwei Fälle zu unterscheiden: (1) In *huyes* ist ein /j̯/ eingeschoben. (2) In *huyendo, huyó, huyeron* ist nichts eingeschoben, sondern statt eines nichtsilbischen /i/ steht in intervokalischer Position ein /j̯/, genau wie in *cayendo, creyendo, cayó, creyó*. (Zu einer anderen Analyse von *huir* vgl. Alarcos Llorach 1994: 178).

auch erfüllt in den Formen, in denen das /i/ der Stammerweiterung nicht silbenbildend, sondern Teil eines Diphthongs ist: *pidió, pidieron, pidiera, pidiendo*. Wie man sieht, ist die Alternation zwischen /e/ und /i/ nicht auf die präsentischen Teilparadigmen beschränkt; sie tritt auch in einigen Formen des Präteritums auf, ferner in den vom Präteritum abgeleiteten Konjunktivformen und schließlich im Gerundium. Das kann man sich an der nachfolgenden Tabelle noch einmal vergegenwärtigen:

/e ~ i/	Präsens Indikativ				Präsens Konjunktiv			
	VSt	SE	TM	PN	VSt	SE	TM	PN
1.P.Sg.	**pid**			o	**pid**		a	
2.P.Sg.	**pid**	e		s	**pid**		a	s
3.P.Sg.	**pid**	e			**pid**		a	
1.P.Pl.	ped	i		mos	**pid**		a	mos
2.P.Pl.	ped	í		s	**pid**		á	is
3.P.Pl.	**pid**	e		n	**pid**		a	n

/e ~ i/	Präteritum				Imperfekt Konjunktiv			
	VSt	SE	TM	PN	VSt	SE	TM	PN
1.P.Sg.	ped		í		**pid**	ie	ra	
2.P.Sg.	ped	i	ste		**pid**	ie	ra	s
3.P.Sg.	**pid**	i	ó		**pid**	ie	ra	
1.P.Pl.	ped	i	mos		**pid**	ié	ra	mos
2.P.Pl.	ped	i	steis		**pid**	ie	ra	is
3.P.Pl.	**pid**	ie	ron		**pid**	ie	ra	n

Imperativ: **pid**e – *pedid*;   Gerundium: **pid***iendo*

/e ~ i/. Diese Alternation kommt nur in der III. Konjugation vor, z. B. bei den Verben *colegir, concebir, elegir, freír, medir, pedir, regir, reír, repetir, seguir, servir, vestir*. Bei *reír* ist die Kontraktion eines /i/ mit dem nachfolgenden /ie/ zu beachten: *rió, rieron, riendo*. Außer in der hier beschriebenen "reinen" Form gibt es den Wechsel /e ~ i/ noch in Kombination mit dem Wechsel /e ~ ie/; s. 5.4.2.2.

/o ~ u/. Bei einem einzigen Verb, nämlich *podrir*, gibt es auch eine entsprechende Alternation zwischen /o/ und /u/: *pudro, pudres, pudre, podrimos, podrís, pudren*; (die Grammatiken weisen aber darauf hin, dass in den meisten Formen /o/ durch /u/ ersetzt wird). Der Wechsel /o ~ u/ kommt "rein" nur bei *podrir* vor; kombiniert mit dem Wechsel /o ~ ue/ tritt er noch bei *dormir* und *morir* auf; s. 5.4.2.2.

5.4.2.2. Diphthongierung und Wechsel zwischen Monophthongen

Mehrere Verben zeigen eine Diphthongierung von /e/ zu /ie/, kombiniert mit dem Wechsel zwischen den Monophthongen /e/ und /i/. Die Regeln für diese Variation sind ähnlich wie die in 5.4.2.1.: (1) Die Diphthongierung findet statt, wenn die Wurzel betont ist: *mientes, mientas*. (2) Die Ersetzung von /e/ durch /i/ tritt dann ein, wenn die Wurzel unbetont ist und der Ton auch nicht auf ein /i/ fällt. Die zweite Bedingung ist erfüllt in der 1. und 2. P. Pl. Präsens Konjunktiv: *mintamos, mintáis*. Sie ist auch erfüllt in den Formen, in denen die Stammerweiterung kein silbenbildendes /i/ ist: *mintió, mintieron, mintiera, mintiendo*.

/e ~ ie ~ i/	Präsens Indikativ				Präsens Konjunktiv			
	VSt	SE	TM	PN	VSt	SE	TM	PN
1.P.Sg.	**mient**			o	**mient**		a	
2.P.Sg.	**mient**	e		s	**mient**		a	s
3.P.Sg.	**mient**	e			**mient**		a	
1.P.Pl.	ment	i		mos	*mint*		a	mos
2.P.Pl.	ment	í		s	*mint*		á	is
3.P.Pl.	**mient**	e		n	**mient**		a	n

/e ~ i/	Präteritum				Imperfekt Konjunktiv			
	VSt	SE	TM	PN	VSt	SE	TM	PN
1.P.Sg.	ment		í		*mint*	ie	ra	
2.P.Sg.	ment	i	ste		*mint*	ie	ra	s
3.P.Sg.	*mint*	i	ó		*mint*	ie	ra	
1.P.Pl.	ment	i	mos		*mint*	ié	ra	mos
2.P.Pl.	ment	i	steis		*mint*	ie	ra	is
3.P.Pl.	*mint*	ie	ron		*mint*	ie	ra	n

Imperativ: **mient**e *– mentid*   Gerundium: *mintiendo*

/e ~ ie ~ i/. Alle Verben, die diesem Muster folgen, gehören der III. Konjugation an, z. B. *conferir, convertir, digerir, herir, hervir, injerir, requerir, sugerir, sentir*.

/o ~ ue ~ u/. Dieser Wechsel tritt nur bei den beiden Verben *dormir* und *morir* ein; Präsens Indikativ: *duermo, dormimos* und *muero, morimos*; Präsens Konjunktiv: *duerma, durmamos* und *muera, muramos*; Präteritum: *dormí, dormiste, durmió* und *morí, moriste, murió*.

66

5.4.3. Besonderheiten in einzelnen Teilparadigmen

Hier kommen nur solche Unregelmäßigkeiten zur Sprache, die nicht Gegenstand der Abschnitte 5.4.1. und 5.4.2. waren. Dazu gehört z. B. der Konjunktiv *sepa*, dessen Gestalt sich von der 1. P. Sg. *sé* nicht herleiten lässt, nicht aber *quepa*, dessen Unregelmäßigkeit sich automatisch aus der Form *quepo* ergibt (5.4.1.2., Einzelfälle).

Präsens Indikativ. Sechs Verben haben eine besondere Form der 1. P. Sg., die nicht auf *-o* gebildet ist und die nicht zerlegt werden kann: *sé, he, doy, estoy, soy, voy*. Bei den Verben *haber, ser, ir* und *ver* ist im Präsens (außer bei *habéis*), oft auch in anderen Tempora, die Isolierung einer Stammerweiterung nicht möglich, bei *dar* und bei *estar* kann man synchronisch (außer in der 1.P. Sg.) *-a-* abtrennen:[33]

he	*doy*	*estoy*	*soy*	*voy*	*veo*
has	*das*	*estás*	*eres*	*vas*	*ves*
ha, hay	*da*	*está*	*es*	*va*	*ve*
hemos	*damos*	*estamos*	*somos*	*vamos*	*vemos*
habéis	*dais*	*estáis*	*sois*	*vais*	*veis*
han	*dan*	*están*	*son*	*van*	*ven*

Präsens Konjunktiv. Einen eigenen Stamm im Konjunktiv, der nicht mit dem der 1. P. Sg. Präs. Ind. identisch ist, haben die sechs Verben, deren erste Person nicht auf *-o* auslautet: *sé – sepa, he – haya, doy – dé, estoy – esté, soy – sea, voy – vaya.*

Imperativ. Die Formen *haz, pon, sal, ten* und *ven* fallen mit dem nichterweiterten Stamm des jeweiligen Infinitivs zusammen; Sonderformen sind *ve* (zu *ir*), und *di* (zu *decir*).

Imperfekt Indikativ. Als besondere Formen, die nicht dem *-aba/-ía*-Schema folgen, sind zu nennen: *iba, ibas, …* usw. und *era, eras, …* usw. Zu beachten: *ver – veía.*

Futur Indikativ. Bei einigen Verben der II. und III. Konjugation erscheint im Futur und im Konditional keine Stammerweiterung; es handelt sich um die Verben *caber, haber, hacer, poder, poner, querer, saber, tener, valer* und *decir, salir, venir*. Das Fehlen der Stammerweiterung kann begleitet sein von weiteren Veränderungen; es sind drei Fälle zu unterscheiden:

---

33 Stockwell et al. (1965: 119) und Hualde et al. (2010: 155) segmentieren *d-a-r, est-a-r*. Entsprechend ist dann zu zerlegen: *d-a-Ø-s, d-a-ba-s, d-a-rá-s …, est-á-Ø-s, est-á-ba-s, est-a-rá-s …* usw. Zu beachten ist die Betonung im Präsens (z. B. *estás* gegenüber *cantas*) und die besondere Konjugation im Präteritum: *di, diste …* usw., *estuve, estuviste …* usw.

1. Nur Ausfall der Stammerweiterung: *cabré, habré, podré, querré, sabré*
2. Ausfall der St.-Erweiterung + d-Einschub: *pondré, saldré, tendré, valdré, vendré*
3. Ausfall der Stammerweiterung + Reduktion der Wurzel: *diré, haré*

Präteritum. Manche Verben haben in diesem Tempus einen anderen Stamm als im Präsens. Es handelt sich um das sog. "starke" Präteritum, bei dem die 1. P. Sg. und die 3. P. Sg. (also nicht alle Formen!) auf dem Stamm betont sind: *andar – anduve, anduvo; caber – cupe, cupo; conducir – conduje, condujo; decir – dije, dijo; estar – estuve, estuvo; haber – hube, hubo; hacer – hice, hizo; placer – plugo; poder – pude, pudo; poner – puse, puso; querer – quise, quiso; saber – supe, supo; tener – tuve, tuvo; traer – traje, trajo; venir – vine, vino.* Diese werden nach folgendem Muster konjugiert: *tuv-Ø-e, tuv-i-ste, tuv-Ø-o, tuv-i-mos, tuv-i-steis, tuv-ie-ron.* Unregelmäßig sind auch *dar – di, dio; ser – fui, fue; ver – vi, vio; ir – fui, fue.*

Infinite Verbformen. Hier ist vor allem eine kleine Gruppe von unregelmäßigen Partizipien zu nennen, die sog. "starken" Partizipien: *abierto, absuelto, cubierto, dicho, escrito, frito, hecho, impreso, muerto, puesto, preso, resuelto, roto, satisfecho, visto, vuelto.*[34]

Ein besonderer Fall von Unregelmäßigkeit ist die **Suppletion.** Diese liegt vor, wenn verschiedene Stämme eines Worts von unterschiedlicher etymologischer Herkunft sind. Ein Beispiel ist das Verb *ir*, dessen Formen von drei lateinischen Verben stammen: 1. *ir, id, iba* u. a. von lat. *ire*, 2. *voy, vas* … usw. von lat. *vadere*, 3. *fui, fuiste* … usw. von lat. *esse* (Perf. *fui*).

5.5. Skizze einer Verbklassifikation nach Stammvarianten

In den vorangegangenen Abschnitten wurde versucht, die unregelmäßige Konjugation nach Alternationstypen beim nichterweiterten Stamm zu ordnen. Wie mehrfach erwähnt, treten diese Typen nicht nur isoliert auf, sondern auch in den verschiedensten Kombinationen. Auf der folgenden Seite werden einige ausgewählte Verben nach steigender Zahl der Stammvarianten geordnet. Außer Betracht bleiben Imperative wie *di* und Partizipien wie *dicho*, deren Berücksichtigung die Zahl der Stammvarianten weiter erhöhen würde. Was damit ansatzweise vorgeführt wird, ist eine Klassifikation der Verben nach Anzahl der (nichterweiterten) Stämme in der Art, wie es von Dubois (1966) für das Französische durchgeführt worden ist.

---

34 Diese sind Relikte lateinischer stammbetonter Partizipien: **absoltus, apertus, coopertus, dictus, scriptus, frictus, factus, impressus, mort(u)us, positus, prehensus, *resoltus, ruptus, satisfactus, visitus, *vól(u)tus.* Einige Verben haben ihr starkes Partizip durch ein schwaches ersetzt; manchmal hat das alte Partizip als Adjektiv oder Substantiv überlebt, z. B. *tuerto* von *torcer, tinto* von *teñir.*

(1) Keine Alternation des nichterweiterten Stamms:

AMAR, BEBER, VIVIR.

(2) Alternation im Präsens:
  (a) Diphthongierung:

  CERRAR: *cierro, cerramos;*

  DEFENDER: *defiendo, defendemos;*

  DISCERNIR: *discierno, discernimos.*

  (b) Konsonantische Modifikation:

  NACER: *nazco, naces;*

  CAER: *caigo, caes.*

(3) Alternation im Präsens und Präteritum:
  (a) Wechsel zwischen Monophthongen:

  PEDIR: Präs. Ind. *pido, pedimos;* Prät. *pedí, pidió.*

  (b) Diphthongierung und Wechsel zwischen Monophthongen:

  SENTIR: Präs. Ind. *siento, sentimos;* Konj. *sienta, sintamos;* Prät. *sentí, sintió.*

(4) Alternation im Präsens + eigener Stamm im Präteritum:
  (a) Diphthongierung im Präsens:

  QUERER: Präs. Ind. *quiero, queremos;* Prät. *quise* (Fut. *querré* ohne Themavokal);

  PODER: Präs. Ind. *puedo, podemos;* Prät. *pude* (Fut. *podré* ohne Themavokal).

  (b) Konsonantische Modifikation im Präsens:

  CONDUCIR: Präs. Ind. *conduzco, conduces;* Prät. *conduje;*

  TRAER: Präs. Ind. *traigo, traes;* Prät. *traje.*

(5) Alternation im Präsens (konsonantische Modifikation) + eigener Stamm im Futur:

  VALER: Präs. Ind. *valgo, vales;* Fut. *valdré;*

  SALIR: Präs. Ind. *salgo, sales;* Fut. *saldré.*

(6) Alternation im Präsens + eigener Stamm im Präteritum + eigener Stamm im Futur:
  (a) Konsonantische Modifikation im Präsens:

  HACER: Präs. Ind. *hago, haces;* Prät. *hice;* Fut. *haré;*

  PONER: Präs. Ind. *pongo, pones;* Prät. *puse;* Fut. *pondré.*

  (b) Diphthongierung und konsonantische Modifikation im Präsens:

  TENER: Präs. Ind. *tengo, tienes, tenemos;* Prät. *tuve;* Fut. *tendré;*

  VENIR: Präs. Ind. *vengo, vienes, venimos;* Prät. *vine;* Fut. *vendré.*

  (c) Vokalwechsel und konsonantische Modifikation im Präsens:

  DECIR: Präs. Ind. *digo, dices, decimos;* Prät. *dije,* Fut. *diré.*

(7) Alternation im Präs. Ind. + eigener Stamm im Präteritum + eigener Stamm im Präs. Konj.:

  SABER: Präs. Ind. *sé, sabes;* Präs. Konj. *sepa;* Prät. *supe;* (Fut. *sabré* ohne Themavokal)

Manche Verben lassen sich nur schwer in dieses Schema einfügen, z. B. *dar, ir, ver, ser, estar, haber,* denn eine Einordnung setzt die Zerlegung aller Formen voraus. Möglich ist das; so findet man bei Cartagena/Gauger (1989, I: 335–336) für *ir* die Stämme *v-, vay-, i-, fu-,* für *ser* die Stämme *s-, se-, fu-, er-, es-, so-.* In Kauf nehmen muss man dann, dass manche Stämme nur in sehr wenigen Formen auftreten, z. B. *es* nur in der 3. P. Sg., *so-* nur in *somos, sois, son.*

Aufgaben und Fragen zu Teil II

1. (a) Warum sind *tengo* und *tienes* Formen desselben lexikalischen Worts? Sie haben doch nicht den gleichen Stamm, oder doch? (b) Warum sind *(los) almacenes* und *(yo) almaceno* keine Formen desselben lexikalischen Worts? Sie haben doch den gleichen Stamm, oder nicht?

2. (a) Welches sind die grammatischen Kategorien des Substantivs?
   (b) Wie ist eine Substantivform aufgebaut?

3. Diskutieren Sie den morphologischen Status von *-o, -a, -e* in *grifo, sombrero, mesa, dureza, tomate, jefe*. Inwiefern unterscheidet sich *-e* von *-o* und *-a*?

4. Diskutieren Sie das Verhältnis von *hijo – hija, amigo – amiga, jefe – jefa, monje – monja, tigre – tigresa*. Gibt es Genusflexion beim Substantiv?

5. (a) Welches sind die grammatischen Kategorien des Adjektivs?
   (b) Wie ist eine Adjektivform aufgebaut?
   (c) Wie wird ein Adjektiv gesteigert?

6. Ordnen Sie die nachstehenden Adjektive in die Flexionsklassen des Abschnitts 3.2.1. ein: *alemán, andaluz, árabe, algodonoso, bajo, belga, chillón, colorín, conservador, cortés, feliz, francés, grandote, holgazán, indígena, lila, mejor, superior, trabajador, tragón.*

7. (a) Welches sind die grammatischen Kategorien des finiten Verbs?
   (b) Wie ist eine finite Verbform aufgebaut?
   (c) Wie ist eine infinite Verbform aufgebaut?

8. Sind *cantas, hemos cantado, están cantando*, morphologisch gesehen, drei verschiedene Formen des lexikalischen Worts CANTAR? Begründen Sie Ihre Antwort.

9. (a) Bilden Sie von jedem der nachfolgenden Verben die 2. P. Sg. und die 2. P. Pl. im Präsens Indikativ, Imperfekt Indikativ, Futur Indikativ, Präteritum: *defender, depender, decir, contradecir, torcer, repetir, sugerir, estar, ir, ver*. (b) Zerlegen Sie jede Form in Morphe. Fügen Sie, wo Sie es für nötig halten, -Ø- ein und begründen Sie dies.

Teil III. Wortbildung

1. Allgemeines zur Wortbildung

1.1. Überblick über die Wortbildungsverfahren

Man kann folgende Wortbildungsverfahren unterscheiden:

A. Derivation
    1. Suffigierung
    2. Präfigierung
    3. Parasynthese
B. Komposition
C. Wortkürzung

Diese Einteilung ist nicht die einzig übliche. Die Präfigierung wird oft, vor allem in der älteren Literatur, unter Komposition eingeordnet, s. 3.2. Die Konversion (s. u.) kann man als eigenes Verfahren (suffixlose Ableitung) ansehen oder, so wie wir es tun, als Nullsuffigierung unter A.1. einreihen.

Suffigierung ist die Anfügung eines Suffixes an eine sprachliche Form. Man unterscheidet Derivations-, Stammerweiterungs- und Flexionssuffixe; in den folgenden Kapiteln geht es um die Suffigierung als Wortbildungsverfahren. Das Derivat kann der gleichen Wortart angehören wie das Grundwort (*camión → camionero*) oder aber einer anderen Wortart (*profesión → profesional*).

Präfigierung ist die Anfügung eines Präfixes an eine sprachliche Form. Im Spanischen dienen alle Präfixe der Wortbildung. Das abgeleitete Wort gehört stets zur gleichen Klasse wie das Grundwort: *gracia → desgracia, posible → imposible, ajustar → reajustar*.

Parasynthese ist die g l e i c h z e i t i g e Anfügung eines Präfixes und eines Suffixes: *rico → enriquecer, temor → atemorizar*. Die Parasynthese darf nicht mit Derivationsprozessen verwechselt werden, bei denen die Präfigierung auf die Suffigierung folgt oder umgekehrt: *discutir –› discutible –› indiscutible*; *nacer –› renacer –› rena-cimiento*. Bei der Parasynthese gibt es keine Zwischenstufe **enrico* oder **riquecer*.

Konversion ist der Übergang eines Worts aus einer Wortart in eine andere, ohne dass der Klassenwechsel durch ein explizites Affix gekennzeichnet ist: *cantar –› el cantar, público –› el público*.

Komposition ist die Zusammenfügung von flektierten Wörtern und/oder Wortstäm-men zu einem neuen Wort(stamm): *bocacalle, vinicultura, sordomudo, agridulce, bajorrelieve, sacacorchos, correfaldas*.

Wortkürzung. Das häufigste Verfahren besteht in der Reduktion eines mehrsilbigen Worts auf die beiden Anfangssilben: *cine(matógrafo), metro(politano), contra(rrevo-lucionario)*. In der Standardsprache gibt es eine begrenzte Zahl von Kurzwörtern, die fest in den Wortschatz integriert sind und das jeweilige Vollwort mehr oder weniger verdrängt haben. Produktiv ist das Verfahren aber vor allem in der Umgangssprache: *cole(gio), profe(sor), progre(sista), tele(visión)*. Da diese hier außer Betracht bleibt (s. Vorbemerkung), gehen wir nicht weiter auf die Wortkürzung ein.

Neben der Einteilung nach formalen Gesichtspunkten ist auch eine semantisch begründete Klassifika-tion der Wortbildungsverfahren möglich; die Unterscheidung Gaugers (1971a) von Ausgriff, Ver-schiebung, Variation und die Unterteilung Coserius (1977) in Modifikation, Entwicklung und Kom-position seien hier nur erwähnt. Eine ausführlichere Darstellung würde über den Rahmen dieses Ar-beitshefts hinausgehen; wir verweisen auf Dietrich/Noll (2012: 123–129).

1.2. Simplex, Derivat, Kompositum

Simplex. Ein grammatisches Wort ist ein Simplex, wenn sein (nichterweiterter) Stamm aus genau einer Wurzel besteht; das bedeutet ja, dass das Wort nicht abgelei-tet und nicht zusammengesetzt ist.

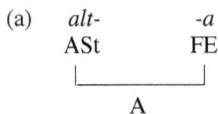

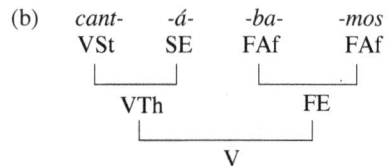

(a)   *alt-*   *-a*
        ASt   FE
        └─────┘
           A

(b)   *cant-*   *-á-*   *-ba-*   *-mos*
        VSt   SE   FAf   FAf
        └──┘   └──┘
         VTh   FE
        └──────┘
           V

In (a) ist die Flexionsendung *-a*, der Stamm *alt-*. Der Stamm ist eine Wurzel. In (b) ist die Endung *-ba-mos*, der erweiterte Stamm *cantá-*, der nichterweiterte Stamm *cant-*. Dieser ist eine Wurzel.

Derivation und Komposition sind Wortbildungsverfahren, die Resultate dieser Verfahren sind Derivate und Komposita. Für die Einordnung eines Worts als Derivat oder als Kompositum kommt es darauf an, worin der letzte Schritt beim Aufbau seines Stamms besteht: ob im letzten Schritt ein Affix angefügt oder ob zwei Wörter oder Stämme zusammengefügt werden.

Derivat. Ein Wort ist ein Derivat, wenn es so zerlegt werden kann, dass mindestens eine der unmittelbaren Konstituenten des Stamms ein Derivationsaffix ist:

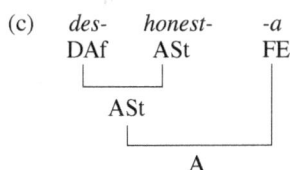

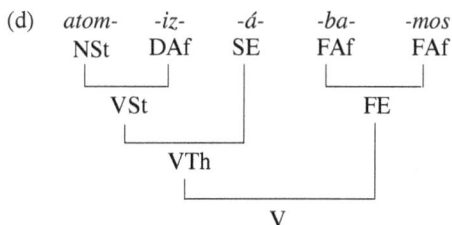

In (c) ist die Endung -*a*, der Stamm *deshonest*-. Eine unmittelbare Konstituente des Stamms ist das Präfix *des*-. In (d) ist die Endung -*bamos*, der erweiterte Stamm ist *atomizá*-. Der nichterweiterte Verbstamm ist *atomiz*-, dieser enthält als unmittelbare Konstituente das Suffix -*iz*-.

Kompositum. Ein grammatisches Wort ist ein (eigentliches) Kompositum, wenn es so zerlegt werden kann, dass jede unmittelbare Konstituente des Stamms eine Wurzel enthält (zu den uneigentlichen oder syntagmatischen Komposita s. u., 5.2.):

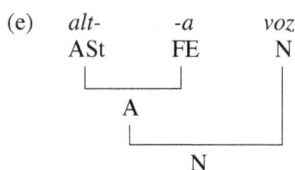

Da alle Formen eines lexikalischen Worts auf der Ebene der Morpheme den gleichen Stamm haben, vererben sich die Bezeichnungen "Simplex", "Derivat", "Kompositum" in naheliegender Weise von den grammatischen auf die lexikalischen Wörter:

	grammatische Wörter	lexikalische Wörter
Simplicia:	*alto, altas, pruebas*	ALTO, PROBAR
Derivata:	*desiguales, fertilizábamos*	DESIGUAL, FERTILIZAR
Komposita:	*portaaviones, altavoces*	PORTAAVIONES, ALTAVOZ

74

1.3. Motivation und Produktivität

Motiviertheit. Häufig ergibt sich die Gesamtbedeutung eines Worts aus der Bedeutung seiner Bestandteile. So heißt *consonar* 'zusammenklingen' und *conllevar* u. a. 'mit sich bringen, tragen helfen', wie es von den Komponenten her zu erwarten ist. In solchen Fällen sagt man, die Bildung sei motiviert oder semantisch transparent.

Demotivierung. Im Laufe der Zeit kann die semantische Beziehung verdunkelt werden oder ganz verschwinden; z. B. ist zwischen den Bedeutungen von *contender* ('kämpfen, streiten') und *tender* ('ausbreiten, spannen') kein Zusammenhang mehr zu sehen, während die Beziehung zwischen lat. *contendere* (u. a. tr.: 'zusammenspannen, vergleichen', itr.: 'wetteifern') und *tendere* (u. a.: 'anspannen') transparent ist. Wörter wie *contender* bezeichnet man als demotiviert.

Lexikalisierung. Der Übergang zwischen motiviert und demotiviert ist fließend: Die Beziehung zwischen *jardincillo* und *jardín* ist semantisch transparent, die zwischen *palillo* ('Zahnstocher') und *palo* ('Pfahl, Stock') eingeschränkt transparent, die zwischen *bombilla* ('Glühbirne') und *bomba* ('Bombe') nicht transparent. Diese Abstufungen werden oft unter dem Begriff der Lexikalisierung zusammengefasst. Die (angenommene) Bedeutung eines Worts, die sich aus dem Beitrag seiner Bestandteile vorhersagen lässt, nennt man seine Wortbildungsbedeutung, und die Bedeutung, die es tatsächlich hat, seine Wortschatzbedeutung. Je weiter diese beiden auseinanderklaffen, um so höher ist der Grad der Lexikalisierung; der höchste Grad ist die Demotivierung. Hierzu s. Laca (1986: 129ff.).

Analysierbarkeit. Im Laufe der Zeit kann nicht nur die semantische Transparenz eines Wortes verlorengehen, sondern auch seine formale Zerlegbarkeit. Das kann durch Lautwandel geschehen, der die Morphemgrenzen verschwimmen lässt: lat. *collocare* > span. *colgar*, lat. *colligere* > span. *coger*. Auch der Verlust des Grundworts kann eine Ursache dafür sein, dass eine Ableitung nicht mehr als solche erkennbar ist. So ist lat. *auricula* (von *auris* 'Ohr') ohne weiteres zerlegbar, nicht aber span. *oreja* (< *auriculam*), da *auris* im Spanischen nicht fortgeführt wird.

Produktivität. Ein Wortbildungsmuster ist zur Zeitspanne *t* produktiv, wenn während *t* nach diesem Muster neue Wörter gebildet werden. So sind heute Ableitungen mit *-a-ción* und *-ist-a* sehr produktiv, ebenso die Zusammensetzung nach dem Schema V + N (*sacapuntas*). Die Derivation mit *-zón* ist heute nicht mehr produktiv. Das bedeutet aber nicht, dass Bildungen mit *-zón* demotiviert sind: Der Zusammenhang von *trabazón* ('Verbindung') mit *trabar* ('verbinden') ist vollkommen durchschaubar. Zur heutigen Produktivität spanischer Wortbildungsverfahren s. Nord (1983).

1.4. Historische Schichten im Wortschatz

Die nachfolgend eingeführten Unterscheidungen beziehen sich auf die Organisation des Wortschatzes; ausführlicher s. Seco (1989: 223ff.) oder Penny (2002: 255ff.). Diachronisch betrachtet, zeigt der Wortschatz eine Schichtung in Erbwörter, Lehnwörter und Neubildungen. Diese Schichtung spiegelt sich in vielfältiger Weise in den synchronischen Beziehungen zwischen einfachen und abgeleiteten Wörtern.

Erbwörter. Den Grundstock des spanischen Wortschatzes bilden die Erbwörter. Die meisten von ihnen stammen aus der Variante des Vulgärlateinischen, die auf der iberischen Halbinsel gesprochen wurde. Sie haben an der Sprachentwicklung vom Vulgärlatein bis zum Neuspanischen teilgenommen und dementsprechend starke lautliche Veränderungen erfahren: lat. *caelum* > span. *cielo*, lat. *collocare* > span. *colgar*. Viele Wörter haben auch ihre Bedeutung verändert, vgl. *collocare* ('aufstellen') und *colgar* ('aufhängen'). Beispiele für Erbwörter sind *tierra, bueno, hablar, hacer*.[35]

Lehnwörter sind Wörter, die das Spanische zu verschiedenen Zeitpunkten aus anderen Sprachen übernommen hat, vor allem aus dem Arabischen, Lateinischen, Griechischen, aus anderen romanischen Sprachen, aus verschiedenen Indianersprachen und schließlich aus dem Englischen (Penny 2002: 255–284). Unter den Lehnwörtern spielen die gelehrten Entlehnungen (span.: *cultismos*) eine herausragende Rolle. Sie sind aus dem Lateinischen (seit der Renaissance auch aus dem Griechischen) ins Spanische übernommen und nur geringfügig angepasst worden. Beispiele für Entlehnungen aus dem Lateinischen sind *acusación, nación, cotidiano, cristiano, construir, colocar, extinguir*.

Neubildungen sind weder ererbt noch entlehnt, sondern innerhalb des Spanischen aus den vorhandenen Bausteinen gebildet.[36] Diese Bausteine können nun ererbt, entlehnt oder ihrerseits aus ererbtem oder entlehntem Material gebildet sein. So sind *agudo, bajo, bravo* ererbt, ebenso das Suffix *-eza*, z. B. in Wörtern wie *dureza < duritia* oder *tristeza < tristitia*, dagegen sind *agudeza, bajeza, braveza* spanische Neubildungen. Die Bestandteile von *grandilocuente* und *grandilocuencia* sind aus dem Lat. entlehnt, aber die Wörter selbst sind erst seit dem 19. Jh. belegt (Cor.). Das Wort *hombre* ist ererbt, das Präfix *super-* ist aus dem Lateinischen entlehnt, die Ableitung *superhombre* wurde im Spanischen gebildet (Cor.: nach dem Vorbild des dt. *Übermensch*). Man unterscheidet somit:

---

[35] Zu den sog. halbgelehrten Wörtern wie *cruz, regla* verweisen wir auf Penny (2002: 39–40).
[36] Eine Neubildung muss also nicht "neu" sein, sie muss nur irgendwann im Spanischen erfolgt sein; deshalb ist "alte Neubildung" kein Widerspruch, "neue Neubildung" kein Pleonasmus.

1. Neubildungen aus ererbten Bestandteilen (*agudeza*, *bajeza*)
2. Neubildungen aus entlehnten Bestandteilen (*esterilización*, *revolucionario*)
3. Mischbildungen (*superhombre*, *sobreabundancia*)

Suffixe, Präfixe oder Wurzeln, die als Bestandteil von Erbwörtern "mitgeerbt" worden sind, bezeichnet man als **volkstümlich**. Suffixe, Präfixe oder Wurzeln, die als Bestandteil von lateinischen oder griechischen Wörtern "mitentlehnt" worden sind, nennt man **gelehrt**. Volkstümlich sind z. B. die Suffixe *-dor*, *-miento*, *-zón*, *-ero*, *-eza*, *-ear*, *-iguar*; gelehrt sind u. a. *-tor*, *-mento*, *-ción*, *-ario*, *-icia*, *-ista*, *-ismo*, *-izar*, *-ificar*. Oft hat ein volkstümliches Suffix eine gelehrte Entsprechung, z. B. *-dor* ~ *-tor*, *-miento* ~ *-mento*, *-zón* ~ *-ción*, d. h., es liegt jeweils dasselbe lateinische Suffix zugrunde: *-torem*, *-mentum*, *-tionem*.

Auch aus den lebenden Sprachen können Wortbildungselemente kommen, z. B. das Suffix *-aje* mit Wörtern aus dem Französischen (*coraje*, *paisaje*) und Okzitanischen (*homenaje*, *mensaje*).

Mischbildungen enthalten Bestandteile aus unterschiedlichen historischen Schichten: (1) volkstümliche Basis + gelehrtes Suffix: *embarcación*, von *embarcar*; (2) gelehrte Basis + volkstümliches Präfix: *desprevención*, von *prevención*; (3) gelehrt-volkstümliches Kompositum: *telesilla*; (4) volkstümliche Basis + Suffix aus dem Frz.: *hospedaje*, von *hospedar*; (5) Derivationsbasis aus dem Frz. + Suffix aus dem Lat.: *grabación*, von *grabar* (frz. *graver*); (6) Basis aus dem Arabischen + Suffix aus dem Griechischen: *almacenista*, von *almacén*; (7) Kompositum aus einem griechischen und einem lateinischen Bestandteil: *televisión*, *automóvil*, *autopropulsión*.

Für eine synchronische Wortbildungslehre kommt es in erster Linie darauf an, ob ein Wort zerlegbar ist; für sie steht *guapeza* zu *guapo* in der gleichen Beziehung wie *dureza* zu *duro*, obwohl *dureza* ein Erbwort, *guapeza* eine Neubildung ist. Ähnlich äußert sich schon Alemany Bolufer zum gelehrten *creador*:

> En realidad, sólo debiéramos considerar como voces derivadas en nuestra lengua, las que ella haya formado como *abaleador*, derivado de abalear; *abonador*, de abonar, etc., y no las que ha recibido formadas ya del latín, como *creador*, de *creatorem*. Pero la Gramática considera como tales a todas las que tengan en nuestra lengua el primitivo del que pueden derivarse, y tiene por derivada la voz *creador* sólo porque la lengua tiene el verbo *crear*. Este procedimiento, si no científico, es práctico y el único que pueden adoptar los que ignoren el latín. (Alemany Bolufer 1920: 3)

Andererseits ist die historische Schichtung auch synchronisch von Interesse, z. B., wenn Alternationen ins Spiel kommen: Das Ausbleiben des Wechsels /ie ~ e/ in *piel – pielero* (nicht: **pellero*) erklärt sich daraus, dass *pielero* im Spanischen gebildet ist; in einem Erbwort würde die Diphthongierung nur unter dem Ton eintreten. Das Auftreten einer Alternation wie bei *lengua – lingual* (nicht: **lengual*) beruht darauf, dass zu einem ererbten Grundwort eine gelehrte Ableitung gebildet wurde.

2. Suffigierung

2.1. Allgemeines zur Suffigierung

In der Wortbildung versteht man unter Suffigierung die Anfügung eines Derivations-
suffixes an eine sprachliche Form: *trabaja-(r)* → *trabaja-dor*, *profesión* → *profesional*, *human-(o)* → *human-iz-(a-r)*, *cortés* → *cortés-mente*.

Derivationsbasis. In der Regel führt die Ableitung von einem Stamm zu einem neu-
en Stamm: *caball-(o)* → *caball-er-(o)* → *caball-er-os-(o)* → *caball-er-os-idad*. (Im
Falle von *caballerosidad* ist der Stamm mit dem Wort identisch.)

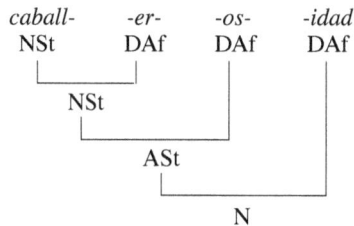

```
      caball-     -er-      -os-      -idad
      NSt         DAf       DAf       DAf
      └─────────────┘
           NSt
      └────────────────────┘
                 ASt
      └──────────────────────────────────┘
                      N
```

Bei der deverbalen Ableitung kann die Derivationsbasis der erweiterte oder der
nichterweiterte Verbstamm sein: *estabiliz-a-ción* vs. *interven-ción*.

Im Falle der Adverbbildung gibt es eine Ausnahme: Die Ableitung geht von der
vollen femininen Form aus. Bei Adjektiven wie *cortés* oder *fuerte* ist dies nicht zu
erkennen, wohl aber bei solchen, die in der *-o*/*-a*-Klasse sind: *claramente*, *distintamente* usw. Hier handelt es sich um ein "eingefrorenes" Flexionsaffix. Mit der Meta-
pher "eingefroren" ist gemeint, dass es zwar formal noch das Fem.-Affix ist (sonst
würde es nicht genau dann fehlen, wenn das Adjektiv sein Femininum nicht auf *-a*
bildet), dass es aber nicht mehr als Träger der grammatischen Kategorie 'Fem.'
gelten kann; ein Kontrast mit der Kategorie 'Mask.' ist hier ja gar nicht möglich.

Derivationsschema. Das Derivat kann der gleichen Wortart angehören wie die Derivationsbasis (*reloj* → *relojero*) oder aber einer anderen Wortart (*margen* → *marginal*); letzteres ist der häufigere Fall. Unter dem Gesichtspunkt der Wortart von
Grundwort und Resultat lassen sich folgende Derivationsschemata unterscheiden:

Schema	Beispiel
V → N	*trabajar → trabajador*
N → N	*ceniza → cenicero*
A → N	*cortés → cortesía*
V → A	*lavar → lavable*
N → A	*bosque → boscoso*
A → A	*pobre → pobrecito*
A → Adv	*clara → claramente*
V → V	*morder → mordiscar*
N → V	*cristal → cristalizar*
A → V	*fértil → fertilizar*

Nullsuffigierung. Es gibt eine Reihe von Fällen, in denen die Ableitung nicht mit Hilfe eines Derivationsaffixes zu erfolgen scheint, sondern durch unmittelbare Anfügung von Flexions- oder Stammerweiterungsaffixen aus einer anderen als der ursprünglichen Wortart. Hier sind folgende Prozesse zu nennen:

1. die direkte Verbableitung mit Hilfe von *-a-* aus einen Substantiv- oder Adjektivstamm: *filtro → filtrar, activo → activar*;[37]
2. die direkte Ableitung eines Substantivs von einem (nichterweiterten) Verbstamm durch Anfügung von *-o, -e, -a*: *aliviar → alivio, ahondar → ahonde, ayudar → ayuda*.

Es ist aber zu bedenken, dass bei einer strukturellen Analyse dem verbalen *-a-* immer die gleiche Funktion zugeschrieben werden muss: in *am-a-r, fertil-iz-a-r, filtr-a-r*. Ebenso muss man dem substantivischen *-o* überall die gleiche Rolle zuerkennen: in *grif-o, levant-a-mient-o, alivi-o*. Ein Morphem ist eben entweder ein Ableitungssuffix oder nicht; es ist ausgeschlossen, dass dasselbe Morphem einmal als Derivationssuffix auftritt, z. B. in *filtr-a-r*, ein andermal aber nicht, z. B. in *am-a-r* (auf diese Frage kommen wir in 4.2.1. zurück). Wie soll man den Ableitungsvorgang also beschreiben? Es liegt nahe, hier eine Parallele zur expliziten Suffigierung zu sehen und deshalb ein Nullsuffix zu postulieren, s. u. a. Marchand (1969: 349–389), Lüdtke (1978: 296ff., 309ff., 312ff.). Somit:

---

[37] Zur Auffassung der Stammerweiterung als Derivationssuffix s. u. a. Pena (1993: 231ff.), Rifón (1997: 10ff.), Serrano Dolader (1999: 4686ff.). Wenn man keine Stammerweiterung *-a-* abtrennt, ist die Endung *-ar*, und die Behauptung lautet, dass es die Anfügung dieser Endung ist, die für den Wortartwechsel verantwortlich ist, so z. B. bei Lang (1990: 163) und bei Thiele (1992: 182).

Schema	Derivation mit Nullsuffix	Der. mit explizitem Suffix
N → V	*fragment-o → fragment-Ø-a-r* *alfombr-a → alfombr-Ø-a-r*	*átom-o → atom-iz-a-r* *plat-a → plat-e-a-r*
V → N	*alivi-a-r → alivi-Ø-o* *compr-a-r → compr-Ø-a*	*alej-a-r → alej-a-mient-o* *lav-a-r → lav-a-dur-a*

Eine weitere Beziehung, die sich als Nullsuffigierung darstellen lässt, ist die **Konversion:** *el públic-o-Ø, el cant-a-r-Ø*. Eine Alternative besteht darin, die Konversion überhaupt nicht als morphologisches, sondern als syntaktisches Verfahren einzuordnen, denn was sich in erster Linie ändert, sind die möglichen Umgebungen des Worts im Satz.[38]

2.2. Alternation der Derivationsbasis

Oft liegt die Derivationsbasis im abgeleiteten Wort in der gleichen Form vor wie im Grundwort: *limón – limonero, alto – altura, poseer – poseedor, añadir – añadidura*. In anderen Fällen variiert die Basis: *viejo – vejez, nuevo – novedad, oponer – oposición*. Drei Alternationstypen sollen ausführlicher besprochen werden:

(1) Alternation zwischen Diphthong und Monophthong; /ie ~ e/: *ciego – cegedad, piedra – pedrada*; /ue ~ o/: *bueno – bondad, nuevo – novedad*;

(2) Alternation zwischen einem volkstümlichen und einem gelehrten Stamm: *humo – fumar, niebla – nebuloso, constreñir – constricción*;

(3) Alternation zwischen gelehrten Stämmen, die schon im lateinischen Vorbild gegeben ist: *difícil – dificultad, restringir – restricción* (lat. *difficilis – difficultas, restringere – restrictio*).

Vereinfacht gesagt, beruht (1) auf historischem Lautwandel, (2) auf Entlehnung des Derivats aus dem Lateinischen, (3) auf Entlehnung des Grundworts und des Derivats aus dem Lateinischen. Notwendigerweise gibt es Überschneidungen zwischen (1) und (2); so ist das Paar *cierto – certificar* sowohl ein Beispiel für (1) als auch für (2), während das Paar *cierto – certeza* nur unter (1) einzuordnen ist.

Die materialreichste Darstellung der Alternationen im Spanischen, die neben der Derivation auch die Flexion berücksichtigt, ist wohl die von Saporta (1959). Umfassend sind auch Pilleux (1979: 43–80) und Pensado (1999). Eine eingehende Diskussion von Einzelproblemen bietet Harris (1969).

---

[38] Was die Pluralfähigkeit angeht (*los cantares, los deberes*), ist bei einigen Bildungen auch die Wortstruktur betroffen.

2.2.1. Alternation zwischen Diphthong und Monophthong

Aus der Verbflexion ist bereits bekannt: Häufig gibt es einen Wechsel zwischen betontem /ie/ und unbetontem /e/, zwischen betontem /ue/ und unbetontem /o/. Ebenso findet man bei der Derivation statt des Diphthongs oft einen Monophthong im abgeleiteten Wort, wenn das Suffix den Akzent auf sich zieht:

/ie ~ e/	/ue ~ o/
ciego – cegedad	bueno – bondad
cierto – certeza	buñuelo – buñolería
niebla – neblina	huesped – hospedar
nieve – nevisca	fuerza – forzar
piedra – pedrero	nuevo – novedad
tierno – ternura	puente – pontear
viejo – vejez	verguenza – vergonzoso

Am Rande sei erwähnt, dass bei der Nullderivation scheinbar ein Wechsel in umgekehrter Richtung erfolgt: *desterrar* →› *(el) destierro*, *cerrar* →› *(el) cierre*, *probar* →› *(la) prueba*. In Wirklichkeit geht die Ableitung einfach von der betonten Variante des Verbstamms aus, vgl. *desterrar – destierras*, *cerrar – cierras*, *probar – pruebas*. Eine Stammalternation besteht also innerhalb des Grundworts, nicht zwischen Grundwort und Derivat.

Obwohl sich klare phonologische Bedingungen angeben lassen (betont vs. nichtbetont), ist diese Alternation nicht automatisch (I, 1.6.), denn es gibt keine strikte Gesetzmäßigkeit, derzufolge der Diphthong in betonter, der Monophthong in unbetonter Position steht. Es lassen sich nicht wenige Beispiele finden, bei denen der Diphthong der Basis trotz Akzentverlagerung erhalten bleibt: *miedo – miedoso* (nicht: **medoso*), *piel – pielero* (nicht: **pellero*), *huerta – huertano* (nicht: **hortano*), *mueble – amueblar* (neben *amoblar*), *viejo – viejísimo* (nicht: **vejísimo*), *bueno – buenísimo* (neben *bonísimo*), Diminutive: *piedrezuela*, *buenito* (≠ *bonito*!), *cieguecito*, *fuertezuelo* u. v. a. Fast allgemein bleibt der Diphthong bei *-ísimo* und bei Diminutiven (mehr Bsp. dazu s. RAE 2009: 631, § 9.1n). Kurzum: Es handelt sich um phonologisch motivierte Alternationen, die aber nicht ausnahmslos gelten.

2.2.2. Alternation zwischen volkstümlichem und gelehrtem Stamm

Oft ist die zu einem volkstümlichen Grundwort "passende" Suffixbildung gelehrter Natur: *hijo – filial*. Dabei spielt es synchronisch keine Rolle, ob das Derivat aus dem Lateinischen entlehnt ist wie *filial* oder ob es eine Neubildung auf lateinischer Grundlage ist wie *láctico*.

Grundwort	lat. Etymon	gelehrtes Derivat
hijo	*filius*	*filial* (lat. *filialis*)
humo	*fumus*	*fumar* (lat. *fumare*)
leche	*lac, lactis*	*láctico* (Neubildung)
nadar	*natare*	*natación* (lat. *natatio*)
niebla	*nebula*	*nebuloso* (lat. *nebulosus*)
ojo	*oculus*	*ocular* (lat. *ocularis*)
ojo	*oculus*	*oculista* (Neubildung)
oro	*aurum*	*áureo* (lat. *aureus*)
plomo	*plumbum*	*plúmbeo* (lat. *plumbeus*)
ver	*videre, visus*	*visión* (lat. *visio*)

Zwischen den volkstümlichen und den gelehrten Wörtern lassen sich regelmäßige Beziehungen feststellen, die den Lautwandel vom Lateinischen zum Spanischen widerspiegeln, z. B. (1) der Wechsel zwischen Diphthong und Monophthong: *cierto – certificar, fuerte – fortificar*, oder (2) der Wechsel zwischen stimmhaftem und stimmlosem Konsonanten: *marido – marital, moneda – monetario, nadar – natación, pedir – petición, todo – total, vida – vital*.

Das bedeutet jedoch nicht, dass alle Alternationen auch synchron als phonologisch bedingt gelten können. Während der Vokalwechsel unter (1) betonungsabhängig ist, kann man für den Konsonantenwechsel unter (2) keine synchronische Bedingung formulieren, denn die beiden Konsonanten stehen ja in der gleichen Lautumgebung. Somit: Der Wechsel zwischen volkstümlichen und gelehrten Formen lässt mitunter ein wiederkehrendes Muster erkennen, ist jedoch aus synchronischer Perspektive nur manchmal phonologisch, meist aber lexikalisch bedingt.

Es folgen nun noch zwei Beispiele für das komplexe Zusammenspiel verschiedener Alternationen:

Morphem	Allomorphe	Beispiele für das Vorkommen
{niebl-}	*niebl-*	*niebla*
	nebl-	*neblina, nebladura*
	nebul-	*nebuloso, nebulizar*
{piedr-}	*piedr-*	*piedra, piedrezuela*
	pedr-	*pedrada, pedrero, pedrería*
	petr-	*petraria, pétreo, petrificar*

Das Morphem {piedr-} hat drei Allomorphe: *piedr-* (volkstümlich) ~ *pedr-* (volkstümlich) ~ *petr-* (gelehrt). Die Variante *petr-* tritt in gelehrten Wörtern auf, die anderen beiden in volkstümlichen; soweit ist die Alternation lexikalisch. Ob in einem volkstümlichen Wort *piedr-* oder *pedr-* vorkommt, hängt zunächst einmal von der

Akzentplatzierung ab; in dieser Hinsicht ist die Alternation phonologisch. Dafür gibt es nun aber wieder eine Beschränkung, die nichtphonologischer Natur ist: Wird ein Diminutivsuffix angefügt, so bleibt der Diphthong des Grundworts erhalten, obwohl der Akzent auf das Suffix verlagert ist.

2.2.3. Alternation zwischen gelehrten Stämmen

Bei vielen Paaren aus einem gelehrten Verb und einem gelehrten Derivat ist die Stammalternation schon im Lateinischen vorgegeben:

extinguir	*extinto*	*extinción*	*extintor*	*extintivo*
construir	–	*construcción*	*constructor*	*constructivo*
dirigir	*directo*	*dirección*	*director*	*directivo*
conducir	*conducto*	*conducción*	*conductor*	*conductivo*
comprimir	*compreso*	*compresión*	*compresor*	*compresivo*
permitir	*permiso*	*permisión*	*permisor*	*permisivo*
concluir	*concluso*	*conclusión*	–	*conclusivo*
dividir	*diviso*	*división*	*divisor*	*divisivo*

Bei der Alternation gegenüber dem Grundverb ist vom Spanischen her kein System zu erkennen; so ist z. B. nicht zu durchschauen, warum es *exhibir – exhibición*, aber *recibir – recepción* heißt, oder wie es zu Unterschieden wie den folgenden kommt: *intuir – intuición, construir – construcción, concluir – conclusión*. Für zahlreiche weitere Beispiele s. RAE (2009: 346ff.).

Ein Blick auf die lateinische Wortbildung hilft, diese scheinbar unübersichtliche Vielfalt zu ordnen. Ausgangspunkt ist das lat. Partizip Perfekt. Dieses wird auf *-tus*, *-sus* gebildet: *demonstrare – demonstratus, aggredi – aggressus, concludere – conclusus, expellere – expulsus*. Nun richtet sich die Form der lat. Ableitungen auf *-tor*, *-tio* usw. nach der Form des Partizips: *demonstratus – demonstrator, demonstratio*; *aggressus – aggressor, aggressio; conclusus – conclusio; expulsus – expulsor, expulsio*.[39] Dieses Prinzip aus der lateinischen Wortbildung ist der Schlüssel für viele Alternationen zwischen gelehrten Stämmen des Spanischen:

---

[39] Die synchronische Zerlegung innerhalb des Lateinischen soll hier nicht diskutiert werden. Leumann (1977: 358, 366) trennt – wie fast alle lat. Grammatiken – nicht *-or*, *-ion-*, sondern *-tor*, *-tion-* als Suffix ab.

SPANISCH		LATEIN		
Verb	Deriv.	Infinitiv	Part. Perfekt	Deriv.
extinguir	*extinción*	*extinguere*	*extinctus*	*extinctio*
construir	*construcción*	*construere*	*constructus*	*constructio*
dirigir	*dirección*	*dirigere*	*directus*	*directio*
conducir	*conducción*	*conducere*	*conductus*	*conductio*
comprimir	*compresión*	*comprimere*	*compressus*	*compressio*
permitir	*permisión*	*permittere*	*permissus*	*permissio*
concluir	*conclusión*	*concludere*	*conclusus*	*conclusio*
dividir	*división*	*dividere*	*divisus*	*divisio*

Das Bildungsprinzip ist einerseits nicht mehr lebendig, da die Verben heute das Partizip regulär bilden: *extinguido, construido, dirigido, conducido, comprimido, permitido, concluido, dividido.* Andererseits ist der Zusammenhang auch nicht völlig verblasst, denn die lateinischen Partizipien leben zu einem großen Teil noch fort, und zwar als Adjektive, Substantive oder unregelmäßige Nebenformen zu den regulären Partizipien: *extinto, –, directo, conducto, compresa, permiso, concluso, diviso.*[40]

2.3. Eine Auswahl von Suffixen

Im Folgenden wird eine begrenzte Zahl von Suffixen vorgestellt. Bei den einzelnen Suffixen finden sich Bemerkungen zur Allomorphie, gegebenenfalls zur Variation der Derivationsbasis, ferner zur Bedeutung. Die Erläuterungen sind stichwortartig, die Bedeutung wird nur grob skizziert. Soweit nicht anders angegeben, sind die Suffixe produktiv.

Zur Notation: In der Literatur ist es üblich, Derivationssuffixe zusammen mit den nachfolgenden Flexionsaffixen anzugeben; also z. B. *-miento, -izar.* Wir werden die Morpheme stets ohne solche Affixe notieren, also {-mient-}, {-iz-}. Bei den Allomorphen werden wir zur besseren Lesbarkeit die Stammerweiterungs- und Flexionsaffixe mit angeben, aber meist durch Bindestrich abtrennen, also *-mient-o, -iz-a-r.*

Einzelheiten zu den hier besprochenen und vielen anderen Suffixen bieten u. a. Alemany Bolufer (1920), Lüdtke (1978), Rainer (1993: 381–674), RAE (2009: 337–662). Die Beispiele entstammen den genannten Werken, in erster Linie Rainer (1993). Zur Produktivität s. Nord (1983: 19–193), zur Häufigkeit Kvavik (1975: 46; für Substantivsuffixe).

---

[40] Adjektive und Substantive: *extinto* 'erloschen, Verstorbener'; *directo* 'gerade, direkt'; *conducto* 'Leitung', *conducta* 'Benehmen'; *compresa* 'Kompresse'; *permiso* 'Erlaubnis'; unregelmäßige Partizipien: *concluso, compreso, diviso, extinto, permiso.*

84

2.3.1. Substantivderivation

2.3.1.1. Derivation V → N

Morphem	Allomorphe	Beispiele für das Vorkommen
{-dor}	-dor -tor -or	*trabajador, vendedor, servidor* *distributor, traductor* *agresor, compresor, supervisor*
{-ción}	-ción -ión -zón	*afirmación, perdición, definición* *agresión, compresión, supervisión* *hinchazón, trabazón*
{-mient-}	-mient- -ment-	*pensamiento, crecimiento* *cargamento, impedimento*
{-Ø-}	-Ø-	*abandono, debate, compra*

{-dor}. Diesem Morphem schreiben wir drei Allomorphe zu: *-dor, -tor* und *-or*.

Ableitungen auf *-dor* gibt es zu Verben aller drei Konjugationsklassen, und die Zerlegung ist völlig unproblematisch: I. *-a-dor: trabajador*, II. *-e-dor: vendedor*, III. *-i-dor: servidor*.

Substantive, die auf *-tor* oder *-sor* auslauten, sind Entlehnungen aus dem Lateinischen (*agresor*) oder nach lateinischem Muster gebildet (*impresor*). Bei ihnen ist die Segmentierung im Rahmen des Spanischen nicht ganz frei von Willkür; oft sind verschiedene Lösungen vertretbar. Wir lassen uns vom Prinzip der größtmöglichen Ähnlichkeit zwischen den Stammvarianten leiten, deshalb: *distribu-i-r – distribu-tor*, *interrump-i-r – interrup-tor*, aber *agred-i-r – agres-or, emit-i-r – emis-or*.

Beispiele zu *-tor*: II. *leer – lector, proteger – protector*; III. *conducir – conductor, construir – constructor, dirigir – director, distribuir – distributor, extinguir – extintor, interrumpir – interruptor, intervenir – interventor, redimir – redentor*.

Beispiele zu *-or*: II. *ascender – ascensor, anteceder – antecesor, ofender – ofensor*; III. *agredir – agresor, comprimir – compresor, dividir – divisor, emitir – emisor, invadir – invasor*. Naheliegend ist die Abtrennung von *-or*, wenn ein Substantiv auf *-tor* oder *-sor* einem Verb auf *-tar* oder *-sar* zugeordnet werden kann, also bei Paaren wie *ejecutar – ejecutor, inventar – inventor, proyectar – proyector, confesar – confesor*.[41]

---

[41] Das ist die synchronische Analyse; aus diachronischer Perspektive ist hinzuzufügen: *ejecutar* und *inventar* sind spanische Neubildungen, *proyectar* und *confesar* sind Entlehnungen der lateinischen Intensivverben *proiectare* bzw. *confessare* (Cor.). Lat. *exsecutor* ist von *exsequi, executus* abgeleitet; *inventor* von *invenire, inventus*; *confessor* von *confiteri, confessus*.

Etliche Wörter haben *-dor* statt des zu erwartenden *-tor* bzw. *-or*: *comprendedor* (neben *comprensor*) – *comprensión*, *constituidor* – *constitución*, *contribuidor* – *contribución*, *distinguidor* (aber: *extintor*) – *distinción*, *distribuidor* (neben *distributor*) – *distribución*, *excluidor* – *exclusión*, *permitidor* (neben *permisor*) – *permisión*. Die Neubildung mit *-dor* ist im Prinzip unbeschränkt möglich (Laca 1986: 267).

Das Suffix {-dor} dient in erster Linie zur Bildung von Nomina agentis wie *administrador* 'Verwalter', oft auch zur Bildung von Nomina instrumenti wie *abridor* 'Öffner', seltener von Nomina loci wie *mirador* 'Aussichtspunkt' (DRAE s. v. *-dor*, Rainer 1993: 446ff.). Nomina agentis sind z. B. *compositor, conductor, editor, escritor, inventor, pintor, servidor, trabajador, vendedor*. Nomina instrumenti sind *accelerador, amortiguador, amplificador, ascensor, climatizador, elevador, interruptor, refrigerador, ventilador*, Nomina loci sind *comedor, mostrador, parador*.

Feminina auf *-dora* (nach II, 2.2.: *-dor-Ø-a*) können im Prinzip zu jedem Nomen Agentis auf *-dor* gebildet werden: *administradora, vendedora* usw. Auch Bezeichnungen für Geräte sind oft fem.: *afeitadora, computadora, fotocopiadora, secadora*.

Angesichts von Konstruktionen wie *espíritu creador, hombre trabajador* u. v. a. wird dem Suffix {-dor} neben der substantivbildenden oft auch eine adjektivbildende Funktion zugesprochen. Man kann aber auch eine Nullableitung [[*trabajador*]$_N$-Ø]$_A$ oder einfach die attributive Verwendung eines Substantivs annehmen.

{-ción} hat die Allomorphe *-ción* und *-ión*.[42] Ableitungen auf *-ción* gibt es zu Verben aller drei Konjugationsklassen; I. *-a-ción*: *actuación, calificación, colonización, electrificación, graduación, reclamación* u. v. a. II. *-i-ción*: Zu dieser Gruppe gehören nur wenige Substantive; Lüdtke (1978: 279) nennt *demoler* – *demolición*, *expender* – *expendición*, *moverse* – *movición*, *perder* – *perdición*, *retrovender* – *retrovendición*. III. *-i-ción*: *competir* – *competición*, *definir* – *definición*, *exhibir* – *exhibición*, *nutrir* – *nutrición*, *partir* – *partición*, *prohibir* – *prohibición*, *repetir* – *repetición*.

Bei einer Reihe von Substantiven treten die gleichen formalen Besonderheiten auf, wie sie oben bei *-tor, -or* beschrieben wurden. Entsprechend lauten die Zerlegungen: *distribu-i-r* – *distribu-ción*, *interrump-i-r* – *interrup-ción*, dagegen *agred-i-r* – *agres-ión*, *emit-i-r* – *emis-ión*.

-ción, mit der gleichen Stammvariante wie bei *-tor*: II. *leer* – *lección*, *proteger* – *protección*; III. *conducir* – *conducción*, *construir* – *construcción*, *dirigir* – *dirección*, *extinguir* – *extinción*, *intervenir* – *intervención*, *redimir* – *redención*.

---

[42] Als weiteres Allomorph kann man *-zón*, das volkstümliche Gegenstück zum gelehrten *-ción*, anführen (lat. *-tionem*). Beispiele sind *armazón* (zu *armar*), *picazón* (zu *picar*), *trabazón* (zu *trabar*). Das Suffix ist nicht produktiv.

-ión, mit der gleichen Stammvariante wie oben bei *-or*: II. *ascender – ascensión, conceder – concesión, ofender – ofensión*; III. *agredir – agresión, comprimir – compresión, dividir – división, emitir – emisión, invadir – invasión*. So wie *ejecut-a-r – ejecut-or* wird auch *ejecut-a-r – ejecuc-ión* zerlegt, und entsprechend: *inventar – invención, proyectar – proyección, confesar – confesión, progresar – progresión*.

Die Bedeutung der meisten Wörter auf {-ción} wird in den Wörterbüchern mit 'acción y efecto de *x*' umschrieben, mit *x* als der vom Grundverb bezeichneten Handlung; z. B. *rectificación*: 'Acción y efecto de rectificar' (DRAE).

{-mient-} hat die Allomorphe *-mient-* und *-ment-*. Das Allomorph *-mient-* tritt regelmäßig an Verbstämme aller Konjugationsklassen; dabei wird die Stammerweiterung der II. Konjugation zu *i*; I. *-a-mient-o*: *alejamiento, alumbramiento, aprovechamiento*; II. *-i-mient-o*: *atrevimiento, conocimiento, crecimiento, establecimiento, florecimiento*; III. *-i-mient-o*: *aburrimiento, descubrimiento, hundimiento*. Das Allomorph *-ment-* findet man in ca. 20 geläufigen Substantiven (Rainer 1993: 607); I. *-a-ment-o*: *cargamento, destacamento, delineamento, reglamento, armamento, coronamento, ornamento*; II. – ; III. *-i-ment-o*: *bastimento, impedimento, pulimento, vestimento, pedimento*. In einigen Fällen stehen *-mient-* und *-ment-* in freier Variation: *pagamento/-miento, salvamento/-miento, compartimento/-miento, recudimento/-miento*.[43]

Die Ableitung mit *-mient-o* erfolgt regelmäßig von Verben auf *-ecer*: *establecimiento, florecimiento*; *-mient-o* ist auch dasjenige Aktionssuffix, das von parasynthetischen Verben mit *en-* oder *a-* bevorzugt wird: *encarcelamiento* (neben *encarcelación*), *enmudecimiento, ennoblecimiento, enorgullecimiento, engendramiento* (neben *engendración*), *encastillamiento, endeudamiento, agrupamiento* (neben *agrupación*), *ablandamiento*.

Die Bedeutung der meisten Wörter auf {-mient-} wird mit 'acción y efecto de *x*' angegeben, mit *x* als der vom Grundverb bezeichneten Handlung; z. B. *empequeñecimiento*: 'Acción y efecto de empequeñecer' (DRAE).

Nullsuffigierung. Die Ableitung geht vom nichterweiterten Stamm aus: *alivi-a-r →alivi-Ø-o*; *socorr-e-r → socorr-Ø-o*; *recib-i-r → recib-Ø-o*. Unter dem Ton diphthongiert der Stammvokal: *acert-a-r → aciert-Ø-o, cerr-a-r → cierr-Ø-e, encomend-a-r → encomiend-Ø-a*. Am produktivsten ist die Ableitung auf *-Ø-o* und *-Ø-e* (Lüdtke 1978: 316), bevorzugt werden Verben der I. Konjugation. Es folgen einige Beispiele (Lüdtke: a.a.O., Thiele 1992: 26–27):

---

43 Kontraste wie *apartamento/-miento* wurden bereits in I, 1.4. im Zusammenhang mit der Morphemdefinition diskutiert.

-Ø-o: I. *alivio, adelanto, retiro*; von Verben auf *-ear*: *acarreo, baileteo, bombardeo, franqueo, mareo, tuteo*; II. *socorro*; III. *consumo, recibo, reparto*; *-Ø-e*: I. *acuse, ajuste, alcance, cierre, corte, cruce, desarme, embalse, embarque, engrase, enfoque*; II. – ; III. *combate, debate*; *-Ø-a*: I. *baja, caza, cita, compra, condena, duda, excusa*, II. *contienda*, III. *riña* (von *reñir*).[44]

Die Bedeutung der auf diese Weise abgeleiteten Substantive lässt sich oft mit 'acción y efecto de *x*' wiedergeben; z. B. *alivio* 'Acción y efecto de aliviar o aliviarse' (DRAE).

In diesem Abschnitt wurden nur die häufigsten Verfahren der deverbalen Substantivableitung besprochen. Wenigstens erwähnt werden sollen aber noch die Morpheme {-dur-} mit *lig-a-dur-a, mord-e-dur-a, añad-i-dur-a, lec-tur-a, pint-ur-a* und {-nci-} mit *toler-a-nci-a, depend-e-nci-a, exist-e-nci-a*.

2.3.1.2. Derivation N –› N

Morphem	Allomorphe	Beispiele für das Vorkommen
{-aj-}	*-aj-*	*paisaje, plumaje*
{-er-}	*-er-*	*pastelero, jardinero, librero*
{-erí-}	*-erí-*	*pastelería, jardinería, librería*
{-ism-}	*-ism-*	*alcoholismo, confusionismo*
{-ist-}	*-ist-*	*artista, ilusionista, ajedrecista*

{-aj-} wird in aller Regel als *-aje* notiert; doch das *-e* von *-aje* trennen wir ab wie in allen Substantiven auf *-e*: *coch-e, cort-e, embals-e*, also auch *paisaj-e*. Diese Abtrennung wird auch gestützt durch Wörter wie *herbajero, bagajero, plumajero, pasajero, visajero, masajista, paisajista*.

Das Suffix *-aj-e* dient in erster Linie zur Bildung von Kollektiva wie *cordaje* 'Besaitung': *andamiaje, correaje, herbaje, plumaje, ramaje, ropaje*. Maßangaben: *porcentaje, metraje, octanaje, kilometraje*; Gebühren: *almacenaje, barcaje, camionaje, muellaje*. Verschiedenes: *aprendizaje, boscaje, caudillaje, personaje, paisaje*.

Deverbal sind *abordaje, aterrizaje, embalaje, hospedaje, pasaje* u. a.; zu *abordar, aterrizar, embalar, hospedar, pasar*. Rainer (1993: 598) trennt hier nicht *-aje*, sondern *-je* ab; *-a-* ist der Themavokal.

---

[44] Beispiele, die auf Konsonant auslauten, sind selten: *disfraz* (von *disfrazar*), *retén* (von *retener*), *sostén* (von *sostener*).

{-er-}. Die Semantik von *-er-o* ist breitgefächert; drei Bezeichnungsfelder sind vorherrschend: (1) Berufsausübende: *aduanero, archivero, banquero, basurero, cajero, camionero, cartero, guerrero, jardinero, relojero, zapatero*; (2) Behälter; Möbel u. ä.: *billetero, cenicero, fichero, joyero, monedero, palillero, perchero, ropero, servilletero*; (3) (Obst-)Bäume: *albaricoquero, bananero, melocotonero*. Einzelfälle: *compañero, sombrero* u. a. Berufsbezeichnungen auf *-era* (nach II, 2.2.: *-er-Ø-a*) gibt es im Prinzip zu allen entsprechenden Bildungen auf *-ero*: *aduanera, archivera* usw. Namen für Behälter sind *aceitera, cafetera, ensaladera, lechera, sopera*.

Eigentlich ist *-er-o/a* ein Adjektivsuffix, und die obigen Beispiele sind als Substantivierungen aufzufassen. So liest man im DRAE zu *aduanero/-a*: 'adj. Perteneciente o relativo a la aduana. 2. m. y f. Persona empleada en la aduana.' Auf der anderen Seite ist die Zahl der *-ero/-era*-Bildungen, die nur substantivisch auftreten wie *banquero* oder *ensaladera*, doch so groß, dass wir *-ero* und *-era* hier bei der Substantivderivation eigens vermerken. Zur Adjektivbildung s. 2.3.2.2.

{-erí-}. Das Suffix *-erí-a* ist eigentlich eine Folge aus zwei Suffixen: *-er-(o)* und *-í-a*: *zapato – zapatero – zapatería* (zu *-í-a* s. 2.3.1.3.). In der desubstantivischen Ableitung dient *-erí-a* vor allem zur Benennung von Berufen und Orten zu ihrer Ausübung; so enthält der DRAE s. v. *relojería* die Angaben: 'Arte de hacer relojes. 2. Taller donde se hacen o componen relojes. 3. Tienda donde se venden.' Weitere Beispiele sind *jardinería, librería, pastelería, peluquería*; ohne Zwischenstufe auf *-ero*: *orfebrería, sastrería*. Zur deadjektivischen Ableitung mit *-ería* s. 2.3.1.3.

{-ism-}. Mit Hilfe von *-ism-o* werden Namen von politischen, weltanschaulichen, künstlerischen usw. Richtungen gebildet: *anexionismo, budismo, impresionismo, marxismo, platonismo, proteccionismo, revanchismo, simbolismo, terrorismo, vanguardismo*. Zu den zahlreichen deadjektivischen Ableitungen mit *-ismo* s. 2.3.1.3.

{-ist-} wird normalerweise als *-ista* notiert. Die Abtrennung des *-a* als Klassifikator (II, 2.1.2. u. 2.3.1.) rechtfertigen wir mit *lingu-íst-ic-o, period-íst-ic-o, tur-íst-ic-o*.

Das Suffix *-ist-a* dient zum einen zur Bezeichnung von Angehörigen der verschiedensten Berufe, z. B. *acordeonista, acuarelista, ceramista, cuentista, ebenista, economista, ensayista, etimologista, fonetista, libretista, lingüista, maquinista, paisajista, retratista, telefonista, violoncelista*. Zum anderen dient *-ist-a* zur Bezeichnung von Anhängern einer politischen, philosophischen usw. Richtung; in dieser Funktion steht es in enger Beziehung zu *-ism-o*: *anexionista, budista, impresionista, marxista, reformista* usw. Zu den deadjektivischen Ableitungen mit *-ist-a* s. 2.3.1.3.

Viele Bildungen auf *-ist-a* können auch adjektivisch gebraucht werden: *partido socialista*. Hierzu s. o. die Bemerkungen bei {-dor}.

Die Suffixe *-ism-o* und *-ist-a* können als Ausgangspunkt der Ableitung ein Kompositum, ein Syntagma, sogar einen Satz akzeptieren: *librecambismo, frentepopulista, quiero-y-no-puedismo* (Rainer 1993: 565).

Appreziativsuffixe dienen der Ableitung von Diminutiven (*camioncito*), Augmentativen (*hombrón*) und Pejorativen (*casucha*). Ihnen ist weiter unten ein eigener Abschnitt gewidmet (2.3.5.).

2.3.1.3. Derivation A → N

Morphem	Allomorphe	Beispiele für das Vorkommen
{-idad}	*-idad*	*curiosidad*
	-edad	*cortedad*
	-dad	*maldad*
	-tad	*libertad*
{-ez}	*-ez*	*aridez, fluidez, acidez, timidez*
	-ez-	*alteza, bajeza, belleza*
	-ici-	*avaricia, franquicia*
{-í-}	*-í-*	*alegría, cobardía*
{-erí-}	*-erí-*	*pedantería, tontería*
{-ism-}	*-ism-*	*clasicismo, neutralismo*
{-ist-}	*-ist-*	*clasicista, neutralista*

In diesem Abschnitt werden einige Suffixe besprochen, die der Bildung von Nomina qualitatis wie *curiosidad* 'Neugier', *belleza* 'Schönheit' oder *alegría* 'Fröhlichkeit' dienen; außerdem bringen wir einige Ergänzungen zu *-ismo* und *-ista*.

{-idad}. Das Suffix hat die Allomorphe *-idad, -edad, -dad* und *-tad*. Von diesen ist *-idad* die häufigste und produktivste Variante: *absurdidad, celebridad, densidad, estabilidad, fertilidad, honestidad, mediocridad, serenidad*. Oft ist das Grundwort ein abgeleitetes Adjektiv, z. B. auf *-ble, -oso, -al, ´-ico, -ivo*: *amabilidad, culpabilidad, compatibilidad, belicosidad, nubosidad, cordialidad, formalidad, heroicidad, historicidad, agresividad, efectividad*.

Für das Auftreten von *-edad* lassen sich zwei Verallgemeinerungen aufstellen (Rainer 1993: 467): (a) das Grundwort ist ein zweisilbiges Adjektiv, (b) das Grundwort ist ein zwei- oder mehrsilbiges Adjektiv auf *-io*. Beispiele zu (a) sind *brevedad, brusquedad, cortedad, falsedad, gravedad, levedad, novedad*; als Ausnahmen zu (a) nennt Rainer *ambigüedad, antigüedad, enfermedad*. Beispiele zu (b) sind *propiedad,*

90

seriedad, sobriedad, variedad, arbitrariedad, contrariedad, notoriedad, voluntarie-dad. Nur in (b), also bei Adjektiven auf *-io*, ist *-edad* produktiv.

Die Varianten *-dad* und *-tad* beschränken sich auf wenige Bildungen und sind nicht produktiv; *-dad* tritt auf in *beldad, bondad, crueldad, desigualdad, maldad, verdad* u. a.; *-tad* in *lealtad, libertad.*

{-ez}. Wir fassen *-ez* und *-ez-* zu einem Morphem zusammen.[45] Dabei ist *-ez-a* weniger häufig als *-ez,* und *-ez-a* ist nicht mehr produktiv (Rainer 1993: 506).

Beispiele zu *-ez* sind *altivez, amarillez, escasez, estrechez, pesadez, plebeyez, testarudez, vejez, viudez* u. a. Auffällig ist die häufige Ableitung von Grundwörtern auf *´-ido: ácido – acidez, árido – aridez,* ebenso: *esplendidez, estupidez, fluidez, frigidez, lucidez, nitidez, rapidez, rigidez, sordidez, validez.*

Beispiele zu *-ez-a* sind *agudeza, bajeza, belleza, certeza, crudeza, dureza, franqueza, grandeza, guapeza, ligereza, lindeza, llaneza, terneza, torpeza.*

{-í-}. Deadjektivische Substantive auf *-í-a* sind *alegría, cercanía, cobardía, cortesía, falsía, lejanía, mayoría, paganía, rebeldía, sequía* u. a. (Lüdtke 1978: 401–402); von Adjektiven auf *-er-o* sind abgeleitet: *artería, grosería, sensiblería* u. a.[46]

{-erí-}. Das Suffix *-erí-a* ist, wie schon gesagt, ursprünglich eine Verbindung der Suffixe *-er-(o)* und *-í-a: sensible – sensiblero – sensiblería.* Es dient vor allem zur Ableitung von Substantiven, die sich auf (negative) Charaktereigenschaften beziehen (Lüdtke 1978: 396–397): *charlatanería, fanfarronería, glotonería, pedantería, tontería* u. a. Das Fehlen der Zwischenstufe *charlatanero, *fanfarronero usw. ist ein Beleg für die Verschmelzung von *-er-(o)* und *-í-a* zu *-erí-a.*

{-ism-}. Zu den in 2.3.1.2. erwähnten Bezeichnungen von politischen, weltanschaulichen, künstlerischen usw. Richtungen sind als deadjektivische Ableitungen zu ergänzen: *catolicismo, clasicismo, colectivismo, humanismo, mercantilismo, empirismo, neutralismo, romanticismo, socialismo.* Die Derivationsbasis auf *´-ico* kann gekürzt sein oder nicht, man vergleiche *empírico – empirismo* mit *clásico – clasicismo.*

{-ist-}. Das Derivat bezeichnet in der Regel einen Anhänger einer Geisteshaltung, die durch das Ausgangsadjektiv näher charakterisiert ist: *mercantilista, modernista, neutralista, existencialista, humanista, socialista*; ein Einzelfall ist *electricista.*

---

[45] Als drittes Allomorph kann man *-ici-*, das gelehrte Gegenstück zum volkstümlichen *-ez-*, anführen (lat. *-itia*). Beispiele sind *avaricia, franquicia, justicia, malicia.* Das Suffix ist nicht produktiv.
[46] Auch in desubstantivischen Ableitungen kommt *-í-a* vor, besonders in Statusbezeichnungen wie *abadía, alcaldía, alferecía, ayudantía, capitanía, hidalgía* u. a.

2.3.2. Adjektivderivation

2.3.2.1. Derivation V –› A

Morphem	Allomorphe	Beispiele für das Vorkommen
{-bl-}	-bl- -bil- -ibl- -ibil-	*amable, temible, definible* *amabilidad, disponibilidad* *conductible* *conductibilidad*
{-nt-}	-nt-	*tolerante, dependiente*

{-bl-} hat die Allomorphe *-bl-* und *-ibl-*, ferner *-bil-* und *-ibil-*. Die ersten beiden Allomorphe werden üblicherweise als *-ble, -ible* notiert, doch ist das eigentliche Derivationssuffix *-bl-, -ibl-*, denn das *-e* lässt sich wie bei allen anderen Adjektiven auf *-e* abtrennen: *verd-e, dependient-e*, also auch *lavabl-e*.

Die Variante *-bl-e* tritt an Stämme der I., II. und III. Konjugation; dabei wird die Stammerweiterung der II. Konjugation zu *i*: I. *agradable, censurable, clasificable, desmenuzable, perdonable, regulable, reprochable* u. v. a.; II. *absorbible, bebible, creíble, defendible, placible, temible, vencible* u. a.; III. *concebible, conducible, confundible, corregible, definible, discernible, discutible, inscribible, lucible, oíble, punible, referible, sufrible, teñible, unible* u. a.

In einer Reihe von Wörtern erklärt sich die Form der Basis aus der Form des lat. Partizips: (a) *concebir – conceptible* (neben *concebible*), *conducir – conductible* (neben *conducible*), *corromper – corruptible*, (b) *admitir – admisible, ceder – cesible, comprender – comprensible, comprimir – compresible, dividir – divisible, expandir – expansible, ver – visible*; (c) *combusto – combustible, digerir – digestible* (neben *digerible*). Hier ist *-ibl-e* abzutrennen.

Kurzum, nicht alle Adjektive auf *-ible* werden auf die gleiche Weise zerlegt: *conduci-bl-e* wie *conduci-r, conduct-ibl-e* wie *conduct-o*. Noch in einem anderen Fall ist die Abtrennung von *-abl-e, -ibl-e* statt *-bl-e* gerechtfertigt, nämlich bei einer substantivischen Derivationsbasis: *rectorable, deshonrible*.

Die Varianten *-bil-* und *-ibil-* treten auf, wenn ein gelehrtes Suffix folgt, z. B. in *am-a-bil-idad, prob-a-bil-ism-o, conduct-ibil-idad, sens-ibil-iz-a-r*.

Die Bedeutung des Suffixes kann aktivisch oder passivisch sein. Passive Bedeutung haben die von transitiven Verben abgeleiteten Adjektive wie *lavable, justificable, bebible, defendible*: 'que puede ser lavado' etc. Aktive Bedeutung haben die von intransitiven Verben gebildeten Adjektive wie *agradable, durable, pasable, perdurable, placible, servible, variable*: 'que puede agradar' usw.

{-nt-}. Die Derivationsbasis ist bei Verben der I. Konjugation unverändert: *chocar – chocante*, in der II. und III. erscheint die Stammerweiterung als *-e-* oder *-ie-*: *exceder – excedente, depender – dependiente, dirigir – dirigente, vivir – viviente, convenir – conveniente*. Bei Verben auf *-ecer* steht in aller Regel *-ie-*: *perteneciente*; bei Verben, deren nichterweiterter Stamm vokalisch auslautet, *-ye-* (= /je/, s. S. 63, Fn.): *atrayente, contribuyente, creyente, concluyente, constituyente* usw.

Es gibt zwar zahlreiche Bildungen auf *-nt-e*, z. B. *agobiante, alarmante, asfixiante, apasionante, chocante, convincente, desesperante, excitante, frustrante*, aber doch bei weitem nicht zu allen Verben: **casante, *descafeinante, *paginante*. Deshalb gelten die Wörter auf *-nte* nicht als Verbformen, sondern als selbständige Adjektive, obwohl es sich historisch um Reste des Partizips Präsens handelt. Viele Adjektive können substantiviert werden (*creyente, dependiente*), manche werden wohl fast nur als Substantive verwendet: *cantante, comerciante, estudiante, fabricante, teniente*.

2.3.2.2. Derivation N → A

Morphem	Allomorphe	Beispiele für das Vorkommen
{-al}	*-al*	*profesional, ministerial*
	-ar	*circular, familiar*
{´-ic-}	/'…-ik-/	*atómico, histórico*
	/-iθ-/	*historicidad, historicismo*
{-er-}	*-er-*	*guerrero, lechero*
{-os-}	*-os-*	*nuboso, espumoso*

{-al} hat die Allomorphe *-al* und *-ar*. In erster Näherung gilt, dass *-ar* auftritt, wenn die Basis ein *-l-* oder *-ll-* enthält (*escuela – escolar, estrella – estrellar*), sonst *-al*. Zu dieser Grundregel bedarf es noch gewisser Einschränkungen, um *-al* in Wörtern wie *elemental, lineal, salival* zu erklären; hierzu s. Solé (1966: 14), Rainer (1993: 409).

Beispiele zu *-al* sind *elemental, formal, hexagonal, lineal, marginal, original*. Oft ist die Derivationsbasis des Adjektivs formal deutlich verschieden vom Substantiv, auf das es sich bezieht: *brazo – braquial, dedo – digital, domingo – dominical, hijo – filial, lado – lateral, monje – monacal, nombre – nominal, raíz – radical*. In all diesen Paaren handelt es sich um ein erbwörtliches Substantiv und ein aus dem Lateinischen entlehntes Adjektiv (s. 2.2.2.): *braz- ~ braqui-, ded- ~ digit-, doming- ~ dominic-, hij- ~ fili-, lad- ~ later-, monj- ~ monac-, nombr- ~ nomin-, raíz ~ radic-*.

Beispiele zu *-ar* sind *consular, estrellar, familiar, globular, lunar, molecular, particular, polar, pulmonar, vulgar*.

Die Grundbedeutung lässt sich wohl nur sehr allgemein charakterisieren; *-al*: "En adjetivos, significa generalmente relación o pertenencia"; *-ar*: "En los adjetivos significa condición o pertenencia" (DRAE).

{´**-ic-**} hat zwei Allomorphe: /'…-ik-/ und /-iθ-/. Der Wechsel von /k/ zu /θ/ tritt ein, wenn ein mit /i/ beginnendes Suffix folgt: *historicidad, historicismo, historicista*.

Auch für ´*-ic-o/a* lässt sich keine präzise Bedeutung angeben: "Indica relación con la base derivativa" (DRAE). Beispiele sind *atómico, bíblico, céntrico, escénico, faraónico, folklórico, histórico, pedagógico*; von Personennamen abgeleitet sind *aristotélico, homérico, mefistofélico, salomónico*, von Volks- bzw. Ländernamen: *balcánico, británico, céltico, germánico, hispánico, ibérico*.

{**-er-**}. Beispiele für adjektivbildendes *-er-o/a* sind *aduanero, algodonero, azucarero, frutero, guerrero, lechero, minero, zapatero*. Die Grundbedeutung ist 'perteneciente o relativo a *x*', wobei *x* für das vom Grundwort Bezeichnete steht; z. B. *algodonero*: 'Perteneciente o relativo al algodón' (DRAE). Die ausgeprägte Neigung dieser Adjektive zur Substantivierung wurde schon besprochen (2.3.1.2.).

Zum Verhältnis zwischen dem volkstümlichen *-er-o* und seinem gelehrten Gegenstück *-ari-o* s. Laca (1986: 530–541).[47]

{**-os-**}. Die Derivationsbasis kann gegenüber dem Grundwort verändert sein. Zum einen tritt das Suffix manchmal an das lateinische Äquivalent eines volkstümlichen Stamms: *cobre – cuproso, hierro – ferroso, pueblo – populoso*. Zum anderen werden mitunter Teile des vorangehenden Suffixes getilgt, z. B. *-ad* von *-tad* wie bei *amistoso, dificultoso*, oder *-ón* von *-ción* wie bei *ambicioso, pretencioso, religioso*.

Die Grundbedeutung ist 'reich an *x*': *aceitoso, ambicioso, avaricioso, boscoso, famoso, grasoso, huesoso, lagrimoso, musculoso, nuboso*; die Bedeutung 'zu *x* geneigt' liegt vor in *ceremonioso, chistoso, gastoso, laborioso, lamentoso*.

2.3.2.3. Derivation A → A

{**-ísim-**} hat die Allomorphe *-ísim-* und ´*-im-*.[48] Während *-ísim-o/a* an nahezu jeden Adjektivstamm angefügt werden kann, kommt ´*-im-o/a* nur in einigen Latinismen vor: *célebre – celebérrimo, íntegro – integérrimo, libre – libérrimo, mísero – misérrimo, pobre – paupérrimo* u. a. Nicht zerlegbar sind *óptimo, pésimo* u. a.

---

[47] Beispiele zu *-ari-o* sind *bancario, disciplinario, expedicionario, fraccionario, revolucionario*.
[48] Im Span. ist die Zerlegung der Wörter auf *-errimo* problematisch, im Lat.: *liber – liber-rim-(us)*.

Obwohl die Bedeutung des Suffixes ('in hohem Maße *x*') nahelegt, dass es nur bei steigerbaren Adjektiven auftreten kann (*buenísimo, feísimo, guapísimo, riquísimo, utilísimo*), lassen sich Beispiele für seine "emphatische" Anfügung an Adjektive finden, die eigentlich keine Intensivierung zulassen: *castellanísimo, casadísimo, exclusivísimo, principalísimo, solterísimo* u. a. (Rainer 1993: 555).

Approximativsuffixe. Es gibt eine Reihe von Suffixen, die eine Tendenz zu einer Eigenschaft ausdrücken (deutsch: '-lich', wie z. B. in *rötlich*). Sie verbinden sich hauptsächlich mit Farbadjektiven: *rojizo, blanquecino, negruzco, verduzco, verdino, verdoso, azulado, azulenco, azulino*.

Appreziativsuffixe gibt es auch im Bereich der Adjektivbildung: Diminutive (*pobrecito*), Augmentative (*grandote*) und Pejorative (*blanducho*), s. u., 2.3.5.

2.3.3. Adverbderivation

{-mente} unterscheidet sich von den anderen Derivationssuffixen in mancher Hinsicht: (1) *-mente* ist das einzige Suffix, dessen Derivationsbasis ein flektiertes Wort ist, nämlich die Femininform des Adjektivs: *claramente*.[49] (2) *-mente* kann sich auf mehrere koordinierte Basen zugleich beziehen: *clara y distintamente*. (3) Der Akzent des Adjektivs bleibt als Nebenton beim Adverb erhalten, seine graphische Wiedergabe ebenfalls: *cortés – cortésmente, estilística – estilísticamente*.

2.3.4. Verbderivation

2.3.4.1. Derivation V → V

Um Verben von Verben abzuleiten, gibt es eine große Zahl von Suffixen mit eher unbestimmter Semantik, die Zahl der Bildungen mit jedem einzelnen Suffix ist jedoch begrenzt. Manche Verben haben eine pejorative Nuance: *apretujar* ('zerknautschen', von *apretar*), *lloriquear* ('wimmern', von *llorar*), *pintarrajear* ('klecksen', von *pintar*). Andere Verben bezeichnen eine (wiederholte) Handlung, die mit geringer Intensität ausgeführt wird: *comiscar* ('naschen', von *comer*), *corretear* ('herumlaufen', von *correr*), *mordiscar* ('knabbern', von *morder*). Die Grenzen sind fließend, so lässt sich *lloriquear* beiden Gruppen zuordnen; der DRAE gibt an: 'Llorar

---

[49] Die *mente*-Adverbien gehen auf eine lat. Ablativkonstruktion mit dem Subst. *mens, mentis* f. zurück: *clara mente* usw.

sin fuerza y sin bastante causa.' Manche Autoren zählen derartige Verbalsuffixe zu den appreziativen (Pena 1993: 268ff.), andere nicht (RAE 2009: 630, § 9.1i).

2.3.4.2. Derivation N → V

Morphem	Allomorphe	Beispiele für das Vorkommen
{-ific-}	*-ific-*	*glorificar, versificar, saponificar*
{-iz-}	*-iz-*	*atomizar, carbonizar*
{-e-}	*-e-*	*discursear, boicotear*
{-Ø-}	*-Ø-*	*cocinar*

{-ific-}. Das Verbum kann als Derivationsbasis die volkstümliche Form, wie sie im Grundwort vorliegt, beibehalten (*heno → henificar*) oder aber durch die gelehrte Variante ersetzen: *piedra → petrificar, jabón → saponificar*. Oft steht das Verb auch direkt zu einem Latinismus in Beziehung: *signo → significar*.

Semantisch lassen sich folgende Gruppen unterscheiden: (1) 'zu *x* machen': *gasificar, mitificar, panificar, petrificar, saponificar*; (2) 'mit *x* versehen': *electrificar, glorificar, planificar*; (3) verschiedene: *modificar, personificar, significar*.

{-iz-}. Bei den Verben auf *-iz-a-r* lassen sich die gleichen Bedeutungsgruppen wie bei *-ific-a-r* ausmachen: (1) 'zu *x* machen': *capitalizar, carbonizar, colonizar, cristalizar, esclavizar*; (2) 'mit *x* versehen': *canalizar, estigmatizar, motorizar, valorizar*; (3) verschiedene: *autorizar, canonizar, estilizar, economizar, horrorizar, hospitalizar, tiranizar*.

{-e-}. Für Verben auf *-e-(a-r)* ist es nicht möglich, eine einheitliche Klassenbedeutung oder wenigstens eine überschaubare Einteilung in semantische Gruppen anzugeben: *boicotear* ('boykottieren'), *bromear* ('scherzen'), *discursear* ('große Reden halten'), *papelear* ('Papiere durchsehen'); 'den Körperteil *x* bewegen': *alear, cabecear, codear, colear, palmear*.[50]

Nullsuffigierung. Die Verben, die durch Anfügung von *-Ø-a-r* gebildet werden, gehören verschiedenen Bedeutungsgruppen an: (1) 'mit *x* versehen': *aceitar, alfombrar, alimentar, armar*; (2) 'mit *x* etwas tun': *abanicar, anclar, catapultar, dinami-*

---

[50] Zwar ist *-e-a-r* das volkstümliche Gegenstück zum gelehrten *-iz-a-r* (lat. *-idiare/-izare*), doch gibt es synchronisch keinen Grund, hier eine Allomorphiebeziehung anzunehmen, denn ein gemeinsamer Bedeutungskern ist nicht zu erkennen.

tar, frenar, fusilar; (3) 'zu *x* machen': *acerar, amalgamar, compendiar, diptongar, doctorarse*; (4) 'nach oder in *x* bringen': *almacenar, archivar*, übertragen auch *inventariar, listar, registrar*; (5) 'als oder wie ein *x* handeln': *arbitrar, pilotar, regentar*; (6) 'die Handlung *x* durchführen': *batallar, conferenciar*, von Subst. auf *-ción*: *confeccionar, evolucionar, reaccionar, seleccionar, traicionar*; (7) verschiedene: *causar, odiar, razonar*.

2.3.4.3. Derivation A → V

Morphem	Allomorphe	Beispiele für das Vorkommen
{-ific-}	*-ific-*	*santificar, simplificar*
{-iz-}	*-iz-*	*estabilizar, humanizar, nacionalizar*
{-e-}	*-e-*	*amarillear, negrear*
{-Ø-}	*-Ø-*	*activar, ampliar*

Zum Suffix *-ec-(e-r)*, das in der Parasynthese eine große Rolle spielt, verweisen wir auf 4.3.

{-ific-} ergibt, an Adjektivstämme gefügt, Verben mit der Grundbedeutung 'mit der Eigenschaft *x* versehen': *amplificar, beatificar, clarificar, densificar, dignificar, diversificar, fortificar, intensificar, purificar, rusificar*; eine Eigenschaft zusprechen: *santificar, simplificar*; noch stärker lexikalisiert sind *bonificar, cuantificar, gratificar, justificar, magnificar, rectificar*. Zwar gibt es viele ältere Bildungen mit *-ificar*, doch ist das Suffix heute kaum noch produktiv (Nord 1983: 39, Rainer 1993: 535).

{-iz-} dient ebenfalls der Ableitung von Verben mit der Bedeutung 'mit der Eigenschaft *x* versehen'; Beispiele sind *anonimizar, colectivizar, fertilizar*. Oft erfolgt die Ableitung von Adjektiven auf *-al, -il, -ble, -ano, -ar, ´-ico* (Rainer 1993: 592): *normalizar, fertilizar, estabilizar, italianizar, vulgarizar*; *´-ic-* wird getilgt: *católico – catolizar, fanático → fanatizar*.

{-e-}: Neben einer Reihe von Einzelfällen wie *escasear* ('spärlich vorhanden sein'), *menudear* ('häufig vorkommen'), *redondear* ('abrunden') lassen sich zwei Gruppen ausmachen: (1) 'die Farbe *x* annehmen/zeigen' *amarillear* ('vergilben'), *blanquear* (itr. 'weiß werden', tr. 'weiß machen'), *negrear* ('schwarz werden'), *verdear* ('grün schimmern'); (2) 'die (negative) Charaktereigenschaft *x* an den Tag legen': *coquetear, galantear, gallardear, glotonear, holgazanear, vaguear*. Nach Nord (1983: 40) ist das Suffix heute kaum noch produktiv (vgl. dagegen Rainer 1993: 460).

Nullsuffigierung. Die Verben, die durch Anfügung von *-Ø-a-r* gebildet werden, sind überwiegend faktitive Verben ('mit der Eigenschaft *x* versehen'): *activar, ampliar, bajar, calentar, calmar, cautivar, cegar (ciego), concretar, contentar, doblar, domesticar, estrechar, igualar, inquietar, (in-)validar, liberar, limpiar, llenar, precisar, publicar, secar, uniformar*; Ausnahmen sind *frecuentar, importunar* u. a.

2.3.5. Appreziative Suffigierung

In diesem Abschnitt wird eine Gruppe von Suffixen gesondert betrachtet, die überwiegend den Schemata N → N und A → A zuzuordnen sind: die Appreziativsuffixe.[51] Traditionell werden diese Suffixe unterteilt in diminutive, augmentative und pejorative. Ein Diminutivsuffix ist z. B. *-it-o* wie in *banquito* ('kleine Bank'), ein Augmentativsuffix ist *-az-o* wie in *perrazo* ('großer Hund'), ein Pejorativsuffix ist *-ac-o* wie in *libraco* ('schlechtes Buch, Schundroman').

Zwar gehören die meisten Appreziativsuffixe auch der Standardsprache an, doch ist besonders die Umgangssprache durch die Verwendung von Appreziativen gekennzeichnet (Gooch 1967: 14ff.). Für bestimmte Diminutive gibt es regionale Präferenzen, so z. B. für *-ic-o, -ic-a* Aragón und Navarra; für *-ín, in-a* Asturien (Gooch 1967: 25–26); eine Erörterung dieser Fragen geht jedoch über den Rahmen dieser Einführung hinaus, s. Vorbemerkung.

2.3.5.1. Allgemeine Charakteristik

In der Literatur (u. a. Lang 1990: 91ff.; RAE 2009: 627ff.) werden folgende Unterschiede zwischen den appreziativen und den übrigen Suffixen, die man als "nicht-appreziativ" bezeichnen kann, genannt:

1. Appreziativsuffixe verändern die Bedeutung des Grundworts nur marginal (Lang 1990: 91: "in some sort of subjective emotional way").[52]
2. Appreziativsuffixe bewirken niemals den Übergang in eine andere Wortart.
3. Appreziativsuffixe, die an Substantivstämme treten, verändern in der Regel das Genus des Grundwortes nicht.
4. Appreziativsuffixe können miteinander kombiniert oder auch wiederholt angefügt werden.

---

[51] Statt "appreziativ" (Seco 1989, Miranda 1994, de Bruyne 2002, RAE 2009) findet man auch die Bezeichnungen "evaluativ" (Scalise 1984, Rainer 1993), "emotiv" (Lang 1990, Hualde et al. 2010) oder "quantifizierend-qualifizierend" (Thiele 1992, Berschin et al. 2005).

[52] Das gilt natürlich nur für die transparenten (d. h. nicht-lexikalisierten) Bildungen.

Bedeutung. Es ist bekannt, dass die Bedeutung eines Diminutivsuffixes nicht nur die der Verkleinerung, die Bedeutung eines Augmentativsuffixes nicht nur die der Vergrößerung ist. Mindestens ebenso wichtig sind die subjektiven Einstellungen gegenüber dem Bezeichneten, die der Sprecher kundtun kann, wobei die Grundtendenz die ist, dass Diminutive eher eine positive Einstellung zum Ausdruck bringen, Augmentative eher eine negative. Gooch differenziert:

> Thus *-ito*, basically a diminutive suffix, is more often than not used to express affection rather than diminution, is sometimes used to stress or underline a word in such a way as to imply almost augmentative force, and can even be used ironically with strong pejorative implications. *-illo*, again fundamentally a diminutive, has a definite pejorative bias, which does not, however, prevent its being used on occasion with affectionate intention. *-ón*, despite its pejorative tendency, is often used to augment meanings that are favourable and can also attenuate and even have diminutive force. And *-azo* can stress equally what is favorable and what is not. (Gooch 1967: 5)

Außerdem haben die Appreziativbildungen eine Neigung zur Lexikalisierung bis hin zur völligen Demotivierung. Bei manchen Suffixen ist diese Tendenz ausgeprägter als bei anderen; unter den Diminutivsuffixen zeigt *-ill-o* die größte Neigung zur Lexikalisierung, man vergleiche *bolsillo* ('Hosentasche') mit *bolsito* ('kleine Handtasche'), *palillo* ('Zahnstocher') mit *palito* ('Stöckchen'). Weitere Beispiele sind *hornillo* ('Herd, Kochplatte', von *horno* 'Backofen') oder *panecillo* ('Brötchen').

Wortartkonstanz. Dass die Anfügung eines Appreziativsuffixes keinen Übertritt in eine andere Wortart bewirkt, ist kein scharfes Abgrenzungsmerkmal, denn es gibt auch nicht-appreziative Suffixe wie *-erí-a* und *-ism-o*, bei deren Anfügung die Wortart erhalten bleibt (wenn auch nicht in allen Fällen).

Genustransparenz. Während die Appreziativbildungen normalerweise das Genus des Grundwortes annehmen (*libro – librito, mesa – mesita*),[53] gibt es auch Abweichungen von dieser Regel, besonders im Bereich der Augmentativa: *calle → callejón, mancha → manchón, broma → bromazo, torta → tortazo* (Gooch 1967: 32); pejorativ: *aldea → aldeorro, cama → camastro*; diminutiv: *lista – listín*.

Wie Lang (1990: 100) betont, ist die Tendenz zur Lexikalisierung stärker ausgeprägt bei Bildungen mit Genuswechsel: *libreta* (u. a. 'Sparbuch') gegenüber *librito*, beide von *libro* 'Buch'; *zapatilla* ('Pantoffel') gegenüber *zapatito*, beide von *zapato*

---

[53] Das bedeutet, dass ein- und dasselbe Appreziativsuffix mit verschiedenen Klassifikatoren ("word markers") auftritt, und zwar je nach Genus des Grundworts: *-it-o, -it-a; -et-e, -et-a; -ón, -on-a*; z. B. *niño – niñito, niña – niñita, jefe – jefecito, madre – madrecita*. In einigen Fällen ist aber die Wahl des Klassifikators nicht vom Genus, sondern vom Auslaut des Grundworts bestimmt: *atleta – atletita* (nicht: **atletito*), *cometa – cometita* (nicht: **cometito*), s. Lázaro Mora (1999: 4657).

'Schuh'. Nur bei dem Augmentativsuffix *-ón* gibt es viele Ableitungen mit Genus-wechsel, die transparent sind: *cabeza – cabezón* u. v. a. (RAE 2009: 638, § 9.3i).

Suffixhäufung. Verschiedene Appreziativsuffixe können hintereinander angefügt werden: *chico → chiquito → chiquitillo* (zweimal Diminutiv), *plaza → plazuela → plazoleta → plazoletilla* (dreimal Diminutiv; de Bruyne 2002: 602), *hombre → hom-bracho → hombrachón* (zweimal Augmentativ), *escoba → escobilla → escobillón* (erst Diminutiv-, dann Augmentativsuffix), *sala → salón → saloncillo* (erst Augmen-tativ-, dann Diminutivsuffix). Im Prinzip gibt es keine Beschränkungen, was die Ab-folge der Suffixe angeht, aber bestimmte Kombinationen sind häufiger als andere, z. B. *-ete + -ón* oder *-ón + -azo*: *guapetón, cobardonazo* (RAE 1931: 23; Lang 1990: 93). Dasselbe Suffix kann auch wiederholt werden: *chico → chiquito → chiquitito*, *poco → poquito → poquitito* (Thiele 1992: 66).

2.3.5.2. Beschreibung einzelner Appreziativbildungen

Diminutive. Die wichtigsten Diminutivsuffixe sind *-it-o* und *-ill-o*. Am weitesten verbreitet ist *-it-o*: "*-ito* is the standard diminutive suffix, widely used, the least re-gionally marked, and the least inherently pejorative" (Lang 1990: 103).

Wie bereits gesagt, zeigen Diminutivsuffixe häufig an, dass das Bezeichnete im Auge des Sprechers niedlich, sympathisch, angenehm usw. ist. So bedeutet nach Gooch (1967: 6) *un pueblecito*: 'a nice little village', *una niñita*: 'an attractive little child'. Andere Bedeutungsnuancen sind aber keinesfalls ausgeschlossen: *gentecilla* 'Gesindel', *solito* 'ganz allein'.

Unter bestimmten Bedingungen[54] treten verlängerte Formen auf: *avioncito, mese-cito, piececito*. Grundsätzlich sind zwei Analysen möglich: (a) Zwischen die Deriva-tionsbasis und das Suffix tritt ein Interfix *-c-, -ec-, -cec-*; (b) manche Suffixe haben mehrere Allomorphe, z. B. {*-it-*}: *-it-, -cit-, -ecit-, -cecit-*. Wie so oft, muss man hier eine feinere Segmentierung gegen mehr Allomorphie abwägen. Da Elementen wie *-ec-* keine Bedeutung und auch keine grammatische Funktion zugeschrieben werden kann, entscheiden wir uns für die Allomorphielösung.

---

54 Die Regeln sind äußerst kompliziert und kennen viele Ausnahmen. Man findet sie u. a. bei Carta-gena/Gauger (1989, II: 272–273). Die *-c*-Erweiterung tritt bei mehrsilbigen Wörtern auf *-n* oder *-r* ein: *corazoncito, mujercita*; die *-ec*-Erweiterung (1) bei einsilbigen Wörtern auf Konsonant: *pane-cillo, florecita*; (2) bei zweisilbigen Wörtern auf *-e*: *bailecito, navecilla*; (3) bei zweisilbigen Wör-tern, deren erste Silbe den Diphthong *ei, ie, ue* enthält: *reinecita, hierbecilla*; (4) bei zweisilbigen Wörtern, deren zweite Silbe den Diphthong *ia, io, ua* enthält: *bestiecita, lenguecita*.

Die Derivationsbasis ist normalerweise substantivisch, kann aber auch adjektivisch oder adverbial sein. Wir demonstrieren dies am Beispiel *-(e)(c)it-o/a*; N: *arbolito, animalito, jaulita, pajarito; corazoncito, mujercita; mesecito, florecita*; A: *baratito, poquito, solito*; Adv: *ahorita, ahora mismito, cerquita, deprisita, despacito, hasta luegito*, Gerundium: *callandito*.

Weitere Diminutivsuffixe sind *-(e)(c)ill-o/a*: *hornillo, casilla, maquinilla; jardincillo, rinconcillo; panecillo, hierbecilla*; *-et-e/a*: *palacete, historieta; calvete/a, regordete/a, vejete/a*, *-uel-o/a*: *rapazuelo, aldehuela*; *-ín*: *espadín, peluquín*. Eine reiche Fülle von Beispielen findet man bei Gooch (1967).

Augmentative. Am häufigsten sind *-azo, -ón* und *-ote*. Augmentativbildungen haben oft (nicht immer!) eine pejorative Nuance; so kann *cabezón* nicht nur 'großer Kopf', sondern auch 'Dickkopf' heißen, dagegen bedeutet *mujerona* 'große, stattliche Frau'. Augmentativbildungen können unterschiedlich stark lexikalisiert sein: *silla* 'Stuhl' → *sillón* 'Sessel', *cintura* 'Taille' → *cinturón* 'Gürtel'. Die Derivation erfolgt von Substantiven und Adjektiven; von Substantiven: *-ón, -on-a*: *hombrón, cabezón, mujerona*; *-az-o/a*: *animalazo, perrazo, caraza*; *-ot-e/a*: *librote, cabezota*; von Adjektiven: *-ón, -on-a*: *cobardón, facilón, torpón*; *-az-o/a*: *muchazo, golosazo*.[55]

Pejorative. Es gibt eine recht große Anzahl von Pejorativsuffixen, von denen jedoch keines besonders häufig verwendet wird. *-ac-o*: *libraco* 'schlechtes Buch', *pajarraco* 'großer, hässlicher Vogel'; *-ach-o/a*: *vulgacho* 'Pöbel, Mob'; *-uc-o/a*: *frailuco* 'elender Mönch', *mujeruca* 'liederliche Weibsperson'; *-uch-o/a*: *calducho* 'schlechte Brühe', *animalucho* 'hässliches Tier', *casucha* 'kümmerliche Hütte'; *-uz-o/a*: *gentuza* 'Pöbel, Pack'; *-ej-o/a*: *caballejo* 'elendes Pferd'; *-orri-o*: *villorrio* 'Kaff, kleines, elendes Nest', *aldeorr(i)o* 'kleines, unansehnliches Dorf'; *-astr-o*: *poetastro* 'Dichterling, Reimeschmied', *camastro* 'elendes Bett'; Auch bei den Pejorativa findet man die deadjektivische Ableitung: *ricacho, ricachón* ('stinkreich').

Die Literatur zur appreziativen Suffigierung ist umfangreich. Genannt seien hier nur: Gooch (1967), Lang (1990, Kap. 4), Lázaro Mora (1999), de Bruyne (2002, Kap. XIV), RAE (2009, Kap. 9). Zur Appreziativsuffigierung bei Verben s. Pena (1993: 268ff.) und Lázaro Mora (1999: 4648ff.).

---

55 Wenn man die Wortartkonstanz zu den Definitionsmerkmalen der Appreziativsuffigierung zählt (2.3.5.1.), gehören folgende Bildungen auf *-ón* nicht zu den Augmentativen: (1) deverbale Adjektive/Substantive, welche die Neigung zu einer Verhaltensweise ausdrücken: *abusar → abusón* 'schmarotzerhaft, Schmarotzer', *llorar → llorón* 'weinerlich, Heulsuse', *responder → respondón* 'frech, frecher Mensch'; (2) deverbale Substantive, die ein plötzlich eintretendes Ereignis bezeichnen, wie *apagar → apagón* 'Stromausfall', *empujar → empujón* 'Stoß', *tropezar → tropezón* 'Stolpern'. Hierzu s. auch RAE (2009: 630, § 9.1i).

3. Präfigierung

3.1. Allgemeines zur Präfigierung

Präfigierung ist die Anfügung eines Präfixes an einen Wortstamm: *autor* –› *coautor*, *fiel* –› *infiel*, *hinch-(a-r)* –› *deshinch-(a-r)*. Im Spanischen dienen alle Präfixe der Wortbildung; es gibt keine Flexionspräfixe.

Es sei betont, dass die Präfigierung nicht etwa in der Anfügung eines Präfixes an eine Flexionsform zu sehen ist, z. B. von *des-* an die Adjektivform *honesto* oder die Verbform *obedecer*, sondern in der Anfügung eines Präfixes an einen Stamm. Der Ableitungsprozess führt also vom Stamm *honest-* zum Stamm *deshonest-*, vom (nichterweiterten) Stamm *obedec-* zum (nichterweiterten) Stamm *desobedec-*:

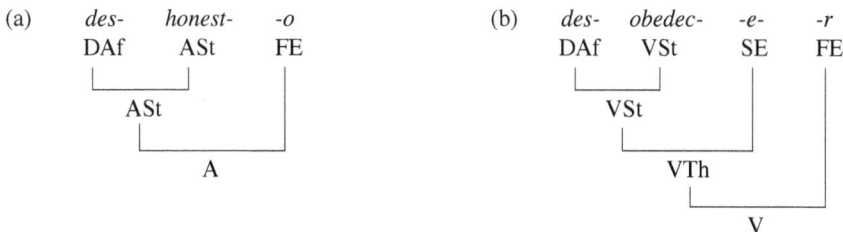

```
(a)   des-    honest-    -o              (b)   des-    obedec-    -e-    -r
      DAf     ASt        FE                    DAf     VSt        SE     FE
      └────────┘          │                    └────────┘
           ASt            │                         VSt
           └──────────────┘                         └──────────────┘
                   A                                       VTh
                                                           └───────────┘
                                                                 V
```

Diese Analysen sind im ersten Teil begründet worden (I, 3.2.; Prinzip 5). Wir rufen die Argumente in Erinnerung: (1) Würde man das Präfix als zuletzt angefügtes Element betrachten, so müsste man für jede einzelne Flexionsform einen eigenen Präfigierungsprozess postulieren. (2) Alle Wortbildungsprozesse werden nach dem gleichen Schema beschrieben: Wortbildung "innen" – Flexion "außen"; *des-honest-(o)* wird von *honest-(o)* wie *amarill-os-(o)* von *amarill-(o)* gebildet, *des-obedec-(e-r)* von *obedec-(e-r)* wie *mord-isc-(a-r)* von *mord-(e-r)*. (3) Bei Verben geht die Präfigierung vom nichterweiterten Stamm aus; diese Analyse wird durch Ableitungsreihen wie *distribu-(i-r)* –› *redistribu-(i-r)* –› *redistribu-ción* (ohne *-i-*!) nahegelegt.

Nach einer verbreiteten Auffassung dient die Präfigierung nur der Wortbildung innerhalb derselben Wortart, führt also von einem Substantiv zu einem neuen Substantiv, von einem Adjektiv zu einem neuen Adjektiv, von einem Verb zu einem neuen Verb:

Schema	Beispiel
N → N	*honor* → *deshonor*
A → A	*discutible* → *indiscutible*
V → V	*conquistar* → *reconquistar*

Eine Präfigierung nach dem Schema N → V oder A → V ist hiernach grundsätzlich ausgeschlossen. Eine Konsequenz davon ist, dass Bildungen wie *barco* → *embarcar*, *trampa* → *entrampar*, *seguro* → *asegurar*, *grande* → *agrandar* nicht zur Präfigierung gezählt werden. Von den meisten Autoren werden sie unter Parasynthese eingeordnet; s. Kapitel 4.

Neben der Wortartkonstanz gibt es weitere Besonderheiten, durch die sich die Präfigierung gegenüber der Suffigierung auszeichnet; in der Literatur werden vor allem die folgenden genannt: (1) Präfixe sind nicht notwendigerweise gebunden: Einige kommen auch frei vor; Beispiele sind *contra*, *entre*, *sobre*. (2) Oft verbindet sich dasselbe Präfix mit unterschiedlichen Wortarten, während bei Suffixen die Tendenz ausgeprägter ist, eine bestimmte Wortart zu selegieren; ein Beispiel ist *des-* (*deshonor*, *desigual*, *desatar*) gegenüber *-ción*, das fast ausschließlich an verbale Basen tritt. (3) Die Präfigierung bewirkt keine formale Veränderung der Basis gegenüber dem Grundwort (*cuerpo – anticuerpo*), während ein Suffix häufig ein bestimmtes Allomorph verlangt: *cuerpo – corporal*. (4) Präfixe beeinflussen nicht die Akzentplatzierung im Wort.[56]

Ob der Behauptung (1) zuzustimmen ist, hängt von der Definition der Präfigierung ab, die Gegenstand von 3.2. ist. Wieweit (2) zutrifft, wird aus dem Überblick über die gängigsten Präfixe des Spanischen ersichtlich, der in 3.3. folgt. Die Aussagen (3) und (4) bedürfen keiner Diskussion, sie werden aber in 3.3. durch die Beispiele illustriert.

3.2. Präfigierung – Derivation oder Komposition?

Betrachtet man die Reihe *recargar*, *descargar*, *sobrecargar*, *encargar*, so erkennt man leicht, dass die Elemente *re-*, *des-*, *sobre* und *en* die gleiche Strukturposition einnehmen und in jeweils spezifischer Weise die Bedeutung des Grundverbs *cargar* modifizieren. Nun gibt es neben diesen Gemeinsamkeiten auch einen Unterschied: *re-* und *des-* treten nur gebunden auf, während *sobre* und *en* auch als Wörter vor-

---

[56] Zu diesen und weiteren Besonderheiten s. Lang (1990: 168–169), Rainer (1993: 69–70), Varela/ Martín García (1999: 4995–4999), Varela (2005: 57–64), RAE (2009: 674, §§ 10.3f–h).

kommen (*sobre la mesa*, *sobre todo*; *en España*, *en agosto*). Je nachdem, welchen Gesichtspunkt man in den Vordergrund rückt – das freie Auftreten von *sobre* oder das gebundene von *re-* –, wird man zu verschiedenen Präfixdefinitionen und damit zu einer unterschiedlichen Einordnung der Präfigierung kommen. In der Literatur findet man folgende Standpunkte vertreten (s. Miranda 1994: 53–62):

(a) Die Präfigierung ist eine Art der Komposition.
(b) Die Präfigierung steht zwischen Komposition und Derivation.
(c) Die Präfigierung ist eine Art der Derivation.

In den folgenden beiden Abschnitten werden wir diese Auffassungen ausführlich darlegen (3.2.1.) und dann gegeneinander abwägen (3.2.2.).

3.2.1. Drei Standpunkte: Darstellung

Standpunkt (a): Die Präfigierung ist eine Art der Komposition. Das ist die traditionelle Auffassung, die von vielen vertreten wird, u. a. von Alemany Bolufer (1920) und den älteren Ausgaben der Akademiegrammatik (RAE 1931, RAE 1973). Alemany Bolufer definiert das Präfix folgendermaßen:

> Damos el nombre de prefijo a las preposiciones, y también a los vocablos o partículas que no teniendo existencia independiente en la lengua, se emplean antepuestos a un substantivo, adjetivo o verbo, para formar, ya compuestos puros, ya parasintéticos. (Alemany Bolufer 1920: 173)

Im gleichen Sinne äußert sich der *Esbozo*:

> En el término «prefijo» incluimos sobre todo preposiciones de origen latino o griego, pero también cualquiera otra forma de origen griego o latino, a condición de que tenga poder reproductivo en la composición española. Unos prefijos son separables. Así la mayor parte de las preposiciones de origen latino: *ante mí*, *anteproyecto*. Otros prefijos, preposiciones o no, son siempre inseparables, no figuran nunca fuera de la composición. (RAE 1973: 76)

Standpunkt (b): Die Präfigierung steht zwischen Komposition und Derivation. Auch diese Ansicht hat Tradition; man findet sie schon bei Meyer-Lübke:

> Ital. *salt-are* heißt springen, *salt-ell-are* hüpfen, *ri-salt-are* wieder springen, mit anderen Worten, es treten zwei an sich bedeutungslose Lautkomplexe, *ell* und *ri*, an den Stamm des Verbums, um eine Modifikation der Handlungsweise anzugeben, nur erscheint das Ableitungselement das eine Mal dem Stamme angehängt, das andere Mal vorgesetzt. Es ist einleuchtend, daß man daraus nicht die Berechtigung entnehmen darf, das eine als etwas von dem anderen wesentlich Verschiedenes zu bezeichnen, *ri-salt-are* zu den Zusammensetzungen, *salt-ell-are* zu den Ableitungen zu rechnen, vielmehr werden beide Arten der Wortbildung auch durch den Namen, Präfix- und Suffixbildung, als eng zusammengehörig bezeichnet. Freilich giebt es nun allerdings Präfixe, die noch selbständig sind: in *arrivare* ist wohl die Gleichheit des *a* mit der Präp. *a* noch ziemlich fühlbar,

104

[…]. Wir können also bei der Präfixbildung in viel zahlreicheren Fällen den Übergang von der Zusammensetzung zur Ableitung beobachten als bei der Suffixbildung, wo möglicherweise ähnliche Vorgänge Jahrtausende früher stattgefunden haben, sie mag daher zwischen der Wortableitung und der Wortzusammensetzung ihre Stelle haben. (Meyer-Lübke 1894: 391–392)[57]

Standpunkt (c): Die Präfigierung ist eine Art der Derivation. Das ist der klassische strukturalistische Ansatz, der auch in neuere Arbeiten zum Spanischen Eingang gefunden hat, s. Seco (1989), Miranda (1994), RAE (2009) u. a. Seco (1989) unternimmt diese Einordnung der Präfigierung stillschweigend, indem er die Suffigierung und die Präfigierung im gleichen Abschnitt behandelt (14.2. *Elementos de la base. Los afijos.*). Miranda ist expliziter; er kommt nach der Diskussion verschiedener Positionen zu dem Schluss: "[…], adoptaremos la postura que defiende la adscripción de prefijación y sufijación dentro de un mismo tipo de proceso: la derivación" (1994: 62). Und die neue Akademiegrammatik stellt fest: "En la gramática contemporánea tiende a interpretarse la prefijación como una forma de derivación, no de composición" (RAE 2009: 663, § 10.1b).

3.2.2. Drei Standpunkte: Diskussion

Es sollen nun die Konsequenzen der im vorigen Abschnitt dargestellten Auffassungen beleuchtet werden.

Standpunkt (a). Wenn die Präfigierung als Sonderfall der Komposition gilt, dann ist es wenig sinnvoll, Präfixe und Suffixe unter dem Oberbegriff des Affixes zusammenzufassen, denn Suffixe sind immer gebunden, während bei den Präfixen gerade die freien Morpheme im Mittelpunkt stehen: Als Präfixe gelten ja in erster Linie präpositionale (manchmal auch: adverbiale) Erstglieder von Komposita; die gebundenen Elemente, die in der gleichen Position auftreten, werden dieser Klasse nur hinzugeschlagen. Das spiegelt die diachronischen Verhältnisse wider, ist aber bei einer streng synchronischen Betrachtung wohl nicht angemessen, denn die meisten Präfixe des Spanischen sind gebunden. So kommen von den 34 "principales prefijos", die Seco aufzählt (1989: 210), nur gerade acht frei vor: *a, ante, con, contra, en, entre,*

---

[57] Lang (1990: 13) vertritt die gleiche Position in modernem Gewande, wenn er die Präfigierung zwar bei der Derivation einordnet, aber angesichts von Beispielen wie *contradecir* einräumt: "In prefixation, however, free morphemes may be attached to other free morphemes or lexical morphemes, producing an equivocal case between derivation and compounding: […] . So some types of prefixation may be viewed as instances of compounding, depending on the approach of individual analysts."

sobre, *tras*. (Hinzufügen könnte man noch *sin*, *so* und einige adverbiale Elemente wie *bien* und *mal*, die manchmal zu den Präfixen gezählt werden.)

Standpunkt (b). Gibt man der Präfigierung ein Mittelstellung zwischen Derivation und Komposition, so bleibt doch eine begriffliche Schwierigkeit bestehen: Wenn ital. *risaltare* und *arrivare* beides Präfixbildungen sind, wobei *risaltare* zur Ableitung, *arrivare* aber zur Zusammensetzung zählt, was ist dann ein Präfix? Die gleiche Frage gilt für unsere Beispiele *recargar*, *descargar* vs. *sobrecargar*, *encargar*. Wenn man das Präfix als vorangestelltes Affix definiert, dann muss man berücksichtigen, dass eines der Definitionsmerkmale des Affixes seine Gebundenheit ist.[58]

Ein Ausweg könnte sein, dass man klipp und klar sagt: *re-* ist ein Präfix, *sobre* ist keins, *recargar* ist eine Ableitung, *sobrecargar* ein Kompositum. Um dennoch die offenkundige Strukturparallelität zwischen *recargar* und *sobrecargar* zu berücksichtigen, könnte man einen Hilfsbegriff wie "Präfigierung im weiteren Sinne" einführen, der die Anfügung bestimmter Wurzeln in der Position von Präfixen mit einschließen würde. In Kauf nehmen müsste man dann das Paradoxon, dass unter Präfigierung nicht immer die Anfügung eines Präfixes zu verstehen wäre!

Standpunkt (c). Wenn man die Präfigierung als eine Art der Derivation definiert, so muss man zwischen zwei Konsequenzen wählen: Entweder man schließt die Bildungen mit *en*, *sobre*, *entre* u. a. aus dem Bereich der Präfigierung aus, da freie Morpheme nun einmal keine Affixe sind (s. o.), oder man unterstellt grundsätzlich eine Homonymie zwischen Präfix und gleichlautender Präposition: $sobre_1$- ist ein Präfix, $sobre_2$ eine Präposition. Das ist auch die Praxis des DRAE, der in der Regel zwei Einträge hat: *con-* und *con*, *entre-* und *entre*, *en-* und *en* usw.[59]

Die erste Konsequenz, der Ausschluss von *sobre* u. a., erscheint wenig attraktiv, da dann Zusammengehöriges auseinandergerissen wird. Wenden wir uns der zweiten zu: Synchronisch nimmt man statt eines Elementes E, das mehrere Bedeutungen hat (Polysemie), nur dann zwei homonyme Elemente E_1 und E_2 an, wenn sie (a) deutlich verschiedene Bedeutungen haben oder (b) ein deutlich verschiedenes grammatisches Verhalten zeigen.

Was die Bedeutung angeht, so können manche Elemente als Präfix Lesarten annehmen, die sie als Präposition nicht haben. So kann *sobre-* nur als Präfix 'zu sehr,

---

58 Dieses Merkmal ist unverzichtbar, denn wenn man zuließe, dass Affixe auch frei vorkommen, dann bekäme man einige Wörter, die nur aus einem Affix bestehen. Ein Wort muss aber mindestens eine Wurzel enthalten.

59 Explizit vertreten wird eine solche Homonymielösung für das Französische (*sur-*, *entre-*, *contre-* usw.) von Martinet et. al. (1979: 242–243), für das Spanische von Val Álvaro (1999: 4775-4776).

zu viel' heißen: *sobreesfuerzo* 'Überanstrengung', *sobreestimar* 'überschätzen'. Und *entre-* kann nur als Präfix 'ein wenig, halb' bedeuten: *entreabrir* 'halb öffnen'. In anderen Fällen besteht eine große Bedeutungsnähe zur Präposition: *sobrecubierta* 'Überdecke', *sobrevolar* 'überfliegen', *entresuelo* 'Zwischengeschoss', *entremezclar* 'daruntermischen'.

Betrachten wir das grammatische Verhalten: Präpositionen regieren Nominalgruppen, Präfixe verbinden sich mit Stämmen. Es gibt viele Präfixe, die nicht als Präposition vorkommen: *des-, in-, post-, pre-, re-* u. a., und umgekehrt auch eine Reihe von Präpositionen, die nicht als Präfix auftreten, z. B. *bajo, desde, durante, salvo, según, hacia, hasta*. Da passt es besser ins Bild, wenn man der Reihe *des-, in-* usw. die Affixe *contra$_1$-, entre$_1$-, sobre$_1$-* usw. hinzufügt, der Reihe *bajo, desde* etc. die Wörter *contra$_2$, entre$_2$, sobre$_2$* etc. Ein weiterer Gesichtspunkt ist, dass es gewisse Allomorphien nur im Bereich der Präfixe gibt: *entre- ~ inter-, sobre- ~ super-, tras- ~ trans-* u. a.

Fazit: Da wir für eine strukturelle Beschreibung das grammatische Verhalten als ausschlaggebend ansehen, postulieren wir für jeden Fall, wo einem Wortbaustein eine gleichlautende Präposition zur Seite steht, eine Homonymie zwischen (gebundenem) Präfix und (freier) Präposition. Damit schließen wir uns Standpunkt (c) an, dem zufolge die Präfigierung eine Art der Derivation ist.

3.3. Eine Auswahl von Präfixen

3.3.1. Überblick

Die Zahl der Präfixe, die in der Literatur angegeben werden, schwankt beträchtlich. Das liegt vor allem daran, dass in unterschiedlichem Umfange lateinische und griechische Kompositionselemente wie *centi-, cuatri-, endo-, equi-, macro-, micro-, mono-, multi-, neo-, poli-, proto-* u. a. zu den Präfixen gerechnet werden, s. z. B. Cartagena/Gauger (1989, II: 168) oder Rainer (1993: 299ff.). Diese Elemente schließen wir hier aus der Betrachtung aus; weiter unten kommen wir auf sie zurück (5.4.3.).

Eine Rolle spielt auch, welche Präfixe als Allomorphe desselben Morphems gewertet werden, ob man z. B. *entre-* und *inter-*, *sobre-* und *super-* jeweils gesondert anführt (Seco 1989: 210) oder ob man sie jeweils zu einem Morphem zusammenfasst (Varela 2005: 66, 67).

Im Folgenden geben wir einen Überblick über die wichtigsten Präfixe, wobei sich die Auswahl an Seco (1989: 210), die Zusammenfassung zu Morphemen an Varela/ Martín García (1999) orientiert. In der ersten Spalte stehen immer die Varianten desselben Morphems nebeneinander: Das Morphem {a₁-} hat die Allomorphe *a₁*- und *an*-, das Morphem {a₂-} hat die Allomorphe *a₂*- und *ad*- usw.

Präfix	N → N	A → A	V → V
a_1-, an-	–	apolítico, anorgánico	–
a_2-, ad-	–	–	acorrer (1), adjuntar
a_3-, ab-, abs-	–	–	amover, abjurar, abstraer
ante-	anteguerra	antediluviano	anteponer
anti-	anticuerpo	anticlerical	–
archi-	archienemigo	archibruto	–
circun-, circum-	circunlocución	circumpolar	circunnavegar
con-, com-, co-	consocio, coautor	connacional, coacusado, corresponsable	concelebrar, compadecer, coexistir
contra-	contrapartida	contranatural	contraatacar
de_1-	–	–	devaluar
des-, dis-, de_2-	deshonor, desabor	desigual, discontinuo	desatar, discontinuar
en-, em-, in_1-, im_1-, i_1- (2)	–	–	encargar (1), embeber (1), inducir, importar, irrumpir
entre-, inter-	entreacto interrelación	entrefino intercultural	entremezclar interponer
es-, ex-	ex ministro	ex monárquico	extraer, estirar
extra-	–	extralaboral, extrafino	–
hiper-	hipermercado	hipersensible	hiperventilar (3)
in_2-, im_2-, i_2-	indisciplina, impago	intocable, impío, irreal	incumplir (4)
infra- (5)	infraestructura	infrahumano	infravalorar
intra- (5)	intrahistoria	intramuscular	–
pos-, post-	pos(t)guerra	posindustrial	postsincronizar
pre-	preguerra	preclásico	preseleccionar
pro-	– (6)	prosoviético	promover, propulsar (7)
re-	– (8)	refeo	reconsiderar
retro- (5)	retroguardia	retroactivo	retrovender
so-, sub-	soportal, subsector	subnormal	sofreír, socavar, subrayar
sobre-, super-	sobrepeso superhombre	sobrenatural superfino	sobreponer, sobrestimar superponer, supervalorar
supra-	– (9)	supranacional	–
tras-, trans-	traspié	tra(n)salpino	traspasar, transformar
ultra-	ultrasonido	ultramoderno	–

Anmerkungen: (1) In erster Linie dienen die Präfixe *a-*, *en-*, *em-* der Parasynthese. (2) Dem Morphem {en-} werden hier fünf Allomorphe zugeschrieben. (3) Selten: Beispiele wie *hiperreducir*, *hiperlegitimar* (Varela/Martín García 1999: 5026). (4) Bei den Verben gibt es kaum Beispiele. (5) Bei *infra-*, *intra-*, *retro-* gibt es nicht allzu viele Beispiele, doch weist Rainer (1993: 341–342, 343, 365) für alle drei Präfixe einige Neologismen nach. (6) Aus dem Lat.: *procónsul, pronombre.* (7) Die Verben sind aus dem Lat. entlehnt und oft lexikalisiert: *producir, proscribir.* (8) Selten: Beispiele wie *recámara.* (9) Ein Beispiel ist *suprarrealismo*, synonym zu *superrealismo*.

Wie man sieht, kann man für fast jedes Präfix Beispiele aus verschiedenen Wortarten finden; Rainer (1993: 70) spricht von einer im Vergleich zu den Suffixen geringeren Selektionsstärke der Präfixe. Wenn es auch nicht möglich ist, eine wirklich saubere Einteilung in Substantiv-, Adjektiv- und Verbalpräfixe vorzunehmen, so kann man doch für jedes Präfix eine gewisse Grundtendenz aufzeigen, welche Wortarten es bevorzugt. So tritt {contra-} überwiegend (aber nicht ausschließlich) bei Substantiven auf, {in$_2$-} fast nur bei Adjektiven, {des-} bei Verben, Substantiven und Adjektiven, wobei die Verben überwiegen.

In der Literatur findet man immer wieder den Versuch, die Präfixe nach Bedeutungsgruppen zu ordnen, s. Urrutia Cárdenas (1978: 217–218), Cartagena/Gauger (1989, II: 169–173), Lang (1990: 170–181), Miranda (1994: 79–96), Varela/Martín García (1999: 5011–5038), RAE (2009: 670). Zur Illustration geben wir die Klassifikation Langs (a.a.O.) wieder, dessen Präfixinventar nicht exakt mit dem oben in der Tabelle angegebenen übereinstimmt:

(a) Negationspräfixe: *a-/an-, anti-, contra-, des-/dis-/de-, extra-, in-/im-/i-, no*
(b) Lokative Präfixe: *ante-, entre-, inter-, retro-, sobre-, super-, sub-/so-, tra(n)s-*
(c) Temporale Präfixe: *ante-, post-/pos-, pre-*
(d) Quantitäts- und Dimensionspräfixe: *bi-, mono-, multi-, pluri-, semi-, uni-*
(e) Intensivierungspräfixe: *archi-, extra-, hiper-, super-, re-/rete-, ultra-*

Wieweit eine solche Zusammenfassung zu Bedeutungsgruppen überzeugend ist, soll hier nicht diskutiert werden. Das Ideal einer Klassifikation, die vollständige, überschneidungsfreie Zerlegung des Gegenstandsbereichs, scheint kaum erreichbar. Einerseits müssten manche Präfixe mehrfach eingeordnet werden, andererseits lassen sich nicht alle Präfixe unterbringen, z. B. *re-* in seiner Hauptfunktion (!) als Verbalpräfix oder *con-*. Bei Cartagena/Gauger gibt es ein ähnliches Schema, es ist aber eine Restklasse vorgesehen für Präfixe, die in keine Bedeutungsgruppe hineinpassen (1989, II: 172). Sehr viel detaillierter sind die Klassifikationen bei Varela/Martín García (1999: 5011ff.) und in der Akademiegrammatik (RAE 2009: 670).

3.3.2. Beschreibung einzelner Präfixe

Wir wählen nun einige Präfixe aus, die entweder selbst häufig vorkommen, wie z. B. *des-*, oder gegen ein häufig auftretendes abzugrenzen sind, z. B. *de$_1$-*:

(1) meist N: *contra-*
(2) meist A: *a$_1$-/an-, in$_2$-/im$_2$-/i$_2$-*
(3) N, A: *ante-, anti-, pos(t)-*
(4) V: *a$_2$-/ad-, en-/em-, de$_1$-, re-*
(5) N, A, V: *des-/dis-/de$_2$-, entre-/inter-, sobre-/super-, pre-*

Im Folgenden sind die Morpheme alphabetisch angeordnet. Die Darstellung der einzelnen Präfixe folgt einem losen Schema: Zuerst werden Angaben zur Allomorphie
(sofern vorhanden) gemacht, dann zu den möglichen Derivationsbasen, dann zur Bedeutung. Die Angaben sind stichwortartig, die Bedeutung wird nur grob skizziert, oft
durch Angabe einer Standardübersetzung (nach PONS oder SG).

Einzelheiten zu den hier besprochenen und anderen Präfixen bieten u. a. Alemany
Bolufer (1920: 173ff.), Cartagena/Gauger (1989, II: 168ff.), Lang (1990: 170–181),
Miranda (1994: 79–100), Rainer (1993: 299–379), Varela/Martín García (1999),
RAE (2009: 684–728). Zur Allomorphie s. Quilis (1970), zur Produktivität Nord
(1983: 194ff.). Die meisten Beispiele entstammen den genannten Werken.

{a₁-} hat die Allomorphe a_1- und *an*-; a_1- tritt vor konsonantischem Anlaut auf, *an*-
vor vokalischem: *asimétrico, anorgánico*. Die Derivationsbasis ist in der Regel adjektivisch: *acientífico, amoral, anormal, apolítico, atípico, anaerobio, anisótropo*.
Auch von Substantiven gibt es einige Ableitungen wie *asimetría*. Die Bedeutung ist
die der Negation: 'nicht *x*, un-*x*'; mit *x* als der von der Basis bezeichneten Eigenschaft.

{a₂-} hat die Allomorphe a_2- und *ad*-. Die Variante a_2- dient hauptsächlich zur parasynthetischen Bildung von Verben aus Substantiven und Adjektiven (s. das nächste
Kapitel). Die deverbale Ableitung ist nicht produktiv, es lassen sich auch nur wenige
Beispiele anführen: *acoger, acorrer, agradecer, atraer*. Das Präfix kann eine Annä-
herung ausdrücken wie in *acorrer* 'herbeieilen, zu Hilfe eilen', doch ist die Bedeutung oft verblasst. Der DRAE stellt zu *a*- fest: 'Carece de significación precisa.' Die
Variante *ad*- kommt nur in einigen Latinismen vor: *admirar, adorar, adornar, ad-
scribir, advenir*.

Wegen der besonderen Rolle von *a*- bei der Parasynthese (s. u., Kap. 4) wäre es
auch vertretbar, *ad*- und *a*- zu trennen und sie zwei verschiedenen Morphemen zuzuordnen.

{ante-} verbindet sich mit substantivischen, adjektivischen und (selten) verbalen
Basen. Das Präfix drückt den Bezug auf etwas räumlich oder zeitlich Vorangehendes
aus; (1) 'räumlich vor' (wie in *antecámara* 'Vorzimmer'): *antealtar, antecama, an-
tepecho, anteceder, anteponer* u. a.; (2) 'zeitlich vor' (wie in *anteguerra* 'Vorkriegs-
zeit', *anteclásico* 'vorklassisch'): *antediluviano, antehistórico, anteislámico; antever*
u. a. In der Bedeutung 'zeitlich vor' wird *ante*- immer mehr durch *pre*- verdrängt:
preguerra, prever statt *anteguerra, antever*.

Am Rande erwähnt sei das Allomorph *anti*-, das wohl nur in *antifaz* und *anticipar*
vorkommt.

{anti-} dient der Ableitung von Substantiven und Adjektiven; N: *anticuerpo, antihéroe, antimateria, antipartícula, antiveneno* u. a.; *anticapitalismo, anticomunismo, antimilitarismo* u. a.; A: *antialcohólico, anticanceroso, anticlerical, antifebril, antigripal, antimonárquico, antirreglamentario* u. v. a.

Das Präfix *anti-* kann bedeuten: (1) '*x* entgegengesetzt': *antimateria, antipartícula*; (2) 'gegen *x* gerichtet': *anticapitalismo* usw.; (3) 'Gegenteil von *x*': *antihéroe*, ferner *anti-estado, anti-fútbol, antifunconario* u. a. (Nord 1983: 205).

Adjektive wie *antialcohólico, antigripal* usw. sind formal von Relationsadjektiven wie *alcohólico, gripal* usw. abgeleitet, semantisch beziehen sie sich aber eher auf die Substantive *alcohol, gripe* usw. Zu einer alternativen Analyse dieser Adjektive als parasynthetische Bildungen s. u., 4.2.2.

Es gibt eine Reihe von Ausdrücken wie *crema antiarrugas, sistema antibloqueo, legislación antidroga, medicamento antifiebre, espray antiinsectos* u. a. Die Wörter *antiarrugas, antifiebre* usw. sprechen gegen die Wortartkonstanz bei der Präfigierung, wenn man sie als Adjektive auffasst, die von Substantiven durch Präfigierung abgeleitet sind. Mögliche Alternativen zu dieser Analyse werden weiter unten in 4.2.2. erörtert.

{contra-}. Die Mehrzahl der Bildungen ist substantivisch, es gibt nur wenige Adjektive und Verben; N: *contrapeso*; A: *contranatural*; V: *contraatacar*.

Bezeichnet das Grundwort eine Handlung, so drückt das Derivat die entsprechende Gegenaktion aus: *contragolpe* 'Gegenschlag'. Ebenso: *contraespionaje, contraofensiva, contraoferta, contraorden, contrapropuesta, contrarrevolución* u. a. Unterschiedlich lexikalisiert sind *contraalmirante* 'Konteradmiral', *contramaestre* 'Vorarbeiter', *contrabajo* 'Kontrabass', *contracalle* 'Seitengasse', *contracanal* 'Seitengraben', *contracifra* 'Chiffrierschlüssel', *contradique* 'Vordamm', *contrafuerte* 'Strebepfeiler', *contrahacer* 'fälschen', *contraponer* 'vergleichen, einwenden'.

{de₁-} ist ein Verbalpräfix: *decaer, decrecer, deducir, deformar, degustar, deprimir, destruir* u. a. Bei manchen Verben fehlt das Grundwort: **ducir, *primir, *(e)struir*. Formal sind sie dennoch analysierbar, denn es gibt z. B. *conducir, comprimir, construir*. Die Grundbedeutung ist negativ-privativ ('ent-, ab-'): *decrecer* 'abnehmen, sich vermindern'. Viele Verben sind lexikalisiert, z. B. *decaer* 'verfallen', *degustar* 'kosten'. Das Präfix *de₁-* ist kaum produktiv (Nord 1983: 210, Rainer 1993: 321).

{des-} hat vier Allomorphe: *des-, de₂-, dis-, di-*. Von diesen sind die ersten beiden volkstümlich, die letzten beiden gelehrt; *des-* ist weitaus am häufigsten, und nur *des-* ist produktiv; *di(s)-* kommt nach Rainer (1993: 327) in ca. 20 Wörtern vor; *de₂-* und *di-* stehen vor Basen, die mit /s/ anlauten: *desabor, desalar, disimular, disonar, di-*

suadir; außerdem steht *di-* in einigen Entlehnungen aus dem Lateinischen, deren Basis nicht mit /s/ anlautet: *difamar, difundir, divulgar*.

Die Basis kann substantivisch, adjektivisch oder verbal sein; N: *deshonor, disfavor*; A: *desigual, discontinuo*; V: *desaprobar, discontinuar*. Lang (1990: 171) charakterisiert {des-} als "the Spanish negativising prefix *par excellence*". Zu unterscheiden sind eine negative, eine privative und eine reversative Bedeutung des Präfixes (Lang 1990: 172; Rainer 1993: 322).

Zu *des-, de-*: Substantive mit privativer Bedeutung ('Mangel an *x*': *desánimo* 'Mutlosigkeit') sind *desamor, descrédito, desempleo, desgracia, deshonor, deshonra, desnivel, desnutrición, desorden, desventaja* u. a.; Adjektive mit negativer Bedeutung ('nicht *x*': *desigual* 'ungleich') sind *desafortunado, desatento, descontento, descortés, desfavorable, deshonesto, desleal* u. a. Bei den Verben lassen sich zwei Bedeutungsgruppen ausmachen: (1) die negativen Verben ('*x* nicht tun': *desaprobar* 'missbilligen'): *desaprovechar, desconfiar, desconocer, desestimar, desmerecer, desobedecer* u. a., (2) die reversativen Verben ('*x* rückgängig machen': *desatar* 'losbinden'): *descolorar, desmotivar, desorganizar*, von Verben auf *en-/em-*: *desenamorarse, desencadenar, desenterrar, desembarcar, desempaquetar* u. v. a. Vor allem die reversative Bildung ist produktiv (Rainer 1993: 323).

Zu *dis-, di-*: Formal und semantisch transparent sind *disculpa, discapacidad, discordancia* (vs. *concordancia*); *disconforme, discontinuo, dispar, disímil; discontinuar, disconvenir*. Andere Bildungen sind nur formal analysierbar, z. B. *discernir* vs. *concernir, distinguir* vs. *extinguir, difundir* vs. *confundir*.

{en-}. Diesem Morphem schreiben wir fünf Allomorphe zu: *en-, em-*, ferner *in$_1$-, im$_1$-, i$_1$-*. Die Varianten *en-, em-* sind volkstümlich; *in$_1$-, im$_1$-, i$_1$-* sind gelehrt. Die Auswahl zwischen *en-* und *em-* ist durch den Anlaut der Derivationsbasis bestimmt: /em-/ vor /b/ und /p/, /en-/ sonst: *embeber, emprender, encerrar*. Auch die Auswahl von *in, im-* oder *i-* hängt vom nachfolgenden Anlaut ab: /im-/ vor /b/ und /p/ (*imbibición, importar*), /i-/ vor /l/ und /r/ (*iludir, irrumpir*, beide synchronisch nicht zerlegbar), /in-/ sonst (*inducir, inmigrar*).

en-/em- dient hauptsächlich zur parasynthetischen Bildung von Verben aus Substantiven und Adjektiven (s. Kapitel 4); für die deverbale Ableitung lassen sich nur wenige Beispiele anführen: *encerrar, encoger, envolver, embeber, emprender*. Verben mit *in$_1$-/im$_1$-/i$_1$-* sind Entlehnungen aus dem Lateinischen: *inducir, inmigrar, invadir, imprimir, importar, irrumpir* u. a.

Die Grundbedeutung des Präfixes ist 'in, hinein' wie in *encerrar* 'einschließen', *inmigrar* 'einwandern'; sie kann auch verblasst sein wie bei *encargar* 'beauftragen', *inducir* 'anstiften, verleiten'.

Auf Grund der gleichen Bedeutung haben wir *en-/em-* und *in$_1$-/im$_1$-/i$_1$-* zu einem Morphem zusammengefasst. Wegen der besonderen Rolle von *en-/em-* bei der Parasynthese (s. u., Kap. 4) wäre es auch vertretbar, zwei verschiedene Morpheme, {en-} und {in$_1$-}, anzunehmen.

{**entre-**} hat zwei Allomorphe: das volkstümliche *entre-* und das gelehrte *inter-*.[60] Beide Varianten zeigen eine gewisse Polysemie; die verschiedenen Lesarten lassen sich aber alle auf eine gemeinsame Grundbedeutung ('zwischen') zurückführen.

entre- tritt an substantivische, adjektivische und verbale Basen: N: *entreacto*, A: *entreancho*, V: *entremezclar*.

Bei Substantiven ist die Grundbedeutung 'Zwischenraum' wie in *entreguerra* 'Zwischenkriegszeit', *entrevía* 'Gleisabstand'; ebenso: *entreacto, entrecejo, entrecubierta, entreplanta, entresuelo, entretiempo*. Bei Adjektiven bedeutet *entre-* 'ein wenig, halb' wie in *entreclaro* 'halbhell, dämmerig', *entrefino* 'halb-, mittelfein'; weitere Beispiele sind *entrecano, entreclaro, entrelargo, entreordinario, entreoscuro*. Bei den Verben gibt es mehrere Bedeutungsgruppen; (1) 'ein wenig, halb': *entreabrir* 'halb öffnen', *entreoír* 'undeutlich hören', *entrever* 'undeutlich sehen'; (2) 'zwischen': *entremeterse* 'sich einmischen', *entremezclar* 'daruntermischen', *entresacar* 'heraussuchen'; (3) 'gegenseitig': *entrechocarse* 'aneinanderstoßen', *entrecruzarse* 'sich kreuzen', *entrelazarse* 'sich verflechten'.

inter- verbindet sich mit substantivischen, adjektivischen und verbalen Derivationsbasen: N: *interconexión*, A: *intercultural*, V: *interponer*. Substantivische Bildungen sind selten, adjektivische häufig.

Mit *inter-* gebildete Adjektive bezeichnen in erster Linie eine Wechselbeziehung ('zwischen den *x* bestehend'), z. B. *interestatal* 'zwischenstaatlich'. Ebenso: *intercultural, intercontinental, interdepartamental, interdisciplinario, intergubernamental, intermunicipal, internacional, interurbano*. Manche Adjektive beschreiben die räumliche Lage eines Objekts ('zwischen den *x* gelegen'), z. B. *intervertebral* 'zwischen zwei Wirbeln befindlich', ferner *interarticular, intercelular, interestelar, intergaláctico, interlineal, intermaxilar, intermuscular*. Alle diese Bildungen können auch als Parasynthetika beschrieben werden; dazu s. 4.2.2.

Bei einigen Verben drückt *inter-* eine gegenseitige Einwirkung aus (*intercambiar, intercomunicar, intersecarse*), bei anderen ist die raumbezogene Bedeutung noch erkennbar (*intercalar, interponer*). Lexikalisiert sind *interceder* 'sich für jemanden einsetzen', *intervenir* 'eingreifen' u. a.

---

[60] Nach Lang (1990: 174) gibt es gelegentlich eine freie Variation zwischen *entre-* und *inter-* wie in *interarticular ~ entrearticular*. Zu weiteren Beispielen s. Quilis (1970: 242).

{in-} tritt in den Formen in_2-, im_2- i_2- auf. Die Auswahl ist vom nachfolgenden Anlaut bestimmt: /im-/ vor /b/, /p/ (*imbatible, imposible*), /i-/ vor /l/, /r/ (*ilegal, irreal*), /in-/ sonst (*indiscutible*).

Die Derivationsbasis kann substantivisch, adjektivisch oder verbal sein. Von Substantiven abgeleitet sind *incomprensión, indisciplina, impago, impudor*. Von Verben gibt es nur wenige Ableitungen, z. B. *incumplir, incomunicar*. Am häufigsten ist die deadjektivische Derivation: *incivil, intocable, imbatible, imbebible, imparcial, impenetrable, impío, ilegal, ilógico, irracional, irreal*. Die Bedeutung lässt sich mit 'nicht-*x*, un-*x*' wiedergeben: *intolerable* 'unerträglich'. Die Adjektivderivation ist sehr produktiv; besonders häufig sind Ableitungen von Adjektiven auf *-ble*.

{post-} hat die Allomorphe *pos-* und *post-*, die manchmal miteinander frei variieren. Die Derivationsbasis ist substantivisch oder adjektivisch, selten verbal. N: *poscomunismo, pos(t)data, posfranquismo, posfecha, posguerra, posimpresionismo*; A: *posbélico, posimperial, postdorsal, postpalatal*; V: *posponer*. Lang (1990: 178) erwähnt außer *posponer* die Verben *posfechar, postcalentar*. Meistens ist die Bedeutung temporal ('nach') wie in *posbélico, posimperial*, selten lokal ('hinter') wie in *postdorsal, postpalatal*.

{pre-} tritt an substantivische, adjektivische und verbale Basen; N: *precandidatura, predocumento, preguerra, prehistoria, prejuicio, prenoción*; A: *preclásico, prehistórico, prehelénico, prehispánico, prehomínido, preolímpico*; V: *preconcebir, preexistir, prefabricar, preseleccionar, presuponer*. In Einzelfällen konkurriert das Präfix mit *ante-*: *anteguerra – preguerra, antever – prever*.

Fast immer drückt *pre-* die Vorzeitigkeit aus wie in *preclásico, prerromántico*; es gibt kaum Beispiele mit der Bedeutung 'räumlich vor' wie *precordial, prepalatal*. Lexikalisiert sind *preocupar* 'beunruhigen', *prescribir* 'vorschreiben' u. a.

{re-} ist in allererster Linie ein Verbpräfix. Die Grundbedeutung ist die der Wiederholung einer Handlung: *reafirmar, reaparecer, rehacer, renacer, resurgir, reutilizar*. Davon zu unterscheiden ist die Wiederherstellung eines früheren Zustandes: *reconquistar* bedeutet 'zurückerobern', das heißt nicht unbedingt 'noch einmal erobern'; ähnlich: *readaptar, reconstruir, reedificar, reintegrar, reordenar, reorganizar*. Intensivierende Bedeutung ('sehr', 'zu sehr') hat *re-* in *rebrillar* 'stark (er)glänzen', ebenso in *rebuscar, remohar, remoler* u. a. Nicht abtrennbar ist das Präfix in *reclamar, rehusar* u. a.

Am Rande erwähnt seien die wenigen echten desubstantivischen Bildungen wie *reborde* ('Randverstärkung'), *recámara* (u. a. 'Kleiderkammer'). Wörter wie *readaptación, reanimación* usw. sind Suffixbildungen; dies ist in I, 3.2. begründet worden.

114

Als Adjektivpräfix heißt *re-* 'sehr': *rebueno, refeo, refino, reguapo, reviejo* usw. (auch mit Adverbien: *rebien*). Nur mit adjektivischer (und adverbialer) Basis kommen die Allomorphe *rete-* und *requete-* vor. Der Gebrauch als Adjektivpräfix ist stilistisch markiert, denn: "[…] it tends to impart a colloquial or even coarse tone in the context in which it is applied" (Lang 1990: 181). Auf Grund dieser Merkmale – Allomorphie, Bedeutung, Stilebene – wäre es durchaus vertretbar, das adjektivische *re-* vom verbalen zu trennen und hier von zwei homonymen Präfixen zu sprechen.

{sobre-} hat zwei Allomorphe: das volkstümliche *sobre-* und das gelehrte *super-*. Mitunter variieren sie frei (Lang 1990: 176): *sobreabundancia* ~ *superabundancia*, *sobreviviente* ~ *superviviente*. Das Präfix verbindet sich mit substantivischen, adjektivischen und verbalen Basen; N: *sobrecama, superhombre*; A: *sobrehumano, superfino*; V: *sobrestimar, supervalorar*. Lautet die Derivationsbasis mit /e/ an, so kann Elision eintreten: *sobr(e)exceder, sobr(e)explotación*.

sobre- hat eine lokative und eine graduierende Bedeutung. Substantive mit lokativem *sobre-* ('oberhalb, über': *sobrefalda* 'Überrock') sind *sobrecama, sobremesa, sobrepuerta* u. a. Beispiele für graduierendes *sobre-* ('zu viel, übermäßig': *sobrepeso* 'Übergewicht') sind *sobr(e)esfuerzo, sobrepoblación, sobrepresión, sobreproducción, sobrerreacción*;[61] die damit verwandte Bedeutung 'zusätzliches *x*' liegt vor in *sobrenombre* 'Bei-, Ehrenname', ebenso in *sobrepaga, sobresueldo, sobreprecio*.

Verben mit lokativem *sobre-* (*sobrevolar* 'überfliegen') sind *sobreedificar, sobreimprimir, sobreponer, sobrescribir, sobrevestir*; es überwiegt das graduierende *sobre-* (*sobreabundar* 'im Überfluss vorhanden sein'): *sobrealimentar, sobrecargar, sobrestimar, sobr(e)exceder, sobreexcitar, sobrellenar, sobrevalorar* u. a. Nicht einzuordnen sind z. B. *sobrevivir, sobr(e)entender, sobrecurar, sobrecoger, sobresaltar*.

super- kommt vereinzelt lokativ vor, z. B. in *superestructura* 'Aufbauten', *superponer* 'aufeinanderlegen', manchmal graduierend wie in *superabundancia, superpoblación, superpoblado, supervalorar*; doch ist seine Hauptbedeutung: 'sehr viel, sehr stark, sehr groß' wie in *superpetrolero* 'Riesentanker' oder in *superdotado* 'hochbegabt'; N: *superconcierto, superconductividad, supermercado, supertalla*; A: *superfino, superplano, supersecreto, superconductor* u. a.

---

61 Einigen Substantiven stehen Verben zur Seite, so dass wir sie als deverbale Suffixbildungen auffassen: *sobreabundancia (sobreabundar), sobrealimentación (sobrealimentar), sobrecalentamiento (sobrecalentar), sobrecontratación (sobrecontratar).*

4. Parasynthese

1. Allgemeines zur Parasynthese
2. Ist die Parasynthese ein eigenständiges Wortbildungsverfahren?
3. Eine Auswahl von parasynthetischen Bildungen

4.1. Allgemeines zur Parasynthese

Parasynthese ist die gleichzeitige Anfügung eines Präfixes und eines Suffixes an eine Derivationsbasis: *ric-(o) → en-riqu-ec-(e-r)*, *temor → a-temor-iz-(a-r)*, *gord-(o) → en-gord-Ø-(a-r)* , *venen-(o) → en-venen-Ø-(a-r)*.

Wann wird eine gleichzeitige Anfügung der beiden Affixe angenommen? Das geschieht in zwei Fällen. Der erste und häufigere Fall ist der, dass es weder die Präfix-, noch die Suffixbildung als Zwischenstufe im Ableitungsprozess gibt: Weder gibt es ein **enrico*, noch ein **riquecer*. Diesen Sachverhalt gibt man durch eine dreigliedrige Struktur [*en-*] + [*riqu-*] + [-*ec-*] wieder, in der *riqu-* weder mit *en-* noch mit *-ec-* enger zusammengehört:

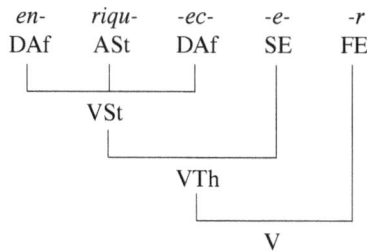

Das Derivationssuffix kann materiell realisiert sein, wie in *enriquecer*, oder -*Ø-*, wie in *engordar*. Die dreigliedrige Struktur erklärt sich wie bei *enriquecer*: Weder gibt es ein Adjektiv **engordo*, noch gibt es ein Verb **gordar*.

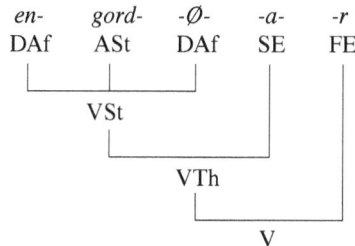

Von der traditionellen Beschreibung weichen wir in einem Punkte ab: Beim Typ *engordar* erblicken wir die Parasynthese nicht im Zusammenspiel von *en-* und *-a-r*, sondern im Zusammenspiel von *en-* und *-Ø-*, denn weder *-a-* noch *-r* sind Derivationsmorpheme; das Argument ist das gleiche wie bei der Ableitung *filtro → filtrar*; s. o., 2.1. Eine ausführliche Diskussion folgt in 4.2.

Der zweite und seltenere Fall ist der, dass eine der möglichen Zwischenstufen zwar existiert, aber semantische Gründe doch für eine parasynthetische Derivation sprechen. Ein Beispiel ist das Verb *entrelinear*. Auf Grund der Bedeutung ist es plausibler, das Verb direkt auf *línea* ('Zeile') zu beziehen, als es von *linear* ('liniieren, skizzieren') abzuleiten, denn *entrelinear* lässt sich mit 'escribir entre las líneas' wiedergeben, während eine Paraphrase, in der *linear* vorkommt, nicht möglich ist. Kurzum, nicht: *línea → linear → entrelinear*, sondern: (a) *línea → linear*, (b) *línea → entrelinear*. Ebenso wird man *encaminar* ('auf den richtigen Weg bringen') direkt von *camino* und nicht von *caminar* ableiten.

In erster Linie tritt die Parasynthese bei der Verbderivation auf. Umstritten ist, ob Substantive wie *amujeramiento* und Adjektive wie *antigripal* parasynthetisch sind.

Die Parasynthese darf nicht mit Derivationsprozessen verwechselt werden, bei denen die Präfigierung auf die Suffigierung folgt oder umgekehrt: *verde → verdecer → reverdecer*; *organizar → reorganizar → reorganización*. Man macht sich den Unterschied am besten klar, indem man die Konstituentenstruktur von *enriquecer* mit der von *reverdecer* vergleicht:

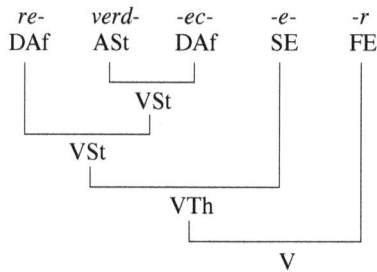

```
re-     verd-    -ec-     -e-      -r
DAf     ASt      DAf      SE       FE
         |_____|
            VSt
    |_____|
         VSt
    |_____|
              VTh
         |_____|
                   V
```

4.2. Ist die Parasynthese ein eigenständiges Wortbildungsverfahren?

Immer wieder ist bestritten worden, dass die Parasynthese ein selbständiges Wortbildungsverfahren ist, und es hat nicht an Versuchen gefehlt, sie (entgegen dem bisher Gesagten) doch in eine Abfolge zweier Schritte aufzulösen; ausführlich dargestellt und diskutiert werden verschiedene Vorschläge u. a. von Serrano Dolader (1995: 23–74) und von Gather (1999). Es erscheint sinnvoll, die Überlegungen nach Wortarten getrennt darzulegen.

4.2.1. Verben

Die traditionelle Parasynthesekonzeption geht auf Darmesteter (u. a. 1894: 96ff.) zurück und ist von vielen nachfolgenden Autoren übernommen worden. Sie besagt, dass es bei Verben wie *embarcar, engordar* das Zusammenspiel von Präfix und Infinitivsuffix ist, das die Verbalisierung bewirkt, wobei eine Trennung von Infinitivendung und Themavokal nicht vorgenommen wird: *en-gord-ar*. Bei Verben wie *atemorizar, enriquecer* wird die Verbalisierung dem Zusammenspiel von Präfix und (nicht weiter analysiertem) *-izar, -ecer* zugeschrieben: *en-riqu-ecer*; so z. B. bei Alemany Bolufer (1920: 189) und Lang (1990: 186). An dieser Konzeption sind in der Literatur vor allem zwei Punkte bemängelt worden: 1. die dreigliedrige Konstituentenstruktur, 2. die Auffassung des Infinitivmorphems als Derivationssuffix; hierzu s. u. a. Gather (1999: 87ff., 94ff.).

Als Alternativen zu einer dreigliedrigen Konstituentenstruktur [Präf-X-Suf] bieten sich folgende Möglichkeiten an:

(a) [[Präf-X]-Suf]; Präfigierung "innen", Suffigierung "außen",
(b) [Präf-[[X-Suf]]; Suffigierung "innen", Präfigierung "außen",
(c) [Präf-X]; Präfigierung allein, ohne Beteiligung eines Suffixes.

Analyse (a): [[Präf-X]-Suf]. Diese Lösung wird von Alcoba Rueda (1993) vertreten. Er schreibt Verben wie *engordar* Stämme der Form [[Präf- [X]]$_X$ -Suf]$_{VTh}$ zu, wie z. B. in [[[en- [gord-]$_{ASt}$]$_{ASt}$ -a-]$_{VTh}$ -r]$_V$. Der Themavokal zählt dabei als Derivationssuffix, das Infinitivmorphem ist ein reines Flexionsaffix und an der Derivation nicht beteiligt.

Analyse (b): [Präf-[[X-Suf]]. In Anlehnung an Scalise (u. a. 1984: 147–150) nimmt Gather (1999: 104ff.) Strukturen der Form [[Präf- [[X]$_X$ -Suf]$_{VTh}$]$_{VTh}$ an; für das Verbum *engordar* bedeutet das: [[en- [[gord-]$_{ASt}$ -a-]$_{VTh}$]$_{VTh}$ -r]$_V$. Die Suffigierung geht der Präfigierung voraus; dabei sieht Gather (wie Alcoba Rueda) den Themavokal als Derivationsmorphem an. Auch hier ist das Infinitivmorphem an der Derivation nicht beteiligt.

Analyse (c): [Präf-X]; Präfigierung allein. Diese Lösung vertritt Corbin (1987: 129–131). Sie verwirft den Grundsatz der Wortartkonstanz bei der Präfigierung und deriviert Verbstämme unmittelbar durch die Anfügung von Präfixen an Substantive und Adjektive. So lautet Corbins Ableitung von frz. *allonger*: [long]$_A$ –> [allong-]$_{VSt}$; an den Stamm tritt dann die Flexionsendung: [[allong-]$_{VSt}$ -er]$_V$. Auf unser Beispiel *engordar* übertragen, bedeutet das: [[[en- [gord-]$_{ASt}$]$_{VSt}$ -a-]$_{VTh}$ -r]$_V$. Weder die Infinitivendung noch der Themavokal ist an der Derivation beteiligt.

Hier sind noch einmal die drei binär verzweigenden Strukturen abgebildet:

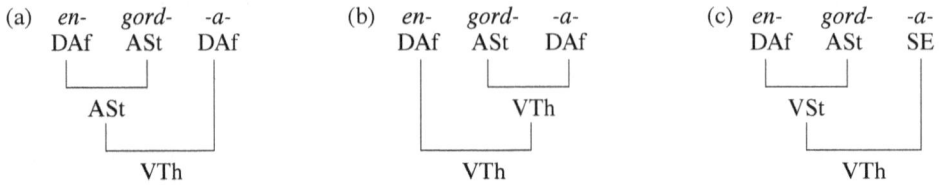

```
(a)  en-    gord-   -a-        (b)  en-    gord-   -a-        (c)  en-    gord-   -a-
     DAf    ASt     DAf             DAf    ASt     DAf             DAf    ASt     SE
     └─────────┘    │              └─────────┘    │              └─────────┘    │
       ASt          │                  VTh                            VSt
       └────────────┘                                                 └───────────┘
           VTh                         VTh                                 VTh
```

Zu (a): Hinsichtlich Alcoba Ruedas Teilstruktur [en-[gord-]_ASt]_ASt bemerkt Gather kritisch, dass sie "nicht nur ein nicht existentes, sondern darüber hinaus ein nicht mögliches Wort voraussetzt" (1999: 105): *engordo, *agrande usw.

Zu (b): Scalises und Gathers Lösung unterstellt eine Unzahl von hypothetischen Verben: *gordar, *riquecer usw.; dabei würde *riquecer einem Bildungsmuster entsprechen, das im Spanischen wenig vertreten ist, denn Verben wie oscurecer, verdecer sind selten. Und was wäre die Bedeutung von *gordar, *riquecer usw.?

Zu (c): Corbins Beschreibung, derzufolge das Präfix das verbalisierende Element ist, wäre nur auf einen Teil der spanischen Verben übertragbar, denn das Spanische hat neben dem Typ engordar auch den Typ enriquecer, bei dem die Rolle des Suffixes -ec- ungeklärt bliebe.

Auf Grund all dieser Einwände bleiben wir bei der traditionellen Auffassung, dass (zumindest in der Verbderivation) die Parasynthese ein selbständiges Wortbildungsverfahren ist, auch wenn die Struktur [Präf-X-Suf] dem sonst gut etablierten Binaritätsprinzip widerspricht.

Nachdem die Entscheidung zugunsten der Parasynthese gefallen ist, bleibt noch die Natur des beteiligten Suffixes zu klären. Dem Infinitivsuffix müsste man eine Doppelfunktion als Flexions- und Derivationsmorphem zuschreiben. Als Alternativen zum Infinitivmorphem kann man den Themavokal oder ein Nullsuffix in Betracht ziehen, somit:

(d) [Präf-X-Suf]; Parasynthese, das beteiligte Suffix ist der Themavokal,
(e) [Präf-X-Suf]; Parasynthese, das beteiligte Suffix ist -Ø-.

Analyse (d): [Präf-X-Suf]; das Suffix ist der Themavokal. Diese Lösung vertritt Serrano Dolader (1995: 55–60). Nach Serrano ist der Themavokal in a l l e n Fällen an der Derivation beteiligt, auch in Beispielen wie atemorizar, enriquecer. In den Elementen -ec-, -iz- usw. sieht er Infixe, die zur eigentlichen Verbalisierung nicht beitragen (1995: 57). Dem Themavokal schreibt er ausdrücklich einen Doppelcharakter zu: In engordar ist er Derivationsaffix, nicht aber in asar (1995: 60). Darin liegt sicher eine Inkonsequenz; doch hält Serrano Dolader diese Inkonsequenz, Gauger (1971a) folgend, für "in der Sprache selbst" gegeben (1995: 60, Fn. 43).

Analyse (e): [Präf-X-Suf]; das beteiligte Suffix ist bei Verben wie *en-riqu-ec-e-r*, *atemor-iz-a-r* das materiell vorhandene Derivationssuffix *-ec-*, *-iz-*, bei Verben wie *engordar* ist es ein Nullsuffix. Eine Beschreibung mit Hilfe von *-Ø-* wurde schon von Togeby (1965: 166) und von Rheinheimer-Rîpeanu (1974: 36ff.) vorgeschlagen.

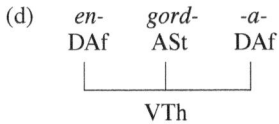

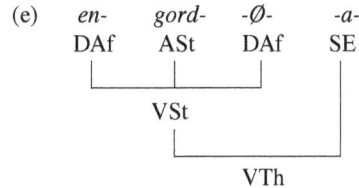

(d) en-   gord-   -a-
     DAf   ASt   DAf
     |_____|_____|
           VTh

(e) en-   gord-   -Ø-   -a-
     DAf   ASt   DAf   SE
     |_____|_____| |
           VSt_____|
                  VTh

Die Lösung (e) bietet gegenüber (d) drei Vorteile: 1. Man muss dem Themavokal keinen Doppelcharakter zuschreiben; seine Funktion ist immer die gleiche: die der Stammerweiterung. 2. Man muss keine künstlichen Annahmen über *-iz-*, *-ec-* machen: Es sind keine Infixe, sondern ganz normale Ableitungssuffixe. 3. Die Strukturparallelität zwischen *en-gord-Ø-a-r* und *en-riqu-ec-e-r* kommt deutlich zum Ausdruck. Aus all diesen Gründen entscheiden wir uns für Lösung (e).

Fazit: Wir betrachten die Parasynthese als selbständiges Wortbildungsverfahren. Das beteiligte Suffix kann entweder Null sein wie in *en-gord-Ø-a-r* oder aber explizit wie in *en-riqu-ec-e-r*.

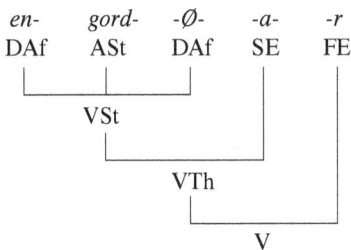

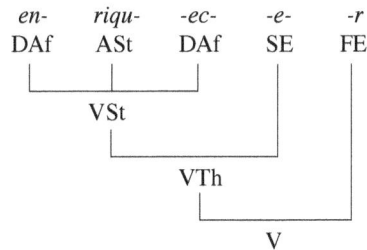

en-   gord-   -Ø-   -a-   -r
DAf   ASt   DAf   SE   FE
|_____|_____| | |
     VSt_____| |
           VTh_____|
                   V

en-   riqu-   -ec-   -e-   -r
DAf   ASt   DAf   SE   FE
|_____|_____| | |
     VSt_____| |
           VTh_____|
                    V

Es wird auch die Auffassung vertreten, dass überhaupt keine Präfigierung im Spiel sei, sondern dass es sich bei *embarcar* usw. um die Ableitung eines Verbstamms aus einer präpositionalen Fügung wie *en barco* handele, und zwar durch Konversion (Lüdtke 2006 u. 2011). Die Konversion wird dabei verstanden als Klassenwechsel ohne formalen Ausdruck, ließe sich aber natürlich auch als Nullsuffigierung darstellen. Schwer zu erklären bleibt aber die deadjektivische Ableitung, denn es gibt keine Syntagmen [Präp + A] wie *en gordo, *a grande, von denen *engordar, agrandar* usw. abzuleiten wären.

4.2.2. Substantive und Adjektive

Bisher war nur von Verben die Rede. Gibt es auch substantivische und adjektivische Parasynthetika? Wir betrachten drei Fallgruppen:

(1) Substantive wie *enmudecimiento, amujeramiento*
(2) Adjektive wie *anticonstitucional, internacional*
(3) Ausdrücke wie *(campaña) antialcohol, (crema) antiarrugas*

Zu (1): Das Substantiv *enmudecimiento* ist nur scheinbar parasynthetisch. Zwar gibt es kein **enmudo* und kein **mudecimiento*, wohl aber *enmudecer*; d. h., *enmudecimiento* ist eine normale Suffixableitung. Nicht das Substantiv, sondern das Ausgangsverb ist parasynthetisch. Als echtes Parasynthetikon könnte nur ein Nomen gelten, bei dem ein zugrundeliegendes Verb fehlt, z. B. *amujeramiento* 'Verweichlichung'. Man kann aber auch eine Ableitung von einem hypothetischen **amujerar* postulieren; das ist die Analyse Serrano Doladers (1995: 191).

Zu (2): Den Adjektiven *anticonstitucional, antiparasitario, internacional, interdisciplinario, posimperial* usw. stehen zwar die Relationsadjektive *constitucional, parasitario, nacional, disciplinario, imperial* usw. gegenüber, doch legt die Bedeutung eher eine direkte Ableitung *constitución –> anticonstitucional, nación –> internacional* usw. nahe, so wie oben *línea –> entrelinear* (4.1.). Andererseits fällt doch auf, dass das präfigierte Adjektiv immer dasselbe Suffix wie das unpräfigierte hat: *anticonstitucional* wie *constitucional, antiparasitario* wie *parasitario*. Das spricht für die Analyse: erst Suffigierung, dann Präfigierung. In der Literatur findet man beides: Serrano Dolader (1999: 4736) ordnet diese Wörter bei den Parasynthetika ein, Varela/Martín García (1999: 4998) bei den Präfixbildungen.

Zu (3): Will man dem Präfix in Adjektiven wie *antialcohol, antiarrugas, antifiebre, antidroga, antiinsectos* keine wortartverändernde Funktion zuschreiben, so bieten sich zwei Auswege an: (a) Man kann diese Wörter als Parasynthetika analysieren: [*anti*-[*alcohol*]$_N$-Ø]$_A$. (b) Man kann die Annahme machen, dass es neben dem Präfix *anti*- eine Präposition *anti* gibt: *Campaña anti instalación de tendido eléctrico* (Serrano Dolader 1999: 4739); dann wäre *antialcohol* gar kein Adjektiv, sondern eine Präpositionalphrase. Zur Diskussion s. Corbin (1987: 129ff.), Serrano Dolader (1994: 168–178; 1999: 4737–4741), RAE (2009: 675, § 10.3i).

Fazit: Bei den Beispielen unter (2) und (3), z. T. auch unter (1), ist es vertretbar, aber nicht zwingend geboten, sie als Parasynthetika zu beschreiben. Eine wirklich bedeutende Rolle spielt die Parasynthese aber nur bei Verben, denen wir uns nun wieder zuwenden.

4.3. Eine Auswahl von parasynthetischen Bildungen

Die beiden wichtigsten Präfixe, die der Parasynthese dienen, sind a_2- und *en-/em-*: *asegurar, embarcar*. Doch lassen sich auch Beispiele mit anderen Präfixen auffinden, z. B. *cabeza → descabezar, patria → expatriar*. Die Suffixe, die bei der Parasynthese auftreten, sind vor allem *-ec-* (*en-trist-ec-e-r*) und *-Ø-* (*a-just-Ø-a-r*). Vereinzelt kommen auch andere Suffixe vor wie *-iz-*, *-e-*, *-igu-*: *atemorizar, apedrear, apaciguar*. Als erstes betrachten wir die Parasynthese mit a_2- und *en-*; unsere Darstellung orientiert sich dabei an Gauger (1971b: 72ff.) und Serrano Dolader (1999: 4701ff.). Rein schematisch ergeben sich folgende Möglichkeiten:

Präfix	Suffix	N → V	A → V
a_2-	-Ø-	*amueblar, arruinar*	*agrandar, alargar*
	-iz-	*aterrorizar*	–
	-e-	*acarrear, apedrear*	–
	-igu-	*apaciguar*	–
en-/em-	-Ø-	*encarcelar, envenenar*	*engordar, ensuciar*
	-ec-	*enmohecer, embosquecer*	*empobrecer, entristecer*
	-iz-	*entronizar, encolerizar*	–

{a_2-}. Das Präfix a_2- tritt meistens mit *-Ø-a-r* auf, gelegentlich mit *-e-a-r*, *-iz-a-r* oder *-igu-a-r*: *acarrear, apedrear*; *atemorizar, aterrorizar*; *amortiguar, apaciguar*. Manchmal wird die Derivationsbasis modifiziert; z. B. durch Monophthongierung: *buñuelo → abuñolar, vergüenza → avergonzar*, dagegen *mueble → amueblar* (neben *amoblar*). Mitunter wird die Basis auch verkürzt: *piedad → apiadar*.

Die desubstantivischen Verben lassen sich grob in zwei Bedeutungsgruppen einteilen; (1) 'etwas zu *x* machen', oft auch im übertragenen Sinne: *agrupar* 'gruppieren', *amasar* 'anhäufen', ferner *amontonar, arruinar, avasallar* u. a. (2) 'etwas mit *x* versehen', oft im übertragenen Sinne: *amueblar* 'möblieren', *adoctrinar* 'indoktrinieren', *agusanarse* 'wurmstichig werden', ferner *apaciguar, apasionar, asalariar, asustar, atrampar, atrincherar, avergonzar* u. a.; zur Not kann man hier auch *acariciar* 'streicheln', *acompañar* 'begleiten', *acostumbrar* '(an)gewöhnen' hinzuzählen. Nicht einzuordnen sind *abrazar* 'umarmen', *acarrear* 'befördern', *acogotar* 'unterwerfen' (zu *cogote* 'Nacken, Hinterkopf'), ferner *apreciar, arraigar* (zu *raíz*), *arrodillarse, atornillar* u. a.

Die deadjektivischen Verben bedeuten: 'etwas *x* machen/werden lassen', mit *x* als dem Zustand, der durch das Adjektiv bezeichnet wird: *ablandar* 'weich machen', *abreviar* 'abkürzen', ferner *abrillantar, acortar, aflojar, agrandar, agravar, alargar, allanar, aplanar, apurar, asegurar* u. a.

{en-}. Das Präfix *en-*, *em-* tritt in der Parasynthese mit *-Ø-a-r* und *-ec-e-r* auf; dabei ist *-Ø-a-r* bei der desubstantivischen und deadjektivischen Ableitung zu finden, während *-ec-e-r* fast ausschließlich bei adjektivischer Basis erscheint. Selten sind desubstantivische Beispiele auf *-ec-e-r* wie *embosquecer*, *enmohecer*, *enorgullecer* u. a., selten sind auch Beispiele auf *-iz-a-r* wie *encolerizar*, *enfervorizar* u. a.

Bei den desubstantivischen Bildungen gibt es zwei Bedeutungsgruppen; (1) 'in *x* hineinbringen': *encarcelar* 'einkerkern', *enjaular* 'in einen Käfig sperren', ferner *encamarse*, *encamarar*, *encunar*, *embotellar*, *empaquetar* u. a.; (2) 'mit *x* versehen': *engrasar* 'einfetten', *enharinar* 'mit Mehl bestreuen', ferner *encorajar*, *endiablar*, *engomar*, *enladrillar*, *enmoquetar*, *enrabiar*, *envenenar* u. a. Nicht eingeordnet werden können *encarar* 'gegenüberstellen, ins Auge sehen' (zu *cara*), *enseñorear(se de)* 'beherrschen', meist reflexiv: 'sich bemächtigen' u. a.

Die deadjektivische Ableitung kennt, wie gesagt, zwei Parasyntheseverfahren, die sich im Suffix unterscheiden; (a) en-/em- + Adj.-Stamm + *-Ø-a-r*: *engordar*, *ensuciar*, *enfriar*, *empeorar*; (b) en-/em- + Adj.-Stamm + *-ec-e-r*: *empobrecer*, *enriquecer*, *entristecer*, *envejecer* (*viejo*), *enmudecer*, *enloquecer*, *enternecer* (*tierno*), *ennoblecer*, *endurecer*, *enaltecer*. Unter semantisch-syntaktischem Gesichtspunkt sind zwei Klassen zu unterscheiden: (1) Verben, die nur transitiv gebraucht werden können: 'etwas *x* machen', z. B. *emborrachar* 'betrunken machen', *ennoblecer* 'adeln', *enternecer* 'rühren, erweichen' u. v. a.; (2) Verben, die nicht nur transitiv, sondern auch intransitiv sein können: 1. 'etwas *x* machen', 2.'*x* werden'. Zur Gruppe (2) gehören *empeorar* 'verschlimmern, sich verschlimmern'; *empobrecer* 'arm machen, arm werden', ferner *engordar*, *enloquecer*, *enmudecer*, *envejecer* u. a.

Andere Präfixe. Eine Reihe von Parasynthetika gibt es auch mit den Präfixen *des-*, *ex-*, *extra-*, *entre-*, *re-*, *trans-*:

des-:	*descabezar, descafeinar, descascarar*
ex-:	*excarcelar, exclaustrar, expatriar*
extra-:	*extralimitarse, extraviar*
entre-:	*entrecomillar, entrelinear*
re-:	*refrescar, remangar, repatriar*
tra(n)s-:	*transbordar, trasnochar*

Umfangreich ist nur die Gruppe der Verben auf *des-*. Hier gibt es zwei Untergruppen: (1) '*x* entfernen': *descabezar*, *descafeinar*, *descarburar*, *descarnar*, *descascarar*, *descorchar*; (2) 'etwas von *x* entfernen': *descaminar*, *desorbitar*, *despeñar* '(jemanden hinabstürzen', von *peña* 'Klippe'), *despistar*, *desplazar*, *desterrar*.

5. Komposition

1. Allgemeines zur Komposition
2. Abgrenzung gegenüber der syntaktischen Fügung
3. Beziehungen innerhalb des Kompositums
4. Eine Auswahl von Komposita

5.1. Allgemeines zur Komposition

Komposition ist die Zusammenfügung von flektierten Wörtern und/oder Wortstämmen zu einem neuen Wort(stamm). Beispiele sind *abrelatas, hombre rana, altavoz, sordomudo, pelirrojo, carnívoro*.

In vielen Fällen ist ein Kompositum einfach ein Wort, das in zwei Wörter zerlegt werden kann; so besteht *hombre rana* aus den Substantiven *hombre* und *rana*, *altavoz* aus der Adjektivform *alta* und dem Substantiv *voz*.

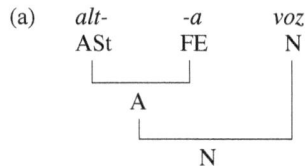

(a)   *alt-*   *-a*   *voz*
ASt   FE   N
A
N

In anderen Fällen ist die Sache verwickelter. Das Adjektiv *sordomudo* setzt sich nur scheinbar aus den Formen *sordo* und *mudo* zusammen. Es muss beachtet werden, dass dieses Adjektiv so wie alle anderen aus der *-o/-a*-Klasse flektiert wird: *sordomud-o, sordomud-a, sordomud-o-s, sordomud-a-s*. Nicht das Wort, sondern der Stamm ist zusammengesetzt: das Erstglied ist die Form *sordo*, das Zweitglied der Stamm *mud-*.

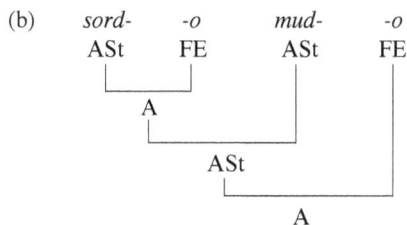

(b)   *sord-*   *-o*   *mud-*   *-o*
ASt   FE   ASt   FE
A
ASt
A

Das erste *-o* in *sordomudo* ist ein eingefrorenes Flexionsaffix (s. 2.1.), das nicht austauschbar ist; eine Form **sordamuda* gibt es nicht. Dieses eingefrorene Suffix kann auch nicht als Träger der Kategorie 'Mask.' angesehen werden; es hat die Funktion eines Übergangsvokals (der oft auch Fugen- oder Bindevokal genannt wird). Deutlicher wird diese Funktion in den Fällen, wo das -o- durch ein -i- ersetzt ist, z. B. in *blanquinegro* oder *pelirrojo*. (ÜV steht für "Übergangsvokal", N* soll eine nominale Konstituente symbolisieren, die nur gebunden auftritt.)

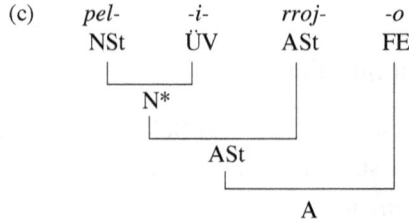

```
    (c)    pel-      -i-      rroj-       -o
           NSt       ÜV       ASt         FE
            └─────────┘        │           │
                 N*            │           │
                 └─────────────┘           │
                         ASt               │
                          └────────────────┘
                                  A
```

Bei der gelehrten Komposition werden lateinische oder griechische Stämme, die gebunden auftreten, zusammengefügt, wobei ein lateinisches Erstglied oft durch -i-, ein griechisches durch -o- gekennzeichnet ist: *carnívoro*, *meteorólogo*. ASt* soll eine Konstituente symbolisieren, die nur gebunden in komplexen Adjektivstämmen auftritt (es gibt kein Adjektiv *voro*, sondern nur *x-voro*: *insectívoro*, *herbívoro* etc.).

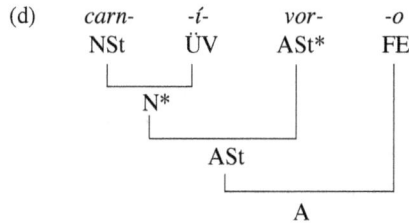

```
    (d)    carn-      -í-      vor-       -o
           NSt        ÜV       ASt*       FE
            └──────────┘        │          │
                 N*             │          │
                 └──────────────┘          │
                         ASt               │
                          └────────────────┘
                                  A
```

Die Beispiele (a) bis (d) zeigen, dass ein Kompositum durchaus nicht immer in zwei Wörter zerlegbar sein muss; das ist nur ein Spezialfall. Das gemeinsame Merkmal aller Komposita ist vielmehr, dass der Stamm des Gesamtworts aus (mindestens) zwei unmittelbaren Konstituenten besteht, die jeweils eine Wurzel enthalten: (a) *alt-* und *voz*, (b) *sord-* und *mud-*, (c) *pel-* und *(r)roj-*, (d) *carn-* und *vor-*.[62]

Ein oft angeführtes Beispiel für verschachtelte Komposition ist *limpiaparabrisas*, dessen zweite Konstituente ihrerseits zusammengesetzt ist: [*limpia*[[*para*][*brisas*]]]. Ein dreigliedriges Kompositum ist dagegen *histórico-crítico-bibliográfico* (Thiele 1992: 171). Beide Typen sind im Spanischen selten.

---

[62] Es genügt nicht, nur zu verlangen, dass im Gesamtwort zwei Wurzeln vorkommen. Zwei Wurzeln sind auch in abgeleiteten Wörtern wie *medioambiental*, *sordomudez* enthalten.

5.2. Abgrenzung gegenüber der syntaktischen Fügung

Man unterscheidet zwischen Komposita wie (a) *bocacalle* oder *pasodoble* und solchen wie (b) *contestador automático* oder *máquina de coser*. Die Komposita des Typs (a) zeichnen sich phonologisch dadurch aus, dass sie nur eine Akzentstelle haben, orthographisch dadurch, dass die Kompositionsglieder zusammengeschrieben werden, und grammatisch dadurch, dass es nur eine Pluralmarkierung gibt, und zwar am Ende der Gesamtkonstruktion:[63] *bocacalles, pasodobles* gegenüber *contestadores automáticos* oder *máquinas de coser*.

Bei den Komposita des Typs (b) stellt sich die Frage der Abgrenzung gegenüber der normalen syntaktischen Konstruktion: Sind die folgenden Ausdrücke Komposita oder nach syntaktischen Regeln gebildete Wortgruppen?

(1) *buque escuela, coche cama, hombre rana* (N + N)

(2) *general-presidente, hotel-restaurante, panadería-pastelería* (N + N)

(3) *aguja de punto, convento de monjas, traje de baño* (N + Präp + N)

(4) *aguja de coser, cuchilla de raspar, máquina de afeitar* (N + Präp + Infinitiv)

(5) *boletín meteorológico, cajero automático, escalera mecánica* (N + A)

In der Literatur findet man eine Reihe von Argumenten zugunsten der Interpretation solcher Ausdrücke als Komposita, so z. B. bei Rohrer (1977: 28ff. u. 114ff.) für das Französische, bei Bustos Gisbert (1986: 31–42, 91–93), Lang (1990: 66–69), Berschin et al. (2005: 297–298) für das Spanische. Wir wollen diese Überlegungen kurz referieren:

Eine wichtige Rolle spielt das semantische Kriterium (Lang 1990: 66): "The phrase must represent a cohesive semantic unit referring to a new concept or object." Nach Lang (1990: 67) kommt es auch auf die Gebrauchshäufigkeit an; er vergleicht *libro de cocina* mit *farola de jardín* (und einigen anderen Ausdrücken) und kommt zu dem Schluss, dass zwar beide einen einheitlichen Begriff ausdrücken, dass aber aufgrund der Gebrauchshäufigkeit nur das erste als Kompositum zu betrachten ist; er schließt aber nicht aus, dass *farola de jardín* eines Tages usuell und damit zum Kompositum werden könnte.

Ein weiteres Kriterium ist die Kohäsion (s. I, 2.1.1.). Es ist in der Regel unmöglich, zwischen die Bestandteile eines Worts etwas einzufügen: Aus *libro de bolsillo* lässt sich nicht **libro extraordinario de bolsillo* bilden. Die Konstruktion lässt sich nur als Ganzes modifizieren; *libro de bolsillo extraordinario* besagt, dass das Ta-

---

[63] Es kommt aber auch der Nullplural vor, nämlich dann, wenn das Zweitglied bereits eine Plural-form ist: Singular *portaaviones* – Plural *portaaviones-Ø*.

126

schenbuch (nicht die Tasche!) außergewöhnlich ist (Berschin et al. 2005: 297). Ferner können Teile eines Kompositums nicht mit anderen Wörtern koordiniert werden: *libro de bolsillo y de cocina*, *cajero automático y práctico*.

Was dagegen die Stellung des Pluralmorphems angeht, so spricht das Kohäsionskriterium eher dafür, die Konstruktionen unter (1) bis (5) als Wortgruppen aufzufassen. In (1), (3), (4) tritt das Pluralaffix in der Regel an die Erstkonstituente (*buques escuela*, *trajes de baño*, *agujas de coser*); bei (2) und (5) gibt es eine doppelte Pluralmarkierung: *panaderías-pastelerías*, *cajeros automáticos*, ferner auch bei *gentileshombres*, *ricasdueñas*. Manchmal schwankt der Gebrauch: *cafés-teatro* neben *cafés-teatros*, *casas-cuartel* neben *casas-cuarteles* (Rainer 1993: 256).

Somit: Der Umstand, dass die Ausdrücke unter (1) bis (5) nur global modifizierbar sind, spricht für ihre Einordnung unter die Komposita; das Verhalten bei der Pluralbildung spricht eher für ihre Auffassung als syntaktische Wortgruppen. Die in der Literatur weitverbreitete Bezeichnung "syntagmatische Komposita" trifft wohl recht gut ihre Zwischenstellung zwischen Komposition und Syntax. Dabei wird die Abgrenzung nicht einheitlich vorgenommen: Manche Autoren zählen die Typen (1) und (2) zu den syntagmatischen Komposita, z. B. Lang (1990: 81ff.) und Varela (2005: 80ff.), manche zu den eigentlichen Komposita, z. B. Rainer (1993: 245ff.) und Val Álvaro (1999: 4824ff.).

5.3. Beziehungen innerhalb des Kompositums

5.3.1. Endozentrische und exozentrische Komposita

Es gibt Komposita, bei denen eines der beiden Elemente den Charakter des Gesamtworts bestimmt, und solche, bei denen das nicht der Fall ist. Die ersteren nennt man endozentrische, die letzteren exozentrische Komposita.

Endozentrische Komposita bestehen aus einem Kopf und einem modifizierenden Element. Der Kopf von *hombre rana* ist *hombre*, der von *ricadueña* ist *dueña*. Der Kopf kann also rechts oder links stehen; meist steht er links.

Der Kopf ist dasjenige Kompositionsglied, das bestimmte formale Eigenschaften und oft auch bestimmte semantische Eigenschaften des Gesamtwortes festlegt. Als formale Eigenschaften sind zu nennen: die Wortart, die Flexionsklasse, bei Substantiven auch das Genus. Einige Beispiele sollen das illustrieren: *Nochebuena* ist kein Adjektiv wie *buena*, sondern ein Substantiv wie *noche*; das Adjektiv *blanquiazul* ist nicht genusflektierend wie *blanco*, sondern genusinvariabel wie *azul*; das Substantiv *hombre rana* ist nicht feminin wie *rana*, sondern maskulin wie *hombre*. Was die Semantik angeht, so drückt der Kopf oft (aber nicht immer, s. u.) einen Oberbegriff aus, unter den das Gesamtkompositum fällt: Ein *hombre rana* ist ein *hombre*; mehr dazu in 5.3.2.

Die substantivischen Komposita sind meist linksköpfig (*hombre rana, Nochevieja*, aber: *gentilhombre*), die adjektivischen dagegen rechtsköpfig (*sordomudo, tontivano*). Bei gelehrten Bildungen wie *horticultura, lexicólogo, termoelemento, agricultor* steht der Kopf immer rechts.

Exozentrische Bildungen haben keinen Kopf. Als klassisches Beispiel werden immer wieder die V+N-Komposita wie *lanzafuego, rompehielos, abrelatas* angeführt. Das Kompositum ist ein maskulines Substantiv;[64] die formalen Merkmale des Gesamtworts stimmen nicht überein mit denen der Erstkomponente, denn die ist verbal; sie stimmen aber auch nicht oder nur zufällig überein mit den Merkmalen der Zweitkomponente, denn diese ist zwar substantivisch, aber sie kann maskulin oder feminin, Singular oder Plural sein. Außerdem steht das Gesamtkompositum niemals in einer Hyponymiebeziehung zum Erstglied oder zum Zweitglied; so ist *lanzafuego* weder ein Unterbegriff zu *lanzar* noch zu *fuego*.

Formaler und semantischer Gesichtspunkt. Bisher wurden vor allem Fälle besprochen, bei denen die formalen und die semantischen Merkmale Hand in Hand gingen. Man tut aber gut daran, den formalen und den semantischen Aspekt sorgfältig zu trennen, denn es gibt Komposita, die formal einen Kopf haben, der aber keinen übergeordneten Begriff ausdrückt.

Das beste Beispiel sind die sogenannten Possessivkomposita: Ein *casco azul* ('Blauhelm') ist in der üblichen Lesart kein Helm, sondern ein Mitglied der UNO-Truppen, die bekanntlich blaue Helme tragen. Man könnte sagen: Formal ist *casco azul* endozentrisch, semantisch dagegen exozentrisch, d. h., formal hat das Wort einen Kopf, semantisch nicht.[65] Manchmal allerdings hat der semantisch exozentrische Charakter formale Konsequenzen: *el altavoz* 'Lautsprecher', *el piel roja* 'Rothaut', *el/la caradura* 'unverschämter Mensch'.

---

[64] In Einzelfällen kommen auch Feminina vor: *la quitanieves* 'Schneepflug', bei Personenbezeichnungen das Genus commune: *el/la guardacabras* 'Ziegenhirt(in)' (Ang. nach DRAE)

[65] In der Literatur wird eine solche Unterscheidung nicht immer vorgenommen: "[...] puede identificarse un núcleo que caracteriza gramatical y semánticamente el conjunto" (RAE 2009: 738, § 11.1j), ähnlich Kornfeld (2009: 437, Fn. 1) u. a. Bei Scalise/Fábregas (2010) wird dagegen unterschieden zwischen einem kategorialen, einem semantischen und einem morphologischen Kopf. Hiernach hat *altavoz* zwar kategorial einen Kopf, da es ein N wie *voz* ist, semantisch aber keinen, da *altavoz* kein Hyponym zu *voz* ist, und morphologisch auch keinen, da *altavoz* nicht feminin wie *voz* ist.

Ein weiteres Beispiel sind die adjektivischen Komposita des Typs *pelirrojo* 'rot-haarig'. Formal ist *(r)rojo* (genauer: *rroj-*) der Kopf, aber man kann rothaarig nicht als eine Art von rot bezeichnen; kurzum: formal ist das Adjektiv *pelirrojo* endozen-trisch, semantisch aber exozentrisch.

5.3.2. Subordinierende und koordinierende Komposita

Wenn wir zunächst nur die Komposita ins Auge fassen, die formal u n d semantisch endozentrisch sind (s. o., 5.3.1.), können wir zwei Typen unterscheiden: Solche, bei denen die semantische Beziehung zwischen den beiden Elementen subordinierend ist, und solche, bei denen sie koordinierend ist. Bei einer subordinierenden Bezie-hung wird eines der beiden Glieder durch das andere näher bestimmt, bei einer koor-dinierenden stehen beide gleichrangig nebeneinander. Im ersten Falle spricht man von Determinativkomposita, z. B. *pez espada*, im zweiten von Kopulativkomposita, z. B. *general-presidente*. Ein *pez espada* ist ein Fisch, aber kein Schwert, ein *gene-ral-presidente* ist dagegen sowohl General als auch Präsident.

Determinativkomposita. Dasjenige Kompositionsglied, welches semantisch näher bestimmt wird, bezeichnet man als Determinatum, und dasjenige, das spezifizierend hinzutritt, als Determinans. Das Determinatum drückt einen Oberbegriff aus, unter den das Gesamtwort fällt, und ist immer auch formal der Kopf (in den Beispielen fett): **coche**-*cama*, *gentil***hombre**.

Kopulativkomposita. Bei den Kopulativkomposita haben die beiden Bestandteile, wie gesagt, semantisch den gleichen Rang: Ein *poeta-pintor* ist Dichter und Maler zugleich, ein *sordomudo* ist sowohl taub als auch stumm. Weitere Beispiele sind *compraventa*, *actor-bailarín*, *vagón restaurante* (N + N); *sordomudo*, *tontivano*, *eró-tico-sentimental*, *político-económico* (A + A).

Dass es auch bei Koordination formal einen Kopf gibt, sieht man an Ausdrücken wie *la* **casa**-*cuartel*, *el* **hotel**-*residencia*, wo der Kopf das Genus bestimmt. Meistens ist dieser Sachverhalt dadurch verdunkelt, dass die verknüpften Elemente morpholo-gisch gleichartig sind (gleiche Wortart, gleiches Genus): *perfumería-droguería*.

Wenden wir uns nun einigen Komposita zu, die formal endo-, semantisch aber exo-zentrisch sind. In *salpimienta* (DRAE: 'Mezcla de sal y pimienta') stehen die beiden Glieder gleichrangig nebeneinander, aber anders als in den oben besprochenen Fällen ist keines von ihnen ein Oberbegriff zum Gesamtwort; die Mischung ist weder eine Art Salz noch eine Art Pfeffer. Ebenso: *aguanieve* 'Schneeregen', *ajiaceite* 'Soße aus Knoblauch, Öl (und anderen Zutaten)' u. a. Etwas Ähnliches begegnet uns auch bei Verbindung von Eigennamen wie *Castilla-La Mancha* oder *Castilla-León*. Exozentrisch sind schließlich auch koordinierende Adjektive wie *franco-español, ruso-alemán* usw.; *franco-español* heißt ja nicht 'spanisch und französisch zugleich', sondern bezieht sich auf etwas, das beide Länder oder Völker gleichermaßen betrifft: *relaciones franco-españolas*.

Zur Klassifikation der Komposita. Auf der Grundlage der Unterscheidung zwischen endo- und exozentrischen, sub- und koordinierenden Bildungen sind immer wieder Versuche einer Gesamtklassifikation der Komposita unternommen worden. Für einen Überblick über ältere und neuere Einteilungsversuche s. Scalise/Bisetto (2009); dort findet man auch einen neuen Klassifikationsvorschlag. Zu einer allgemeinen Typologie der Komposita s. auch Bauer (2009), zu einer Typologie der exozentrischen Komposita Bauer (2010).

5.4. Eine Auswahl von Komposita

Im Folgenden stellen wir eine kleine Auswahl von Komposita vor und kommentieren sie stichwortartig; die Angaben zur Bedeutung sind als grobe Skizzen zu verstehen. Da sich für die Verbalkomposition kaum Beispiele finden lassen (*maniatar, maldecir*), werden wir nicht weiter darauf eingehen und nur die substantivische und adjektivische Komposition betrachten.

Für ausführlichere Informationen verweisen wir auf die einschlägige Literatur, u. a. Alemany Bolufer (1920: 152–172), Bustos Gisbert (1986), Thiele (1992: 95–124, 170–179), Rainer (1993: 245–298), Val Álvaro (1999), Gather (2001), RAE (2009: 735–792). Einen kurzen Überblick gibt Kornfeld (2009); eine detaillierte Darstellung aus syn- und diachronischer Perspektive mit einer umfassenden Datensammlung bietet Moyna (2011).

5.4.1. Substantive

5.4.1.1. Komposita des Typs N + N

Im Schema N + N sind einerseits Determinativkomposita wie *bocacalle, bocallave, estrellamar, hombre rana*, andererseits Kopulativkomposita wie *casatienda, compraventa, general-presidente* vertreten.

Die Determinativkomposita verhalten sich in Bezug auf den Integrationsgrad uneinheitlich. Zum einen gibt es eine kleine, geschlossene Gruppe von echten Komposita: *bocacalle, bocamanga, telaraña, estrellamar*. Das Wort hat nur einen Akzent, die Glieder werden zusammengeschrieben, der Plural wird am Wortende markiert. Zum anderen gibt es eine große Zahl von Komposita, die sich durch einen mehr oder weniger losen Anschluss des Zweitgliedes auszeichnen: *camisa algodón*, *coche-cama*, *coche-patrulla*, *pájaro mosca*, *obra estándar*. Beide Glieder haben einen eigenen Akzent, die Schreibung erfolgt getrennt oder mit Bindestrich, der Plural wird am Erstglied gebildet: *coches-cama*, *obras estándar*. Diese Gruppe wird ständig um Neubildungen bereichert. Die Semantik dieser Bildungen ist vielfältig; folgende Bedeutungsgruppen sollen hervorgehoben werden (s. Rainer 1993: 255ff.): (1) 'x_1 fungiert als x_2': *hombre-anuncio*, *cortina parasol*, *crédito-puente*; (2) 'x_1, das wie ein x_2 ist': *hombre rana*, *pájaro mosca*, *pez espada*; (3) 'x_1, das (zusätzlich) ein x_2 ist': *referéndum-farsa*, *libro-escándalo*, *obra estándar*, *alumno problema*; (4) 'x_1, das aus x_2 (gemacht) ist': *papel aluminio*, *corbata seda*.

Bei den Kopulativkomposita gibt es zum einen eine Reihe von echten Komposita: *casatienda*, *compraventa*, *salpimienta*; mit Übergangsvokal *-i-*: *arquimesa*, *carricoche* u. a. (Bustos Gisbert 1986: 187). Zum anderen gibt es die Komposita vom Typ *actor-bailarín*: Die Integration der Kompositionsglieder ist gering; sie behalten beide ihren Akzent, orthographisch tritt zwischen Erst- und Zweitglied fast immer ein Bindestrich, die Pluralbildung erfolgt an beiden Gliedern: *actores-bailarines*. Manchmal sind die beiden Teile vertauschbar: *poeta-pintor*, *pintor-poeta*. Dieses Bildungsmuster ist sehr produktiv. Die Bedeutung lässt sich grob umreißen mit 'sowohl x_1 als auch x_2'. Es können Personen bezeichnet werden, die zwei Berufe oder Funktionen ausüben: *poeta-pintor*, *director-compositor*; oder Geschäfte, Lokale etc. mit doppelter Zweckbestimmung: *droguería-perfumería*, *librería-galería*, *panadería-pastelería*; auch Ideologien wie *marxismo-leninismo*.

5.4.1.2. Komposita des Typs V + N

Die Komposition nach dem Schema V + N ist ein außerordentlich produktives Verfahren; es kann nur ein ganz geringer Ausschnitt aus der Fülle der Beispiele gegeben werden: *abrelatas*, *cortacorriente*, *cuentakilómetros*, *cubrecadena*, *espantapájaros*, *guardabarrera*, *guardarropa*, *lanzafuego*, *lavacoches*, *limpiabotas*, *matasellos*, *parabrisas*, *portaaviones*, *portavoz*, *quitamanchas*, *rompehielos*, *sacabotas*, *sacacorchos*, *salvavidas*, *tornasol*, *tragaluz* u. v. a., s. Thiele (1992: 100–101). Ganz besonders häufig treten *guarda-*, *mata-*, *porta-* und *saca-* als Erstelement auf, s. die Angaben bei Rainer (1993: 269).

Die beiden Kompositionsglieder weisen den maximalen Integrationsgrad auf: Das Gesamtwort hat nur einen Akzent, Erst- und Zweitelement werden zusammengeschrieben, der Plural wird am Wortende realisiert, jedenfalls soweit das möglich ist: *el parasol – los parasoles*. Wenn das Zweitglied schon im Plural steht, was meistens der Fall ist, so fällt die Pluralform mit der Singularform zusammen; man kann für den Plural ein Nullsuffix annehmen: *el parabrisas – los parabrisas-Ø*.

Das verbale Erstglied gehört häufig, aber nicht immer der I. Konjugation an; die beiden anderen Konjugationsklassen sind unter anderem vertreten in *abrebotellas*, *correfaldas*, *cubrecama*, *cumpleaños*, *escurreplatos*, *rompecabezas*. Das Zweitglied steht meistens im Plural, wenngleich der Singular durchaus vorkommt: *cortafuego*, *cubreobjeto*, *guardabosque*, *parasol*, *portaestandarte* u. a.; manchmal sind auch beide Formen möglich, so findet man im DRAE *pararrayo* neben *pararrayos*, *portaequipaje* neben *portaequipajes*, *portaobjeto* neben *portaobjetos*.

Die Bedeutung eines V+N-Kompositums lässt sich meist durch eine Konstruktion wiedergeben, in der V als Prädikat und N als direktes Objekt erscheint.[66] So vermerkt der DRAE für *lavaplatos* u. a. folgendes: 'Persona que por oficio lava platos' und 'Máquina para lavar la vajilla, los cubiertos, etc.'. Die V+N-Komposita dienen hauptsächlich (1) zur Bezeichnung von Personen, die eine Handlung habituell (z. B. berufsmäßig) ausführen: *guardabarrera* 'Bahnwärter', (2) zur Bezeichnung von Geräten, Vorrichtungen usw.: *cubrecadena* 'Kettenschutz', (3) zur Bezeichnung von Vögeln, Insekten und Pflanzen: *picamaderos* 'Specht', *saltamontes* 'Heuschrecke', *detienebuey* 'Hauhechel'.

In der Romanistik hat es viele Diskussionen um die Natur des Erstelements gegeben. Folgende Auffassungen sind dabei vertreten worden: (a) Es handelt sich um einen Imperativ, (b) es handelt sich um die 3. Person Singular des Präsens Indikativ, (c) es handelt sich um den reinen, außerhalb des Paradigmas stehenden (erweiterten) Verbstamm, (d) es handelt sich um ein deverbales Nomen. Einige Forscher haben einen Unterschied gemacht zwischen dem Charakter des Erstelements in der Entstehungsphase des Bildungsmusters und seiner Natur in den heute vorliegenden Komposita, hierzu s. Bork (1990: 30–33). Verbreitet ist die Meinung, dass es sich ursprünglich um einen Imperativ handelte, der aber heute nicht mehr als solcher empfunden wird.

Es würde den Rahmen einer Einführung sprengen, alle diese Standpunkte auch nur einigermaßen ausführlich zu würdigen; eine Aufarbeitung findet man u. a. bei Bork (1990: 22–38), bei Rainer (1993: 265–268) und bei Gather (2001: 88ff.). Was die synchronische Interpretation angeht, entscheiden wir uns für (b) und begnügen uns mit der Skizze einer Begründung. Die Argumentation, die darin besteht, (a), (c) und (d) zu verwerfen, folgt weitgehend Rainer (1993: 265–268).

---

[66] Es gibt nur wenige Ausnahmen, in denen das Zweitglied kein direktes Objekt zum verbalen Erstglied ist, z. B. *girasol* 'Sonnenblume', *guardapolvo* 'Schonbezug'.

Zu (a): Während sich die Imperativhypothese diachronisch gut begründen lässt (s. Darmesteter 1894: 168ff.), erscheint sie aus synchronischer Perspektive nicht plausibel: "die Bedeutung unserer Komposita enthält einfach kein imperativisches Element" (Rainer 1993: 265).

Zu (c): Gegen die Auffassung als Verbstamm "im Sinne von Infinitiv minus *-r*" (a.a.O.: 266) wendet Rainer ein, dass die Verben der III. Konjugation in der Regel mit Auslaut *-e*, also wie in der 3. P. Sg., erscheinen: *abrelatas*, nicht **abrilatas*, und dass bei diphthongierenden Verben in der Regel auch die diphthongierte Stammvariante auftritt, also wieder wie in der 3. P. Sg.: *detienebuey, friegaplatos*.

Zu (d): Gegen die Auffassung des Erstglieds als deverbales Substantiv (Coseriu 1977) kann man vorbringen, dass nur Nomina actionis (*compra, destierro*), nicht aber Nomina agentis auf diese Weise abgeleitet werden (es gibt nur *compra-dor*, *abri-dor* usw.). Ein weiterer Einwand ist, dass die N+N-Komposita fast immer den Plural am Erstglied realisieren (*hombres-rana, poetas-pintores*, aber: *bocacalles*), während die hier betrachteten Bildungen das niemals tun.

5.4.1.3. Weitere substantivische Komposita

In diesem Abschnitt stellen wir drei weitere Schemata vor, nach denen substantivische Komposita gebildet werden: N + Präp + N, N + A, A + N. Die ersten beiden sind sehr produktiv.

N + Präp + N: *golpe de gracia, lucha de clases, telón de acero*; hier ordnen wir auch die Komposita mit substantiviertem Infinitiv ein: *cuchilla de afeitar, máquina de imprimir*. Zur Integration der Kompositionsglieder: Das Wort hat zwei Akzentstellen, die Glieder werden stets getrennt geschrieben, die Pluralbildung erfolgt stets am Erstglied. Das Zweitglied wird in der Regel, aber nicht immer artikellos angeschlossen; das Fehlen des Artikels ist also kein sicheres Abgrenzungskriterium gegen die syntaktische Phrase. Als Beispiele für Komposita mit Artikel im Zweitglied nennt Rainer (1993: 291) *abogado del Estado, ave del paraíso, orden del día* u. a., Lang (a.a.O.: 86) erwähnt *balanza del poder, barón del azúcar, costo de la vida* u. a.; mehr Bsp. s. Bustos Gisbert (1986: 90). Die Präposition ist fast immer *de*, als Beispiele für *a* nennt Rainer (1993: 293) *olla a presión, avión a reacción, cocina a gaz* u. a. Formal sind die Bildungen alle endozentrisch. Semantisch sind die meisten Bildungen endozentrisch, exozentrisch sind *mano de obra, ojo de buey*.

N + A. Es gibt zwei Typen, die sich durch den Integrationsgrad und die Produktivität unterscheiden: (a) *caradura* (m.!), *cubalibre* (m.!), *padrenuestro, pasodoble, Noche-*

buena, Nochevieja; (b) *antena parabólica, casco azul, cajero automático, escalera mecánica, guardia civil, silla eléctrica.* Während bei den Bildungen unter (a) die Integration weit fortgeschritten ist (ein Wortakzent, Zusammenschreibung, Plural am Wortende: *caraduras*), zeigen die Beispiele unter (b) eine doppelte Pluralmarkierung (*sillas eléctricas*), doch kommt in Einzelfällen auch schon der einfache Plural vor: *guardiaciviles* (neben *guardias civiles*). Die Bildung nach (a) ist nicht produktiv, die nach (b) dagegen sehr. Formal sind alle Bildungen endozentrisch: N ist immer der Kopf. Semantisch endozentrisch sind z. B. *Nochebuena, escalera mecánica*; semantisch exozentrisch sind u. a. *caradura, casco azul.*

A + N. Zu diesem Schema gibt es nur eine Handvoll Beispiele: *altavoz, bajorrelieve, cortocircuito, cortometraje, extremaunción, gentilhombre, medianoche, mediodía, purasangre, vanagloria.* Zur Integration der Kompositionsglieder: Das Wort hat nur einen Akzent, die Glieder werden zusammengeschrieben, der Plural wird am Wortende markiert, in Einzelfällen an beiden Kompositionsgliedern: *gentileshombres, ricasdueñas.* Bei exozentrischen Bildungen kann das Genus des Gesamtwortes abweichen vom Genus des Zweitgliedes: *el altavoz* (*el aparato*), *el purasangre* (*el caballo*); das Genus ergibt sich aus dem des Oberbegriffs.

Erstarrte Phrasen. Als letztes erwähnen wir einige Wörter, die sich aus dem Zusammenwachsen einer Wortgruppe erklären. Im Unterschied zu den syntagmatischen Komposita lassen sie kein regelmäßiges Bildungsschema erkennen: *el finiquito* 'Endabrechnung' (aus *fin y quito, quito = libre*), *la enhorabuena* 'Glückwunsch'; Verbalgruppen: *el correveidile* 'Klatschmaul', *el hazmerreír* 'Witzfigur', *el pláceme* 'Glückwunsch, Zustimmung', *el pésame* 'Beileid', *el sabelotodo* 'Besserwisser', *el vaivén* 'Hin und Her'.

5.4.2. Adjektive

Die meisten Adjektivkomposita folgen dem Schema A + A (*rojinegro, blanquirrojo*) oder N + A (*boquiabierto, pelirrojo*). Außerdem gibt es einige Komposita mit adverbialem Erstglied (*malsano*).

A + A. (a) *anchicorto, blanquiazul, rojiblanco, tontivano, verdinegro*; (b) *económico-social, lírico-dramático, matemático-estadístico, político-diplomático, teórico-conceptual.* Bei den Bildungen unter (a) tritt im Erstglied an die Stelle der Endung ein Übergangsvokal *-i-* ein. Die adjektivische Flexion tritt am Wortende auf; das Erstglied bleibt unverändert. Überwiegend werden nach (a) Farbadjektive gebildet, nur vereinzelt kommen andere Adjektive vor: *anchicorto, tontivano, clarividente.*

Zusammensetzungen wie unter (b) sind außerordentlich häufig; das Verfahren ist sehr produktiv. Ob beide Kompositionsglieder einen eigenen Akzent haben, ist strittig (Rainer 1993: 283). Graphisch werden die Glieder in der Regel durch einen Bindestrich verbunden; nur wenige Wörter werden zusammengeschrieben: *sacrosanto, sordomudo, todopoderoso*; manchmal wird dabei das Erstglied gekürzt: *agrio* zu *agri-* in *agridulce, trágico* zu *tragi-* in *tragicómico, claro* zu *clar-* im substantivierten Adjektiv *claroscuro*. Die Flexion erfolgt am Wortende: *obras lírico-dramáticas*. Besonders häufig sind Adjektive, die die Beziehung zwischen zwei Nationen ausdrücken: *ítalo-griego, greco-romano* (≠ *grecorromano*!), *hispano-francés, franco-español*. Als Erstglied erscheint oft eine gelehrte Form: *hispano-* statt *español*. Das ist aber nicht immer so, vgl. *sueco-alemán*.

N + A. Es sind zwei Typen zu unterscheiden: (a) *alicaído, boquiabierto, pelirrojo, rostrituerto, ojituerto*, (b) *cuentadante, derechohabiente, hispanohablante*.

Die Beispiele unter (a) zeigen den Übergangsvokal *-i-* statt des Substantivauslauts; in *cabizbajo* ist das Erstglied gekürzt. Der Hauptakzent fällt auf das Zweitglied; nach Rainer (1993: 287) hat das Wort einen Nebenakzent auf dem Erstglied. Das Substantiv bezeichnet einen Körperteil, das Adjektiv eine Eigenschaft, die sich auf diesen Körperteil bezieht. So bedeutet *carirredondo* 'Redondo de cara' (DRAE), *pelirrojo* 'Que tiene rojo el pelo' (DRAE).

In den Beispielen unter (b) ist das Zweitglied ursprünglich ein Partizip Präsens; das Erstglied ist syntaktisch direktes Objekt zum Zweitglied: 'que da cuenta' etc. Die Beispiele stammen meist aus der Rechtssprache, einige kommen nur substantiviert vor wie *terrateniente* oder *lugarteniente*. Produktiv ist nur die Bildung nach dem Muster *x-hablante*.

Adv + A: Bei diesem Kompositionstyp gibt es starke Beschränkungen. Als Erstelement treten nur die Adverbien *mal* und *bien* auf, als Zweitelement fast nur Partizipien: *bienaventurado, bienvenido, malacostumbrado, malconsiderado, malintencionado, malpensado*. Außerdem gibt es einige Adjektive auf *-nte*: *biensonante, malsonante, malandante* u. a. Nicht deverbal sind nur *malcontento, malsano*. Nur substantiviert kommen vor: *bienvenida, malentendido* u. a. (Rainer 1993: 296–297).

5.4.3. Gelehrte Komposition: Substantive und Adjektive

Die hier zu erörternden Bildungen bestehen aus lateinischen oder griechischen Bausteinen, die in der Regel nicht wortfähig sind, wie z. B. *psico-, filo-, -cida, ´-logo*. (Nur manche Elemente wie *manía* kommen auch frei vor.) In der Literatur werden diese Bausteine manchmal "raíces prefijas" und "raíces sufijas" genannt (Seco 1989: 216–217). Die gelehrten Komposita sind in Orthographie und Lautgestalt nur wenig an das Spanische angepasst. Teilweise gehören sie dem allgemeinen Wortschatz an wie *termómetro*, *psicología*; zu einem Teil sind sie nur dem Gebildeten verständlich wie *megalomanía*, *cacofonía*; und zu einem großen Teil sind sie typische Elemente von Fachterminologien wie *isótopo*, *topología*, *dinamómetro*.

Das Erstelement besteht meist aus einer Wurzel und einem Übergangsvokal. Bei griechischen Bildungen ist es *-o-* oder *-ó-*: *antropólogo*, *antropología*, *grafólogo*, *grafología*, *logopedia*; bei lateinischen in der Regel *-i-* oder *-í-*, manchmal *-o-*: *insectívoro*, *insecticida*, *carnívoro*, *piriforme*, *calorífero*, aber *ferromagnético*, *sociocultural*. Der Übergangsvokal fehlt, wenn das Zweitglied vokalisch anlautet: *biopsia*, *filántropo*, *filarmonía*, *fonóptico*, *logaritmo*.

Die Betonung kann auf das Zweitglied oder auf den Übergangsvokal fallen: *insecticida* vs. *insectívoro*, *biblioteca* vs. *bibliógrafo*. Synchronisch ist das nicht durchschaubar, aber ein Blick auf die alten Sprachen hilft weiter. Im Lateinischen wird die vorletzte Silbe betont, wenn sie lang ist, sonst die vorvorletzte; deshalb heißt es lat. *homicīda*, aber *carnívorus*. Nach diesem Muster werden auch die im Spanischen gebildeten "neulateinischen" Komposita betont. "Estas formaciones […] no se apartan en general de la acentuación latina, o de lo que habría sido la acentuación latina de haber existido la palabra en latín" (RAE 1973: 79). Viele Gräzismen sind über das Lateinische vermittelt worden, und so folgt das Spanische auch hier oft dem lateinischen Muster: *teólogo* wird wie lat. *theólogus*, nicht wie griechisch *theológos* betont.

Ausführliche Listen von Erst- und Zweitelementen findet man z. B. bei Seco (1989: 216–217) und bei Thiele (1992: 103–109). Hier begnügen wir uns mit einigen wenigen Beispielen, die in der nachfolgenden Tabelle angeordnet sind. Die ersten drei Spalten enthalten lateinische Elemente, die letzten vier griechische:

´-voro	-cida	-cultor	´-metro	´-logo	´-grafo	-cracia
carní-	herbi-	api-	baró-	antropó-	telé-	aristo-
fumí-	homi-	silvi-	dinamó-	geó-	bió-	demo-
herbí-	parri-	horti-	higró-	ornitó-	lexicó-	tecno-
insectí-	sui-	agri-	termó-	psicó-	historió-	
	insecti-	arbori-	cronó-	lexicó-	bibliό-	
	arbori-	pisci-		zoó-	tipó-	
	fili-					

Auch Mischbildungen kommen vor. Griechisch-lateinisch sind z. B. *fonocaptor*, *polivalencia*, *televisión*. Lateinisch-griechisch sind *ferrocianhídrico*, *radiólogo*, *pluviómetro*. Eine Kombination eines gelehrten mit einem volkstümlichen Element ist *telesilla*.

136

Die gelehrten Bildungen können Substantive oder Adjektive sein. Adjektive sind z. B. die Zusammensetzungen mit *-voro*, *-fero*, *-fico*, *-filo*, *-fobo*, *-forme*: *carnívoro*, *herbívoro*; *pestífero*, *petrolífero*; *frigorífico*, *lapidífico*; *bibliófilo*, *hidrófilo*, *hispanófilo*; *hidrófobo*, *xenófobo*; *arboriforme*, *campaniforme*. Oft treten die Adjektive auch substantiviert auf: *el carnívoro*, *el frigorífico*.

Die Bausteine bei der gelehrten Komposition sind: Wurzel + Übergangsvokal + Wurzel + Flexionsaffix: *bibli-ó-graf-o*. Manchmal fehlt der Übergangsvokal (*filateli-a*), manchmal tritt an die Stelle einer Wurzel ein abgeleiteter Stamm aus Wurzel + Suffix (*bibli-o-**graf-í**-a*). Einige Wurzeln können sowohl in Erst- als auch in Zweitposition stehen:

Wurzel	in Erststellung	in Zweitstellung
antrop-	*antropólogo, -a*	*filántropo*
fil-	*filósofo, -a*	*hidrófilo, -a*
fon-	*fonoteca*	*teléfono*
graf-	*grafólogo, -a*	*tipógrafo*
log-	*logomaquia*	*oftalmólogo*
metr-	*metrónomo*	*barómetro*
term-	*termómetro*	*isotermo, -a*

Wegen ihrer Tendenz zur Reihenbildung werden manche Erstelemente den Präfixen zugerechnet. So findet man bei Cartagena/Gauger (1989, II: 172–173) *exo-*, *endo-*, *neo-*, *paleo-*, *uni-*, *multi-*, *mono-*, *poli-*, *macro-*, *micro-* u. a. als Präfixe verzeichnet. Rainer (1993) geht noch weiter: Er ordnet sämtliche Erstelemente, die er behandelt, bei den Präfixen ein, z. B. *auto-*, *bio-*, *cosmo-*, *demo-*, *electro-*, *neo-*. Entsprechend reiht er sämtliche Zweitelemente unter die Suffixe ein, z. B. *-icida*, *-ícola*, *-ífero*, *-ólogo*, *-omanía*, *-ómetro*.

Dagegen ist einzuwenden: 1. Elemente wie *filo-* sind dann nicht nur Suffix, sondern auch Präfix. 2. Wörter wie *neólogo*, *paleólogo* bestehen dann nur aus Präfix und Suffix, ohne eine Wurzel dazwischen (abgesehen von der Schwierigkeit, den Übergangsvokal zuzuordnen). 3. Offen bleibt: Wo ist die Grenze? Sollen auch Elemente wie *oftalmó-* (das Rainer nicht erwähnt) als Präfix zählen?

6. Komplexe Wörter

Zum Abschluss soll auf einen Sachverhalt eingegangen werden, der zwar grundlegend ist, aber bisher nur am Rande zur Sprache kam, dass nämlich ein Wort durch mehrere aufeinanderfolgende Wortbildungsschritte[67] aufgebaut sein kann: Ein suffigierter Stamm kann erneut suffigiert werden, an eine Suffixbildung kann ein Präfix angefügt werden, das Ganze kann wieder suffigiert werden usw. Wir führen nun einige Fälle exemplarisch vor; weitere Beispiele findet man in den Aufgaben und Fragen zu Teil III.

1. Zweimal Suffigierung: *amar* –› *amable* –› *amabilidad*.

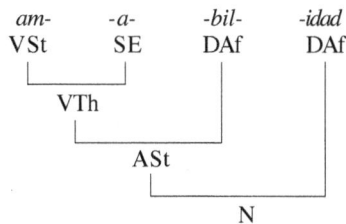

<pre>
        am-   -a-   -bil-   -idad
        VSt   SE   DAf   DAf
        └────────┘
            VTh
            └─────────────┘
                  ASt
                  └────────────────────┘
                            N
</pre>

2. Suffigierung, dann Präfigierung, dann Suffigierung: *forma* –› *formal* –› *informal* –› *informalidad*.

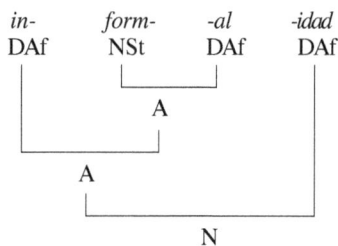

<pre>
        in-   form-   -al   -idad
        DAf   NSt   DAf   DAf
                 └──────────┘
                      A
        └────────────────┘
              A
              └──────────────────────┘
                         N
</pre>

---

[67] Mit "aufeinanderfolgend" ist eine s y s t e m a t i s c h e Abfolge von Derivationsschritten gemeint, die nicht unbedingt der zeitlichen Reihenfolge des Auftretens entsprechen muss (vgl. Einleitung). So gibt Corominas für die gelehrte Entlehnung *trasmitir* als Erstbeleg 1739 an, für *trasmisión* aber schon 1654.

3. Präfigierung, dann Suffigierung: *nacer →· renacer →· renacimiento*.

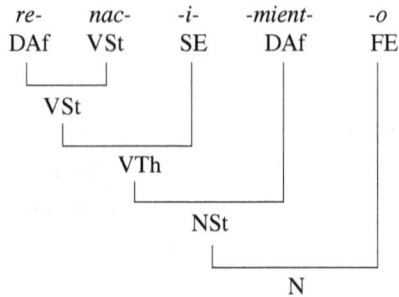

re-	nac-	-i-	-mient-	-o
DAf	VSt	SE	DAf	FE

```
re-      nac-      -i-      -mient-      -o
DAf      VSt       SE        DAf         FE
 └────────┘
      VSt
       └─────────────┘
              VTh
               └───────────────┘
                      NSt
                       └────────────────────────────┘
                                    N
```

4. Zweimal Suffigierung, dann Präfigierung, dann Suffigierung: *centro →· central →· centralizar →· descentralizar →· descentralización*.

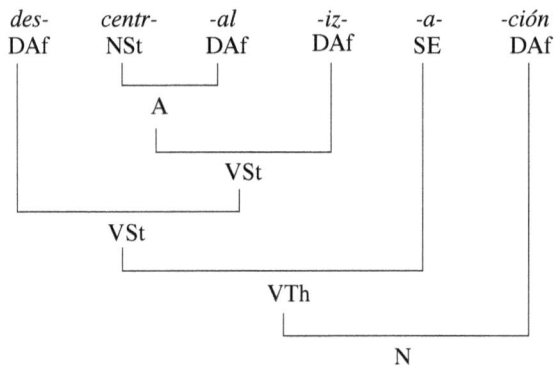

```
des-     centr-     -al      -iz-      -a-      -ción
DAf       NSt       DAf      DAf        SE       DAf
           └─────────┘
                A
                └──────────────────┘
                         VSt
 └──────────────────────────┘
              VSt
               └───────────────────────────┘
                            VTh
                             └──────────────────────────┘
                                          N
```

5. Parasynthese, dann Suffigierung: *mudo →· enmudecer →· enmudecimiento*.

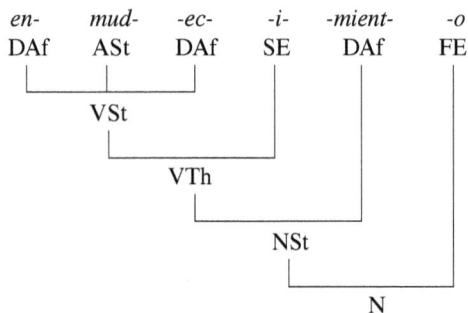

```
en-      mud-      -ec-      -i-      -mient-      -o
DAf       ASt      DAf       SE        DAf         FE
 └─────────┴─────────┘
         VSt
          └──────────────┘
                VTh
                 └───────────────┘
                        NSt
                         └────────────────────────────┘
                                      N
```

6. Parasynthese, dann Präfigierung: *trono → entronizar → desentronizar*.

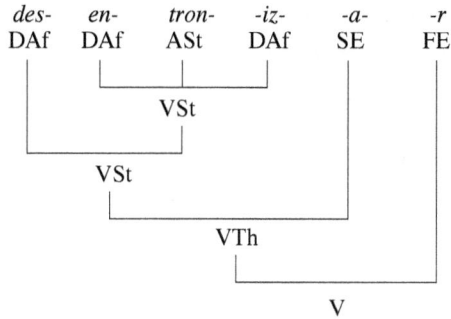

```
des-    en-    tron-    -iz-    -a-    -r
DAf    DAf    ASt      DAf     SE     FE
 |      └──────┴────────┘       |      |
 |            VSt               |      |
 └─────────────┘               |      |
       VSt                      |      |
        └────────────┬──────────┘      |
                    VTh                 |
                     └─────────┬────────┘
                               V
```

7. Parasynthese, dann Präfigierung, dann Suffigierung: *cadena → encadenar → des-encadenar → desencadenamiento*.

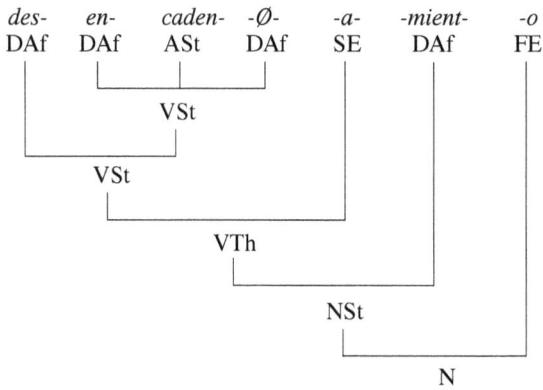

```
des-    en-     caden-   -Ø-    -a-    -mient-    -o
DAf    DAf      ASt      DAf    SE     DAf        FE
 |      └────────┴────────┘      |      |          |
 |             VSt               |      |          |
 └──────────────┘               |      |          |
       VSt                       |      |          |
        └─────────────┬──────────┘      |          |
                     VTh                 |          |
                      └──────────┬───────┘          |
                                NSt                  |
                                 └─────────┬─────────┘
                                           N
```

8. Komposition, dann Suffigierung: *sordo + mud(o) → sordomud(o) → sordomudez*.

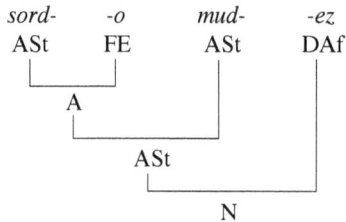

```
sord-     -o       mud-      -ez
ASt       FE       ASt       DAf
 └────┬────┘        |         |
      A             |         |
      └──────┬──────┘         |
            ASt                |
             └────────┬────────┘
                      N
```

Aufgaben und Fragen zu Teil III

1. Geben Sie die Konstituentenstrukturen der folgenden Wörter an: *inconstitucionalidad, reflorecimiento, reencuadernación, desenterramiento, desesperanzador, encarecidamente, desenmascaradamente, interdisciplinariedad, internacionalismo*. Im Zweifelsfall ist der DRAE oder der DUE zu konsultieren.

2. Das Wort *desescolarización* bedeutet 'fehlende Einschulung' (PONS). Vergleichen Sie die Konstituentenstruktur mit der von *descentralización*.

3. Simplex, Derivat, Kompositum? Begründen Sie Ihre Antworten: *cerrar, cierre, cortometraje, paisaje, bienaventurado, finiquitar, archivanaglorioso, hispanoamericano, filológico, desentierramuertos, quintaesencia, quintacolumnista, fin, sinfín, cero, sincero, sinvergüenza*.

4. (a) Stellen Sie die Ableitungsreihe von *regla* zu *reglamentación* auf. Fügen Sie, wo nötig, -Ø- ein. Was fällt auf? (b) Geben Sie die Ableitungsschritte von *tierra* zu *destierro* und von *barco* zu *embarque* an. Was fällt auf?

5. Wie viele Affixe enthält *avioncito*, wie viele *florecita?* Diskutieren Sie verschiedene Auffassungen.

6. Vergleichen Sie die Konstituentenstrukturen von *inutilizar* und *reutilizar*.

7. Wenn man Nullsuffixe als Beschreibungsmittel einsetzt, bekommt der Stamm von *desterrar* die Struktur (a), der Stamm von *desarmar* dagegen die Struktur (b). Wie erklärt sich der Unterschied?

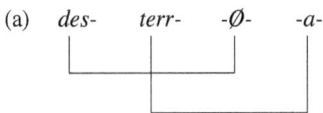

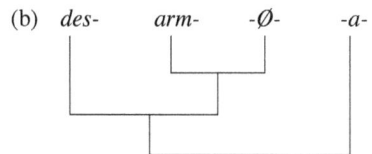

    (a)   *des-*   *terr-*   *-Ø-*   *-a-*   (b)   *des-*   *arm-*   *-Ø-*   *-a-*

8. Warum ist *embotellamiento* keine parasynthetische Bildung? Es gibt doch weder **embotella* noch **botellamiento*?

9. Vergleichen Sie die Konstituentenstrukturen von *portaaviones* und *tragaluces*.

Literatur

Alarcos Llorach, Emilio (1994): *Gramática de la lengua española*. Madrid: Espasa Calpe.

Alcina Franch, Juan / Blecua, José Manuel (1975): *Gramática española*. Barcelona: Editorial Ariel.

Alcoba Rueda, Santiago (1993): Los parasintéticos: constituyentes y estructura léxica. In: Soledad Varela (ed.): *La formación de palabras*. Madrid: Santillana, Taurus Universitaria, 360–379.

Alcoba, Santiago (1999): La flexión verbal. In: Ignacio Bosque / Violeta Demonte (dir.): *Gramática descriptiva de la lengua española*, vol. 3. Madrid: Espasa, 4915–4991.

Alemany Bolufer, José (1920): *Tratado de la formación de palabras en la lengua castellana*. Madrid: Librería General de Victoriano Suárez.

Alonso-Cortés, Ángel Manteca (1987): *Lingüística general*. Madrid: Cátedra.

Alvar, Manuel / Mariner, Sebastian (1967): Latinismos. In: *Enciclopedia Lingüística Hispánica*. Dirigida por M. Alvar, A. Badía, R. de Balbín, L. F. Lindley Cintra. Tomo II. Madrid: Consejo superior de investigaciones científicas.

Alvar, Manuel / Pottier, Bernard (1983): *Morfología histórica del español*. Madrid: Gredos.

Ambadiang, Théophile (1994): *La morfología flexiva*. Madrid: Taurus Universitaria.

Anderson, James M. (1961): The Morphophonemics of Gender in Spanish Nouns. In: *Lingua* X, 285–296.

Aronoff, Mark (1976): *Word Formation in Generative Grammar*. Cambridge (Mass.) and London, England: MIT Press.

Bally, Charles (1965): *Linguistique générale et linguistique française*. Quatrième édition revue et corrigée. Bern: Francke.

Bauer, Laurie (1983): *English Word Formation*. Cambridge: Cambridge University Press.

– (1988): Introducing *Linguistic Morphology*. Edinburgh: Edinburgh University Press.

– (2000): Word. In: Geert Booij / Christian Lehmann / Joachim Mugdan (Hrsg.): *Morphologie. Ein internationales Handbuch zur Flexion und Wortbildung*. 1. Halbband. Berlin – New York: Walter de Gruyter, 247–257.

– (2009): Typology of compounds. In: Rochelle Lieber / Pavol Stekauer (eds.): *The Oxford Handbook of Compounding*. Oxford: Oxford University Press, 343–356.

– (2010): The typology of exocentric compounding. In: Sergio Scalise / Irene Vogel: *Cross-Disciplinary Issues in Compounding*. Amsterdam – Philadelphia: John Benjamins Publishing Company, 167–175.

Bazell, C. E. (1949): On the Problem of the Morpheme. In: *Archivum Linguisticum* 1, 1–15.

Beniers, Elisabeth (1977): La derivación de sustantivos a partir de participios. In: *Nueva Revista de Filología Hispánica* XXVI, 316–331.

Bergenholtz, Henning / Mugdan, Joachim (1979): *Einführung in die Morphologie*. Stuttgart: Kohlhammer.

– (2000): Nullelemente in der Morphologie. In: Geert Booij / Christian Lehmann / Joachim Mugdan (Hrsg.): *Morphologie. Ein internationales Handbuch zur Flexion und Wortbildung*. 1. Halbband. Berlin – New York: Walter de Gruyter, 435–450.

Berschin, Helmut / Fernández-Sevilla, Julio / Felixberger, Josef (2005): *Die spanische Sprache: Verbreitung, Geschichte, Struktur*. 3., korrigierte und durch einen Nachtrag ergänzte Auflage. Hildesheim – Zürich – New York: Olms.

Bloomfield, Leonard (1926): A Set of Postulates for the Science of Language. In: *Language* 2, 153–164.

– (1933): *Language*. London: Allen & Unwin. Reprint 1969. (Zuerst N. Y.: Henry Holt & Co. 1933).

142

Bolinger, Dwight L. (1948): On Defining the Morpheme. In: *Word* 4, 18–23.

Bork, Hans Dieter (1990): *Die lateinisch-romanischen Zusammensetzungen Nomen + Verb und der Ursprung der romanischen Verb-Ergänzung-Komposita*. Bonn: Romanistischer Verlag.

Bruyne, Jacques de (2002): *Spanische Grammatik*. Übersetzt von Dirko-J. Gütschow. 2., ergänzte Auflage. Tübingen: Niemeyer.

Bustos Gisbert, Eugenio de (1986): *La composición nominal en español*. Salamanca: Ediciones Universidad de Salamanca.

Cartagena, Nelson / Gauger, Hans-Martin (1989): *Vergleichende Grammatik Spanisch-Deutsch*; 2 Bde. Mannheim: Dudenverlag.

Casado Velarde, Manuel / González Ollé, Fernando (1990): Spanisch: Wortbildungslehre. In: Günter Holtus / Michael Metzeltin / Christian Schmitt (Hrsg.): *Lexikon der Romanistischen Linguistik*, Band VI. Tübingen: Niemeyer, 91–109.

Corbin, Danielle (1987): *Morphologie dérivationnelle et structuration du lexique*. Tübingen: Niemeyer.

Coseriu, Eugenio (1977): Inhaltliche Wortbildungslehre (am Beispiel des Typs "coupe-papier"). In: Herbert E. Brekle / Dieter Kastovsky (Hrsg.): *Perspektiven der Wortbildungsforschung. Beiträge zum Wuppertaler Wortbildungskolloquium vom 9.–10. Juli 1976*. Bonn: Bouvier, 48–61.

Cressey, William W. (1978): *Spanish Phonology and Morphology: A Generative View*. Washington, D.C.: Georgetown University Press.

Darmesteter, Arsène (1894): *Traité de la formation des mots composés dans la langue française*. 2e édition revue, corrigée et en partie refondue. Paris: Bouillon.

Dietrich, Wolf / Noll, Volker (2012): *Einführung in die spanische Sprachwissenschaft*. 6., neu bearbeitete und erweiterte Auflage. Berlin: Erich Schmidt Verlag.

Di Pietro, Robert J. (1963): Morphemic Analysis of the Spanish Verb. In: *Filología Moderna* 13 (Octubre 1963), 53–58.

Dubois, Jean (1966): Essai d'analyse distributionnelle du verbe (les paradigmes de conjugaison). In: *Le français moderne* 34, 185–209.

Echaide, Ana María (1969): El género del sustantivo en español: Evolución y estructura. In: *Iberoromania* I, 89–124.

Elson, Benjamin / Pickett, Velma (1983): *Beginning Morphology and Syntax*. Mexico City: Summer Institute of Linguistics. Reprint 1987.

Gabriel, Christoph (2012): Wortklassen. In: Joachim Born / Robert Folger / Christopher F. Laferl / Bernhard Pöll: *Handbuch Spanisch*. Berlin: Erich Schmidt Verlag, 276–281.

Gather; Andreas (1999): Die morphologische Struktur französischer und spanischer verbaler Parasynthetika. In: *Zeitschrift für romanische Philologie* 115, Heft 1, 79–116.

– (2001): *Romanische Verb-Nomen-Komposita. Wortbildung zwischen Lexikon, Morphologie und Syntax*. Tübingen: Narr.

Gauger, Hans-Martin (1971a): *Durchsichtige Wörter. Zur Theorie der Wortbildung*. Heidelberg: Carl Winter Universitätsverlag.

– (1971b): *Untersuchungen zur spanischen und französischen Wortbildung*. Heidelberg: Carl Winter Universitätsverlag.

Gleason, Henry A. (1961): *An Introduction to Descriptive Linguistics*. New York: Holt, Rinehart & Winston.

Gooch, Anthony (1967): *Diminutive, Augmentative and Pejorative Suffixes in Modern Spanish*. Oxford: Pergamon Press.

Haas, W. (1957): Zero in Linguistic Description. In: J. R. Firth (ed.): *Studies in Linguistic Analysis*. Oxford: Basil Blackwell, 33–53.

Hall Jr., Robert A. (1945): Spanish Inflection. In: *Studies in Linguistics*, Vol 3, No. 2, 24–26.

Harris, James W. (1969): *Spanish Phonology*. Cambridge (Mass.) and London: MIT Press.

– (1975): Stress assignment rules in Spanish. In: William G. Milan / John J. Staczek / Juan C. Zamora (eds.): *1974 Colloquium on Spanish and Portuguese Linguistics*. Washington D. C.: Georgetown University Press, 56–83.

– (1991a): The Exponence of Gender in Spanish. In: *Linguistic Inquiry* 22, 27–62.

– (1991b): The Form Classes of Spanish Substantives. In: *Yearbook of Morphology*, 65–88.

Harris, Zellig S. (1942): Morpheme Alternants in Linguistic Analysis. In: *Language* 18, 169–180.

Hockett, Charles F. (1947): Problems of Morphemic Analysis. In: *Language* 23, 273–285.

– (1958): *A Course in Modern Linguistics*. N. Y.: Macmillan.

Hönigsperger, Astrid (1990): Spanisch: Flexionslehre. In: Günter Holtus / Michael Metzeltin / Christian Schmitt (Hrsg.): *Lexikon der Romanistischen Linguistik*, Bd. VI. Tübingen: Niemeyer, 77–91.

Hualde, José Ignacio / Olearra, Antxón / Escobar, Anna María / Travis, Catherine E. (2010): *Introducción a la lingüística hispánica* (segunda edición). Cambridge: Cambridge University Press.

Jensen, John T. (1990): *Morphology. Word Structure in Generative Grammar*. Amsterdam – Philadelphia: John Benjamins Publishing Company.

Kaiser, Georg (2012): Einzelaspekt: Pronominalsystem. In: Joachim Born / Robert Folger / Christopher F. Laferl / Bernhard Pöll: *Handbuch Spanisch*. Berlin: Erich Schmidt Verlag, 318–324.

Kvavik, Karen H. (1975): Spanish Noun Suffixes: A Synchronic Perspective on Methodological Problems, Characteristic Patterns, and Usage Data. In: *Linguistics* 156, 23–78.

Kornfeld, Laura Malena (2009): IE, Romance: Spanish. In: Rochelle Lieber / Pavol Stekauer (eds.): *The Oxford Handbook of Compounding*. Oxford: Oxford University Press, 436–452.

Laca, Brenda (1986): *Wortbildung als Grammatik des Wortschatzes. Untersuchungen zur spanischen Subjektnominalisierung*. Tübingen: Narr.

Lang, Mervyn Francis (1990): *Spanish Word Formation. Productive Derivational Morphology in the Modern Lexis*. London and New York: Routledge.

Lázaro Mora, Fernando A.: La derivación apreciativa. In: Ignacio Bosque / Violeta Demonte (dir.): *Gramática descriptiva de la lengua española*, vol. 3. Madrid: Espasa, 4645–4682.

Leumann, Manu (1977): *Lateinische Grammatik von Leumann-Hofmann-Szantyr*. Erster Band: *Lateinische Laut- und Formenlehre* von Manu Leumann. München: C.H. Beck.

Lüdtke, Jens (1978): *Prädikative Nominalisierungen mit Suffixen im Französischen, Katalanischen und Spanischen*. Tübingen: Niemeyer.

– (2005): *Romanische Wortbildung. Inhaltlich – diachronisch – synchronisch*. Tübingen: Stauffenburg.

– (2006): Probleme einer funktionellen romanischen Wortbildungslehre: Gibt es "Parasynthese"? In: Carmen Kelling / Judith Meinschaefer / Katrin Mutz (Hrsg.): *Morphologie und romanistische Sprachwissenschaft. Akten der gleichnamigen Sektion beim XXIX. Deutschen Romanistentag, Saarbrücken*. Arbeitspapiere des FB Sprachwissenschaft der Universität Konstanz, Nr. 120, 125-140.

– (2011): La »parasynthèse« – une fausse piste? In: *Romanische Forschungen* 123, 473–483.

Lyons, John (1968): *Introduction to Theoretical Linguistics*. Cambridge: Cambridge University Press.

Malkiel, Yakov (1958): Los interfijos hispánicos. Problema de la lingüística histórica y estructural. In: Diego Catalán (Hrsg.): *Miscelánea homenaje a André Martinet*. Vol. 2: *Estructuralismo e historia*. La Laguna: Universidad de la Laguna, 107–199.

Mangold, Max (o. J.): *Sprachwissenschaft*. Darmstadt: Habel / Deutsche Buchgemeinschaft / Koch.

144

Marchand, Hans (1963): On Content as a Criterion of Derivational Relationship with Backderived Words. In: *Indogermanische Forschungen* 68, 170–175.

– (1969): *The Categories and Types of Present-Day English Word-Formation*. Second, completely revised and enlarged edition. München: C. H. Beck.

Marcos Marín, Francisco (1980): *Curso de gramática española*. Madrid: Cincel-Kapelusz.

Martinet, André (1949): Communication écrite (zur Frage III; unter: Communications écrites. Réponses à la question III.). In: Michel Lejeune (éd.): *Actes du sixième congrès international des linguistes*. Paris: Klincksieck, 292–295.

– (1963): *Grundzüge der Allgemeinen Sprachwissenschaft*. Stuttgart: Kohlhammer.

Martinet, André et al. (1979): *Grammaire fonctionnelle du français*. Sous la direction d'André Martinet. Paris: Didier.

Matthews, Peter H. (1982): Two Problems in Italian and Spanish Verbal Inflection. In: Nigel Vincent / Martin Harris (eds.): *Studies in the Romance Verb*. London – Canberra: Croom Helm, 1–18.

– (1991): *Morphology. An Introduction to the Theory of Word-Structure*. Second edition. Cambridge: Cambridge University Press.

Meinschaefer, Judith (2004): *Deverbale Nominalisierungen im Französischen und Spanischen. Eine Untersuchung der Schnittstelle von Morphologie, Syntax und Semantik*. Habilitationsschrift Konstanz.

– (2012): Produktive Wortbildung im Spanischen. In: Joachim Born / Robert Folger / Christopher F. Laferl / Bernhard Pöll: *Handbuch Spanisch*. Berlin: Erich Schmidt Verlag, 246–251.

Mel'čuk, Igor A. (1976): *Das Wort*. München: Fink.

Menéndez Pidal, Ramón (1941): *Manual de gramática histórica española*. Sexta edición corregida y aumentada. Madrid: Espasa-Calpe.

Meyer-Lübke, Wilhelm (1894): *Grammatik der romanischen Sprachen*. Zweiter Band: Formenlehre. Leipzig: O.R. Reisland.

Miranda, José Alberto (1994): *La formación de palabras en español*. Salamanca: Ediciones Colegio de España.

Moyna, María Irene (2011): *Compound Words in Spanish. Theory and History*. Amsterdam – Philadelphia: John Benjamins Publishing Company.

Nida, Eugene A. (1948): The Identification of Morphemes. In: *Language* 24, 414–441.

– (1949): *Morphology. The Descriptive Analysis of Words* (Second Edition). Ann Arbor: University of Michigan Press.

Nord, Christiane (1983): *Neueste Entwicklung im spanischen Wortschatz*. Rheinfelden: Schäuble Verlag.

Patterson, William T. (1982): *The Genealogical Structure of Spanish. A Correlation of Basic Word Properties*. Washingon: University Press of America.

Pena, Jesús (1993): La formación de verbos en español: la sufijación verbal. In: Soledad Varela (ed.): *La formación de palabras*. Madrid: Santillana, Taurus Universitaria, 217–282.

– (1999): Partes de la morfología. Las unidades del análisis morfológico. In: Ignacio Bosque / Violeta Demonte (dir.): *Gramática descriptiva de la lengua española*, vol. 3. Madrid: Espasa, 4305–4366.

Penny, Ralph (2002): *A History of the Spanish Language*. Second edition. Cambridge: Cambridge University Press.

Pensado, Carmen (1999): Morfología y fonología. Fenómenos morfofonológicos. In: Ignacio Bosque / Violeta Demonte (dir.): *Gramática descriptiva de la lengua española*, vol. 3. Madrid: Espasa, 4423–4504.

Pilleux, Mauricio S. (1979): *A Morphophonological, Functional and Semantic Analysis of Spanish Suffixes from a Synchronic Point-of-View*. Diss. University of Pittsburg.

Portolés, José (1999): La interfijación. In: Ignacio Bosque / Violeta Demonte (dir.): *Gramática descriptiva de la lengua española*, vol. 3. Madrid: Espasa, 5041–5073.

Quilis, Antonio (1968): Morfología del número en el sintagma nominal español. In: *Travaux de Linguistique et de Littérature* VI-1, 131-140.

– (1970): Sobre la morfonología. Morfonología de los prefijos en español. In: *Revista de la Universidad de Madrid* 74, 223–248.

Rainer, Franz (1993): *Spanische Wortbildungslehre*. Tübingen: Niemeyer.

– (2012): Grundlagen der spanischen Wortbildung. In: Joachim Born / Robert Folger / Christopher F. Laferl / Bernhard Pöll: *Handbuch Spanisch*. Berlin: Erich Schmidt Verlag, 237–246.

Real Academia Española (1931): *Gramática de la lengua española*. Madrid: Espasa-Calpe. (= RAE 1931)

Real Academia Española (1973): *Esbozo de una nueva gramática de la lengua española*. Madrid: Espasa-Calpe. (= RAE 1973)

Real Academia Española / Asociación de Academias de la Lengua Española (2009): *Nueva gramática de la lengua española*. 2 vols. Madrid: Espasa. (= RAE 2009)

Real Academia Española / Asociación de Academias de la Lengua Española (2010): *Ortografía de la lengua española*. Madrid: Espasa. (= RAE 2010)

Rheinheimer-Rîpeanu, Sanda (1974): *Les dérivés parasynthétiques dans les langues romanes*. The Hague – Paris: Mouton.

Rifón, Antonio (1997): *Pautas semánticas para la formación de verbos en español mediante sufijación*. Santiago de Compostela: Edita.

Roca Pons, J. (1966): Estudio morfológico del verbo español. In: *Revista de Filología Española* 49, 73–89.

Rohrer, Christian (1977): *Die Wortzusammensetzung im modernen Französisch*. Tübingen: Narr.

Sánchez, Aquilino / Martín, Ernesto / Matilla, J. A. (1980): *Gramática práctica de español para extranjeros*. Madrid: SGEL.

Saporta, Sol (1959): Morpheme Alternants in Spanish. In: Henry R. Kahane / Angelina R. Pietrangeli (eds.): *Structural Studies on Spanish Themes*. Urbana: University of Illinois Press, 15–162.

– (1962): On the Expression of Gender in Spanish. In: *Romance Philology,* Vol. XV, No. 3, 279–284.

Scalise, Sergio (1984): *Generative Morphology*. Dordrecht: Foris.

Scalise, Sergio / Bisetto, Antonietta (2009): The classification of compounds. In: Rochelle Lieber / Pavol Stekauer (eds.): *The Oxford Handbook of Compounding*. Oxford: Oxford University Press, 34–53.

Scalise, Sergio / Fábregas, Antonio (2010): The head in compounding. In: Sergio Scalise / Irene Vogel: *Cross-Disciplinary Issues in Compounding*. Amsterdam – Philadelphia: John Benjamins Publishing Company, 109–125.

Schwarze, Christoph (1995): *Grammatik der italienischen Sprache*. 2., verbesserte Auflage. Tübingen: Niemeyer.

Seco, Manuel (1989): *Gramática esencial del español. Introducción al estudio de la lengua*. 2.ª edición revisada y aumentada. Madrid: Espasa-Calpe.

Serrano Dolader, David (1995): *Las formaciones parasintéticas en español*. Madrid: Arco Libros.

– (1999): La derivación verbal y la parasíntesis. In: Ignacio Bosque / Violeta Demonte (dir.): *Gramática descriptiva de la lengua española*, vol. 3. Madrid: Espasa, 4683–4755.

146

Solé, Carlos A. (1966): *Morfología del adjetivo con -ál, -éro, -ico, -óso*. Washington, D.C.: Georgetown University Press.

Spencer, Andrew (1991): *Morphological Theory. An Introduction to Word Structure in Generative Grammar*. Oxford: Basil Blackwell. Reprint 1996.

Stockwell, Robert P. / Bowen, J. Donald / Martin, John W. (1965): *The Grammatical Structures of English and Spanish*. Chicago-London: The University of Chicago Press.

Thiele, Johannes (1992): *Wortbildung der spanischen Gegenwartssprache*. Leipzig – Berlin: Langenscheidt.

Togeby, Knud (1965): *Structure immanente de la langue française*. Paris: Larousse.

Urrutia Cárdenas, Hernán (1978): *Lengua y discurso en la creación léxica*. Madrid: Cupsa.

Val Álvaro, José Francisco (1999): La composición. In: Ignacio Bosque / Violeta Demonte (dir.): *Gramática descriptiva de la lengua española*, vol. 3. Madrid: Espasa, 4757–4841.

Varela Ortega, Soledad (2005): *Morfología léxica: la formación de palabras*. Con la colaboración de Santiago Fabregat Barrios. Madrid: Gredos.

Varela, Soledad / Martín García, Josefa (1999): La prefijación. In: Ignacio Bosque / Violeta Demonte (dir.): *Gramática descriptiva de la lengua española*, vol. 3. Madrid: Espasa, 4993–5040.

Wells, Rulon S. (1947): Immediate Constituents. In: *Language* 23, 81–117.

Wurzel, Wolfgang Ullrich (2001): *Flexionsmorphologie und Natürlichkeit. Ein Beitrag zur morphologischen Theoriebildung*. Zweite Auflage. Berlin: Akademie Verlag.

Zimmer, Rudolf (1992): *Die Morphologie des italienischen, spanischen und portugiesischen Verbs. Einzelsprachlich und im Vergleich*. Tübingen: Niemeyer.

Wörterbücher:

Corominas, Joan (1973): *Breve diccionario etimológico de la lengua castellana*. Tercera edición muy revisada y mejorada. Madrid: Gredos. (= Cor.)

Moliner, María (2007): *Diccionario de uso del español* (2 vols.). Tercera edición. Madrid: Gredos. (= DUE)

Real Academia Española (2001). *Diccionario de la lengua española*. Vigésima segunda edición. Madrid: Espasa-Calpe. (= DRAE); im Internet zugänglich unter http://buscon.rae.es/draeI/

Slabý, Rudolf / Grossmann, Rudolf (2001): *Wörterbuch der spanischen und deutschen Sprache*. I. *Spanisch-Deutsch*. Fünfte Auflage, neu bearbeitet und erweitert von Dr. Carlos Illig. Wiesbaden: Oscar Brandstetter Verlag. (= SG)

PONS-Globalwörterbuch Spanisch – Deutsch. Bearbeitet von Verónica Abrego-Hartmann et al. Vollständige Neuentwicklung 1996. Stuttgart: Klett. (= PONS)

Sachregister

www.ingramcontent.com/pod-product-compliance
Lightning Source LLC
Chambersburg PA
CBHW050922140426
R18136100002B/R181361PG42813CBX00003B/1

* 9 7 8 3 1 1 0 2 8 3 7 9 2 *